龙头战法

龙头股必杀七大战法

屠龙刀 ◎ 编著

中国宇航出版社
·北京·

版权所有　侵权必究

图书在版编目（CIP）数据

龙头战法：龙头股必杀七大战法 / 屠龙刀编著. --北京：中国宇航出版社，2023.6（2024.3重印）

ISBN 978-7-5159-2232-4

Ⅰ. ①龙… Ⅱ. ①屠… Ⅲ. ①股票投资－基本知识 Ⅳ. ①F830.91

中国国家版本馆CIP数据核字(2023)第071159号

策划编辑	卢　珊	封面设计	王晓武
责任编辑	吴媛媛	责任校对	卢　珊

出版 发行	**中国宇航出版社**
社　址	北京市阜成路8号 　　邮　编　100830
	（010）68768548
网　址	www.caphbook.com
经　销	新华书店
发行部	（010）68767386　　（010）68371900
	（010）68767382　　（010）88100613（传真）
零售店	读者服务部
	（010）68371105
承　印	北京天恒嘉业印刷有限公司
版　次	2023年6月第1版　　2024年3月第3次印刷
规　格	710×1000　　　　　开　本　1/16
印　张	14　　　　　　　　　字　数　183千字
书　号	ISBN 978-7-5159-2232-4
定　价	59.00元

本书如有印装质量问题，可与发行部联系调换

PREFACE 序

人无头不走,鸟无头不飞。股票市场同样也不能缺少龙头股。市场上的股票涨涨跌跌,总是给人一种阴晴不定的感觉。但是,几乎在每一个时间段,总是有一些属于某个板块或某个概念的股票在上涨。区别在于,有的板块或概念上涨持续的时间长一些,有的持续的时间短一些。这些上涨的板块或概念背后肯定有其内在的原因。

这些板块或概念上涨的动因可能有很多种,诸如利好消息的催动、板块价值的回归、政策驱动,等等。但无论是何种原因的催动,每个板块或概念的上行必然是在某一只或几只股票的带动下完成的。一个板块或概念上涨所持续的时间,其实与领涨的个股有直接关系。这些领涨股上涨时间越长,出现涨停板数量越多,则越能驱动整个板块长时间上行;反之,则很难驱动板块持续上涨。

这些板块或概念内部起到领涨作用的个股就是龙头股。

对于炒作龙头股,投资者的心理一般都非常复杂:一方面确实希望能够参与其中,以便于分享龙头股上涨带来的利润;另一方面又觉得龙头股的股价短线总是处于高位,风险太大,不敢入场。

其实,这就是龙头股的本色。一只股票既让人看出是龙头股,又让人觉得股价非常便宜,这在市场上几乎是不存在的。毕竟,市场上股票的价格都是经过买卖双方充分博弈后的产物。龙头股自然会有龙头股的价格,而且从股票本身定价角度来看，龙头股因其会受到诸多资金的追捧，必然是存在一定溢价的。从这一点来看，就不能认为其价格偏高了。

从以往的经验来看，龙头股的涨幅往往都是巨大的。而且在板块资金开始获利出逃时，龙头股因资金介入较深，往往也是退潮最慢的。甚至在龙头股退潮时，个别资金为了自救还会出现反向的涨停板。从散户角度来看，从龙头股身上撤出也会比其他股票更加容易。总之，**抓到大龙头，胜过小炒三年。**

尽管龙头股有千般好，但识别龙头、捕捉龙头也不是一件容易的事。主力为了让散户放弃龙头股往往会制造各类诱空陷阱，让散户防不胜防。有些散户辛辛苦苦拿了很久的股票，却经常在"鱼跃龙门"成为大龙头前放弃了。究其原因，就是没能扛过主力的洗盘和诱空。

为了让读者能够更加容易地捕捉到龙头股，不轻易地被主力洗出局，笔者根据龙头股启动前后的特征，总结了狙击龙头股的七大战法，供读者参考。

龙头股的捕捉肯定是不容易的。投资者在炒作龙头股期间肯定会经历大量的试错与过早下车等情况，但只要坚定自己交易龙头股的信心，再设置合理的仓位和止损位，不断总结经验，一定能有所进步，通过"小亏换大赢"的策略，让自己在投资的道路上不断前行。

CONTENTS 目 录

第一章 炒股，先要有龙头思维

第一节 正确认识龙头股／2

一、价值龙头／3

二、板块龙头／6

三、行情龙头／10

第二节 大龙头暴涨的底层逻辑／15

一、赢家通吃／15

二、未来优势／17

三、散户人气聚集／19

第二章 主力运作龙头股的基本逻辑

第一节 行情主线及主线龙头／22

一、主线行情的演绎／23

二、主线龙头的特征／26

第二节　市场热点及热点龙头 / 31

一、市场热点与板块轮动 / 31

二、板块轮动与龙头股 / 32

三、龙头股——整个行情的"旗帜" / 34

四、抢龙头——三板分化原则 / 37

第三章　龙头股的基本特征

第一节　从题材面看龙头股 / 41

一、新题材龙头股 / 42

二、大题材大龙头 / 43

三、想象空间大的题材 / 45

四、黑天鹅事件 / 47

第二节　从基本面看龙头股 / 48

一、小盘且流通性好 / 48

二、拒绝强庄 / 50

三、低价股更受欢迎 / 51

第三节　从技术面看龙头股 / 52

一、自涨停板开启龙头之路 / 52

二、真正的大龙头，一字板并不多 / 54

三、技术指标强烈超买 / 56

四、成交量放大后维持高量 / 57

第四章　龙头必杀之破位启动

第一节　破位启动的内在逻辑 / 60

一、从K线走势到成交量变化 / 60

二、主力资金介入的准备 / 62

三、市场情绪与概念的发酵 / 63

第二节　破位启动经典 K 线形态 / 64

一、突破涨停位 / 64

二、空中加油突破形态 / 67

三、突破多头尖兵 / 69

第三节　破位启动技术指标异动形态 / 72

一、短期均线助涨 / 72

二、MACD 指标 0 轴起飞 / 73

三、KDJ 指标重度超买 / 75

第四节　破位启动实战解读 / 76

一、工业母机概念——华辰装备 / 76

二、装配式建筑概念——建艺集团 / 78

第五章　龙头必杀之暴力洗盘

第一节　暴力洗盘的内在逻辑 / 83

一、从 K 线走势到成交量变化 / 83

二、主力资金介入的准备 / 85

三、市场情绪需要延续 / 86

第二节　暴力洗盘经典 K 线形态 / 88

一、涨停多方炮 / 88

二、叠叠涨停多方炮 / 90

三、增强版上升三法 / 91

四、空中加油快速洗盘 / 93

第三节　暴力洗盘技术指标异动形态 / 95

　　一、回调不破 5 日均线 / 95

　　二、MACD 指标放平再起飞 / 97

第四节　暴力洗盘实战解读 / 99

　　一、建筑节能概念——北玻股份 / 99

　　二、智能电网概念——三变科技 / 101

第六章　龙头必杀之慢牛提速

第一节　慢牛提速的内在逻辑 / 106

　　一、基本量价关系分析 / 106

　　二、主力与散户的心理博弈 / 107

第二节　慢牛提速经典 K 线形态 / 109

　　一、突破下跌起始位 / 110

　　二、回挡三五线 / 111

　　三、徐徐上升 / 113

第三节　慢牛提速技术指标异动形态 / 115

　　一、中期均线支撑起飞 / 115

　　二、MACD 指标创新高 / 117

　　三、回踩低位筹码峰上行 / 118

第四节　慢牛提速实战解读 / 121

　　一、网络概念——日播时尚 / 121

　　二、建筑节能概念——诚邦股份 / 122

第七章　龙头必杀之横盘出击

第一节　横盘出击的内在逻辑 / 126

一、从 K 线走势到成交量变化 / 127

二、主力与散户的心理博弈 / 128

第二节　横盘出击经典 K 线形态 / 130

一、突破横盘趋势线 / 130

二、突破矩形上边线 / 132

三、出水芙蓉 / 134

第三节　横盘出击技术指标异动形态 / 136

一、均线低位黏合到发散 / 136

二、MACD 指标 0 轴起飞 / 138

三、低位筹码单峰启动 / 140

第四节　横盘出击实战解读 / 141

一、鸿蒙概念——润和软件 / 141

二、辉瑞概念——瑞康医药 / 143

第八章　龙头必杀之跳空缺口

第一节　跳空缺口的内在逻辑 / 147

一、从 K 线走势到成交量变化 / 147

二、主力资金介入的考量 / 148

第二节　跳空缺口经典 K 线形态 / 150

一、跳空过左锋 / 151

二、蛤蟆跳空 / 152

三、鱼跃龙门 / 154

四、缺口支撑 / 156

第三节　跳空缺口技术指标异动形态 / 157

一、均线多头发散排列 / 157

二、KDJ 指标快速超买 / 159

三、MACD 指标创新高 / 160

第四节　跳空缺口实战解读 / 162

一、绿电概念——华西能源 / 162

二、信创概念——竞业达 / 164

第九章　龙头必杀之绝地反击

第一节　绝地反击的内在逻辑 / 168

一、从 K 线走势到成交量变化 / 169

二、主力与散户的心理博弈 / 170

第二节　绝地反击经典 K 线形态 / 171

一、金针探海 / 171

二、早晨之星 / 173

三、旭日东升 / 176

四、底部穿云箭 / 177

第三节　绝地反击技术指标异动形态 / 179

一、蛟龙出海 / 179

二、乖离过大，暴跌反弹 / 181

三、KDJ 指标超跌反弹 / 183

四、MACD 指标低位金叉 / 184

第四节　绝地反击实战解读 / 186

一、信创与医疗器械概念——国脉科技 / 186

二、地产概念——阳光城 / 188

第十章　龙头必杀之二次启动

第一节　二次启动的内在逻辑 / 192

一、从 K 线走势到成交量变化 / 192

二、市场情绪的再度发酵 / 194

第二节　二次启动经典 K 线形态 / 196

一、回踩支撑位 / 196

二、高位小双底 / 198

三、突破箱体 / 200

四、突破阻力线 / 202

第三节　二次启动技术指标异动形态 / 203

一、回踩均线 / 203

二、MACD 指标"将死不死" / 205

第四节　二次启动实战解读 / 207

一、蚂蚁金服概念——新华联 / 208

二、元宇宙概念——中青宝 / 209

第一章
炒股，先要有龙头思维

市场上，无论是板块还是某一概念被热炒，涨幅最大的永远都是其中的龙头股。而且大龙头的涨幅要远远超过二龙头、三龙头以及其他同类概念股。在下跌时，大龙头又往往是最后下跌的品种，甚至在很多时候，大龙头还会有第二波行情。

正因如此，市场上追涨龙头股的投资者甚多，其中的佼佼者往往获利巨丰。

第一节　正确认识龙头股

市场上，到处都在传唱龙头股。那么，什么才是龙头股呢？其实，关于龙头股，确实有不同的定义和解读。但有一点儿是相同的，即龙头股的涨幅肯定远远超过非龙头股。按照市场上的通行说法，所谓龙头股大致包括如图1-1所示的几个类别。

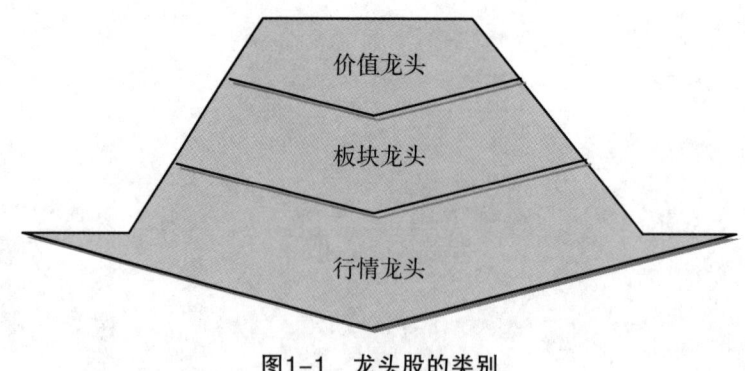

图1-1　龙头股的类别

一、价值龙头

价值龙头，是从价值投资角度来看最具投资价值的股票。这类股票往往具有这样几个特点：第一，盘子较大；第二，业绩极为优秀，都是行业内数一数二的企业；第三，该类股票都是各个行业中的佼佼者，即都属于板块内的细分龙头；第四，这些股票的走势对大盘有一定的影响。比较典型的企业包括贵州茅台、招商银行、美的集团等。

1. 价值龙头的基本走势

相对而言，这类股票的走势比较稳，很少出现暴涨暴跌的行情，但经常出现长达数年的长牛走势。下面来看一下招商银行的案例。招商银行的市值在2022年9月14日为8800亿元左右，在股价高点时，市值曾经超过1万亿元。该股属于典型的超级大盘股，对整个市场的走势都会产生较大的影响。该股的基本面极为优秀，不良资产控制良好，属于行业板块内的绝对龙头，也是市场上投资者所推崇的价值龙头。

下面来看一下招商银行的股价走势情况，如图1-2所示。

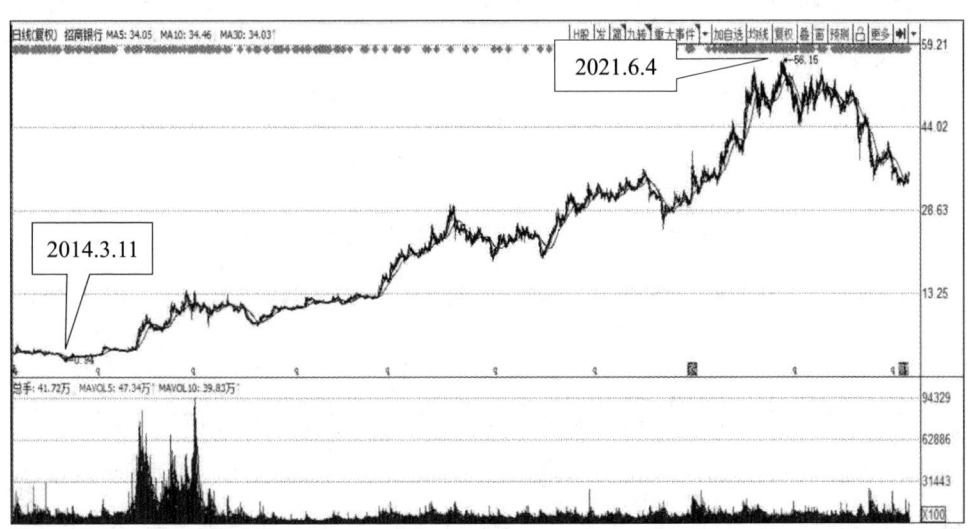

图1-2　招商银行（600036）日K线走势图

图1-2为招商银行近8年的股价走势情况。从K线图上来看，该股股价一直呈振荡上升走势。尽管股价在上涨过程中也出现了几次回落，但整体上保持了上升的格局。该股股价自2014年3月11日的低点0.94元，一路振荡上升至2021年6月4日的高点56.15元，涨幅接近60倍。

8年的时间，如此巨大的涨幅，这就是价值龙头的风采。不过，在现实中，确实很少有人能够拿一只股票长达8年之久。因此，价值龙头所带来的丰厚回报，只属于有耐心、有毅力，又拥有绝佳判断力的人。

2. 超级绩优龙头

一般来看，价值龙头所涵盖的股票都是具备较强投资价值的。同时，价值龙头这一家族也包括了诸多领域内的股票，特别是金融、地产、消费、医药等领域的企业较多，从上证50指数和沪深300指数中也可窥见一斑。但在这些价值龙头板块内，还存在一些超级龙头。像之前提及的招商银行就是其中之一。这类超级绩优龙头，除了具备基本的价值龙头的特征外，还有如下几个特点。

第一，拥有超高的护城河，竞争优势极为明显。与同行业企业相比，具有其他企业不具备的竞争优势。

第二，从盈利能力来看，远超同业者，甚至比行业第二位高出很多。

第三，相对终端用户或消费者，具有很强的议价能力。

第四，净利润增长率或净利润水平连续保持较高的水平。

第五，在可以预见的未来，这些企业的优势还将继续保持，且不易被替代。

超级绩优龙头中，最具代表性的当属贵州茅台。贵州茅台目前为A股第一高价股，而且成为A股的定海神针。多少年来，股价第二高的股票屡屡更换，只有第一高价股稳坐钓鱼台。其实，这与该股内在的基本面密不可分。

第一，从财务质量上来看，截至2022年6月底，该股每股净资产高达192.52元；每股未分配利润为125.34元；手中的现金余额高达1486.05亿元。这些数据从哪个角度来看，都是超级水平。

第二，从利润水平来看，2021年年底，贵州茅台的每股盈利超过40元，而且还实现了将近12%的增长率。这是在疫情期间取得的成绩，非常难能可贵。要知道，贵州茅台在2018年还实现了30%的增速。这就意味着，疫情消退后，贵州茅台的净利润有望加速上行。

第三，从竞争态势来看，在白酒品类中，贵州茅台仍是当仁不让的绝对老大。在可以预见的未来，这种优势地位仍十分突出。同时，从贵州茅台的出厂价、销售指导价以及市场销售价来看，贵州茅台本身仍具备涨价的空间，这都是该企业未来利润持续增长的基础。

第四，从品牌价值来看，贵州茅台是绝对的金字招牌，是一个价值万金的品牌。在白酒行业内，仍没有可以与之匹敌的对手。

下面来看一下贵州茅台的股价走势情况，如图1-3所示。

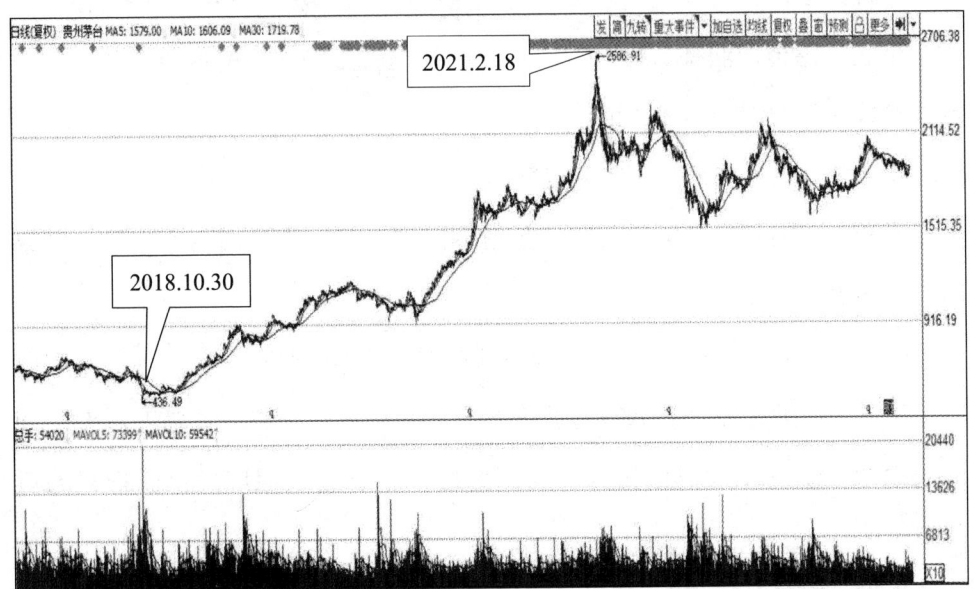

图1-3　贵州茅台（600519）日K线走势图

贵州茅台的股价自2018年10月30日的最低点436.49元启动上升，到了2021年2月中旬，该股股价达到了2586.91元的高点。在两年多的时间里，股价翻了将近4倍。

这就是典型的超级价值龙头的走势样本。但很多投资者对贵州茅台的高价格有些望而却步，因此能够收获这一波涨幅的也以机构和资金大户为主。这也是很多普通散户很难分享到超级价值龙头上涨所带来的红利的原因。

二、板块龙头

板块龙头与价值龙头具有一定的相似性，但也存在一定的区别。板块龙头指的是各个细分领域内的龙头企业。一般来说，价值龙头都是各个细分板块内的龙头企业，但细分板块内的龙头企业不见得能够成为价值龙头。

1. 细分板块龙头的基本走势

在市场上，有诸多细分领域，而在这些细分领域内几乎都存在着各自的龙头企业。每个行业都有行业的"状元"，这就是龙头。但这个龙头并不一定能够成为影响市场走势的价值龙头。

板块龙头具有如下几个典型特征。

第一，这类股票通常属于各自行业内的佼佼者，市场占有率在第一位或第二位的水平。

第二，这类企业在行业内具有较高的知名度和认可度。

第三，这类企业一般拥有行业内较高的净资产收益率或销售毛利率，即该类企业并非简单地以价格战获得市场地位。这将确保该类企业未来的竞争力。

第四，相对于行业内或细分领域内的其他企业，这类企业收获了行业内较高的利润。有些行业龙头的利润占比可以达到整个行业的30%以上。比如，新能源汽车领域内的比亚迪；锂电池领域内的赣锋锂业、天齐锂业；工程机械领域内的三一重工；装饰防水材料领域内的东方雨虹；安防领域内的海康威视；医药领域内的恒瑞医药；眼科医院领域内的爱尔眼科等。这类股票也常常成为各路基金驻守的对象，因而股价走势相对较稳。当然，由于这些企业所处的行业与细分板块不同，行业的景气周期也不尽相同，股价走势还是有所不同的。

下面以海螺水泥为例进行介绍。

海螺水泥是国内最大的水泥生产企业，属于水泥行业的典型龙头企业。截至2022年6月底，该股的每股净资产达到33.80元，每股未分配利润为30.68元，每股收益为1.86元（这是受疫情影响下滑后的数字，2021年的数字为2.82元），6月底的现金余额为129.90亿元。从财务数据来看，该股属于典型的优质股票。

下面来看一下海螺水泥的日K线走势情况，如图1-4所示。

图1-4　海螺水泥（600585）日K线走势图

海螺水泥的股价在最近几年一直呈现振荡上升态势。在2016年2月1日到2020年7月30日的4年多时间里，股价从2.46元一路振荡上涨至59.06元，股价上涨了20多倍。

自2020年7月底8月初，该股股价创出阶段新高后开始回落。到了2022年年终时段，该股股价回落到了30多元的位置。跌幅也是比较大的，这与疫情的大背景直接相关。不过，从历史经验来看，该股股价大幅下跌后，往往会成为各路资金绝佳的入场位置。

2. 主线龙头

主线龙头是板块龙头与市场炒作行情结合产生的，在一定时间内市场领涨板块内的龙头股票。主线龙头可能是典型的板块龙头，也可能属于后面所介绍的行情龙头。这类股票具有如下几个典型特征。

第一，具有典型的概念特征，或者属于板块龙头股，或者属于老牌热门股（行情龙头）。

第二，这类股票所属的板块属于一段时间内市场资金主要的炒作品种，在几个月或几年的时间里，与该板块有关的概念被反复炒作。

第三，板块龙头的股价可能没有出现连续的大幅暴涨，却可以在几个月的时间内保持持续的上攻态势，而行情龙头则可能会出现一波大幅的暴涨行情。

下面以比亚迪为例进行介绍。

比亚迪是一家新能源汽车生产企业，而且属于国内新能源汽车的龙头企业。在传统燃油车时代，比亚迪的表现并不理想。但在整个社会大力发展新能源汽车的背景下，比亚迪进入了高速发展周期，其各方面的表现都非常优异。

首先，从财务质量上来看，截至2022年6月底，该股每股净资产高达

33.19元；每股未分配利润为10.22元；手中的现金余额高达413.85亿元。这些数据从哪个角度来看，都是非常良好的水平。

其次，从利润水平来看，2022年年中，比亚迪的每股收益为1.24元，而且还实现了超过200%的净利润增长率。这是在疫情期间取得的成绩，非常难能可贵。从目前的情况来看，新能源汽车的普及程度仍不高，未来仍有很大的上升空间。

第三，从竞争态势来看，在新能源汽车这一细分领域，比亚迪在国内是当仁不让的绝对老大，在国际上也名列前茅。在可以预见的未来，这种优势地位仍十分突出。这都是该企业未来利润持续增长的基础。

下面来看一下比亚迪的股价走势情况，如图1-5所示。

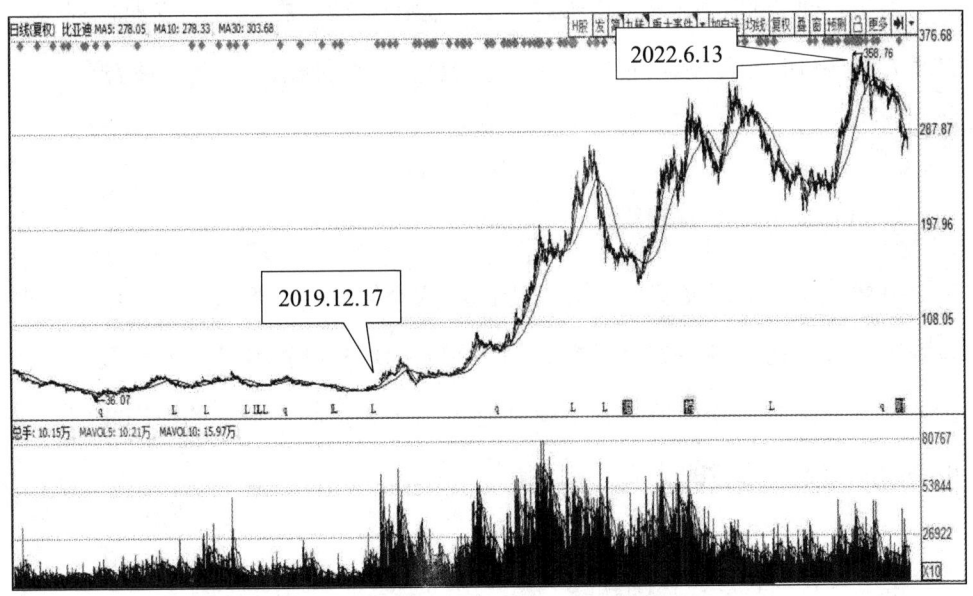

图1-5　比亚迪（002594）日K线走势图

比亚迪的股价自2019年12月17日的44元左右启动上升，到了2022年6月中旬，该股股价达到了358.76元的高点。在两年多的时间里，股价翻了8倍有余。

从比亚迪股价的走势与之前所提及的贵州茅台股价走势对比来看可以发现，尽管两者都属于龙头股，走势却不尽相同。贵州茅台的股价是一直呈振荡上涨态势的，尽管涨幅没有比亚迪高；而比亚迪的股价在2019年年底之前其实并没有出现大幅上涨，其股价的上涨是伴随着新能源汽车产业的发展而启动的。在最近两年里，新能源汽车板块属于市场上的投资主线，与新能源汽车相关的产业，包括动力电池概念、锂矿概念、汽车零部件概念、汽车整车概念等概念都出现了较大的涨幅。因此，比亚迪作为新能源汽车产业的绝对龙头，其涨幅也是最为可观的。

三、行情龙头

无论何种行情，市场上似乎总是有涨停的股票。在一天的交易过程中，某些概念就可能会拔地而起，而引领板块上涨的股票就是该波行情的龙头股。

1. 行情龙头的基本走势

每波炒作行情的龙头股与之前所提及的价值龙头、板块龙头不同，这些股票的基本面可能并不怎么理想，但可能会出现连续拉升几个到十几个涨停板的情况。这些炒作行情的龙头股就是市场上游资最为青睐的热门股票。这也是本书重点要探讨的股票。

行情龙头具有如下几个典型特征。

第一，具备盘面热炒的概念，往往属于市场上的热门股票。

第二，基本面无所谓，但盘子不能太大，越小越好（当然，也不能太小）。

第三，最先启动批次的股票，一般在连续三个涨停板时现身。毕竟同一概念内，连续两个交易日涨停的股票还可能有多只，但连续三个交易日仍能强势封于涨停板，则成为龙头股的可能性很高。

第四，龙头股的换手率一定会非常高，这样便于资金的进出。

第五，行情龙头并非事先确认的或者主力资金钦定的，而是在市场炒作过程中形成的，类似在竞争中确立的龙头位置。行情的炒作以游资为主，而游资的资金实力又较为有限，因而，他们往往会将资金攻击的重点放在热门股票，即龙头股身上。

下面以工业母机概念为例进行介绍。

工业母机指的是机床，是将金属毛坯等材质加工成机器零部件的机器，是制作机器的机器，因此，机床被称为制造业的基石，在制造业和国民经济发展中具有举足轻重的地位。

而数控机床更是高端制造的"工业母机"，是智能制造发展的基础，目前智能装备制造已经迎来制造业转型升级发展的新阶段。

高端工业母机具有高精度、高复杂性、高效高动态的特点，处于制造业价值链和产业链的核心环节。高端制造领域，特别是工业母机行业有望受到更多的政策支持，进入高速发展周期。

自2021年8月下旬开始，随着中美科技竞争日趋激烈，工业母机概念成为市场热炒的概念，而华辰装备成为一时风光无两的龙头。该股的基本面一般，与价值龙头和板块龙头相比，可能只是及格水平，不过盘子小，属于纯正的工业母机概念股，则是该股最大的优势，而市场上的游资最为看重的也是这一点。

下面来看一下华辰装备的股价走势情况，如图1-6所示。

2021年8月以前，华辰装备受到的关注较少，股价一直呈低位横向振荡态势。2021年8月3日，工业母机概念横空出世，华辰装备作为工业母机概念的龙头股，率先启动，封上涨停板。此后，该股股价并未连续上攻，而是出现了一波横向盘整走势。正当所有的投资者对工业母机概念失去兴趣时，工业母机炒作行情才算真正到来了。

2021年8月20日，华辰装备再度启动上攻走势并强势涨停。此后，该股又连续拉出多个涨停板。要知道，华辰装备属于创业板股票，一个涨停板就是20%。也就是说，该股股价在短短几个交易日就完成了翻倍，由此可见，市场资金炒作的凶猛程度。

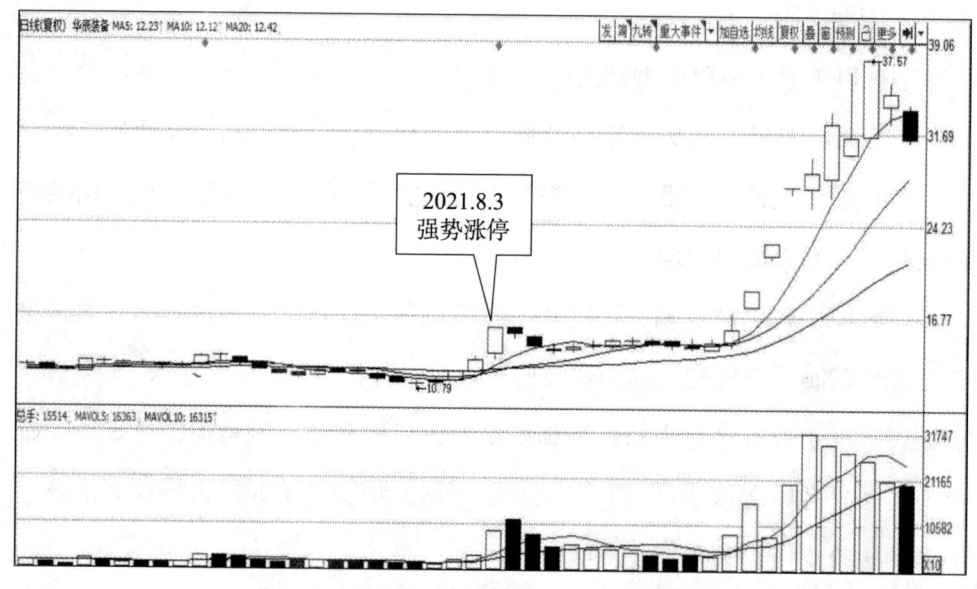

图1-6　华辰装备（300809）日K线走势图

在华辰装备的带动下，青海华鼎、华东数控等也出现了较大的涨幅。华辰装备就是该波工业母机炒作行情中的龙头股。

2. 市场总龙头的基本走势

在行情龙头中，还有一类特殊的龙头股，即市场的总龙头。这类股票所能带动的不仅仅是自己所处的概念板块内部，而是传递到了其他板块，引发了市场的连锁反应。当几个概念板块都出现上涨态势时，就引发了市场更大的做多动能，越来越多的资金开始聚焦于龙头股所处的概念板块及其相关板块。也就是说，这类股票在当时已经成了整个市场的风向标，只要龙头股还在持续上攻，那么行情就会持续，正所谓"龙头不倒，行情不灭"。

相比于其他行情龙头股，这类股票具有如下几个典型特征。

第一，这类股票掀起的上攻浪潮具有较强的持续性，很多股票的价格都实现了翻倍，甚至翻几倍。

第二，对同类股票的带动作用更强。一旦起涨，就会带动同类概念股票大幅上升。

第三，属于整个市场的超级热门股。在各类热门股排名中，排名均位于前列，甚至第一位。

第四，是龙虎榜的常客，几乎每天都会登上龙虎榜。这也是游资们显露个人实力的机会。

下面以移动支付概念中的龙头股翠微股份为例进行介绍。

移动支付也称为手机支付，就是允许用户使用其移动终端（通常是手机）对所消费的商品或服务进行账务支付的一种服务方式。

最近几年来，随着移动互联网技术的发展，智能手机等移动终端设备的普及，支付方式的电子化、网络化、移动化趋势越发明显。移动支付的应用场景、产业链条得到极大的拓展和延伸。

翠微股份是北京市海淀区区属商业龙头企业，也是北京市著名商业品牌。其核心业务包括商业零售业务以及银行卡收单业务等。翠微股份下属的子公司海科融通，除了布局智能POS外，还推出了兼容二维码扫码支付的"海码"、扫码盒等新兴支付工具。因此，翠微股份成为移动支付概念股。

截至2021年年底，翠微股份的总营收为34.97亿元，每股盈利为0.21元，每股净资产为4.88元。2022年6月底，该股总市值为100亿元左右，每股股价为13元左右。

翠微股份的基本面一般，每股盈利不高，股价并不低（当然，在2022年年初启动前，还是比较低的）。但由于翠微股份属于移动支付概念的标的之一，在2022年1月初，受移动支付利好消息的刺激，更因盘子小而获得了资金的青睐，该股曾数度出现短线暴涨走势。

下面来看一下翠微股份的股价走势情况，如图1-7所示。

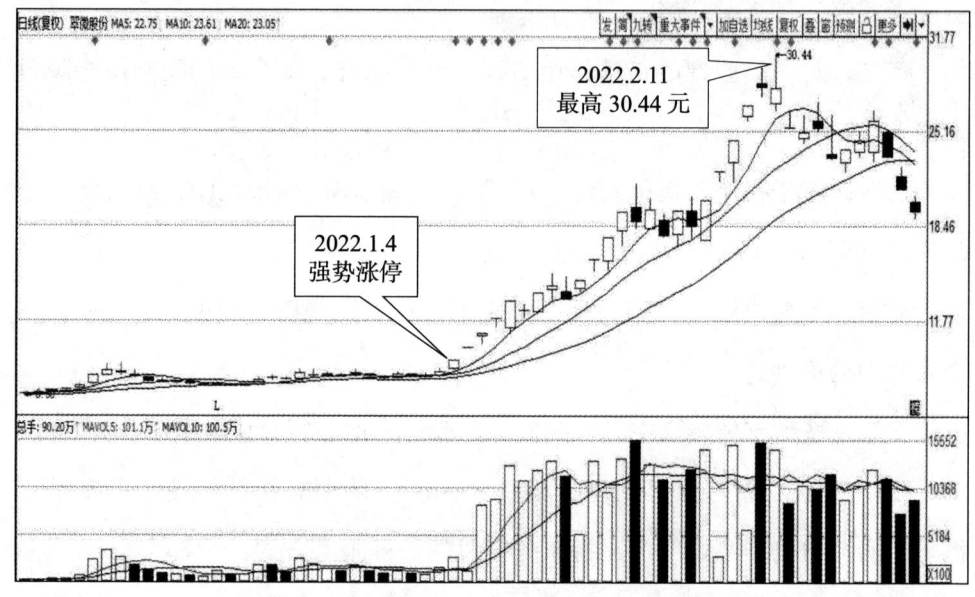

图1-7　翠微股份（603123）日K线走势图

2022年1月以前，翠微股份的股价一直呈横向振荡态势。2022年1月4日，受移动支付利好消息的刺激，翠微股份强势涨停。此后，该股连续上攻，并叠加了数字货币概念，成为市场上数字货币与移动支付的双料龙头。

到了2022年2月11日，该股股价已经触及30.44元的高点。此时，相比于1月4日启动前的价格翻了3倍有余。

在翠微股份的带动下，不仅移动支付概念成为热炒的核心领域，与之相关的数字货币、新零售等概念都出现了大幅走高态势。翠微股份就是当时市场上的总龙头。只要翠微股份的股价还处于上涨趋势，投资者就可以放心炒作与之相关的概念。

第二节　大龙头暴涨的底层逻辑

很多投资者在炒股时总有这样的担忧：大龙头涨幅过高，明明已经远远超过了其内在价值，如果一旦追涨介入，下跌的话，肯定跌幅也会是最大的。不过，现实情况往往很"打脸"。这些看似涨幅巨大的龙头，上涨总是可以持续很久，而且下跌时，跌幅可能还没有那些二龙头、三龙头大。

凡事都有原因。大龙头之所以能够引领板块、引领市场上攻，获得超额溢价，是有其内在的底层逻辑支撑的，其底层逻辑包括这样几方面，如图1-8所示。

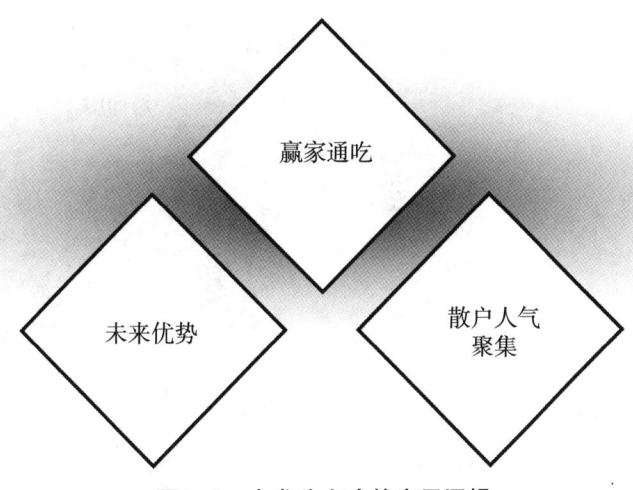

图1-8　大龙头上攻的底层逻辑

一、赢家通吃

在市场的诸多细分领域，竞争都是无所不在的。各家龙头企业在不断的竞争中逐渐确立了自己的龙头位置。市场上的龙头企业，相比于其他企业在市场占有率、利润率方面的优势，都是相当巨大的，并非简单的比第二位或第三位高一点儿。在品牌知名度和美誉度方面，也有着其他企业无法相比的优势。

下面以消费品板块中白酒这一细分领域为例进行介绍。

白酒板块是整个市场上超级品牌、绩优白马频出的板块。我们所熟知的贵州茅台、五粮液、山西汾酒、泸州老窖等均出自该板块。各大白酒品牌在各自的细分领域都有了一席之地，各自的利润水平也都不错。

再来看一下该细分领域的利润情况。利润数据是最能说明问题的一个财务数据。2022年上半年，白酒行业的全部利润额为1366.7亿元，其各大品牌的利润占比如图1-9所示。

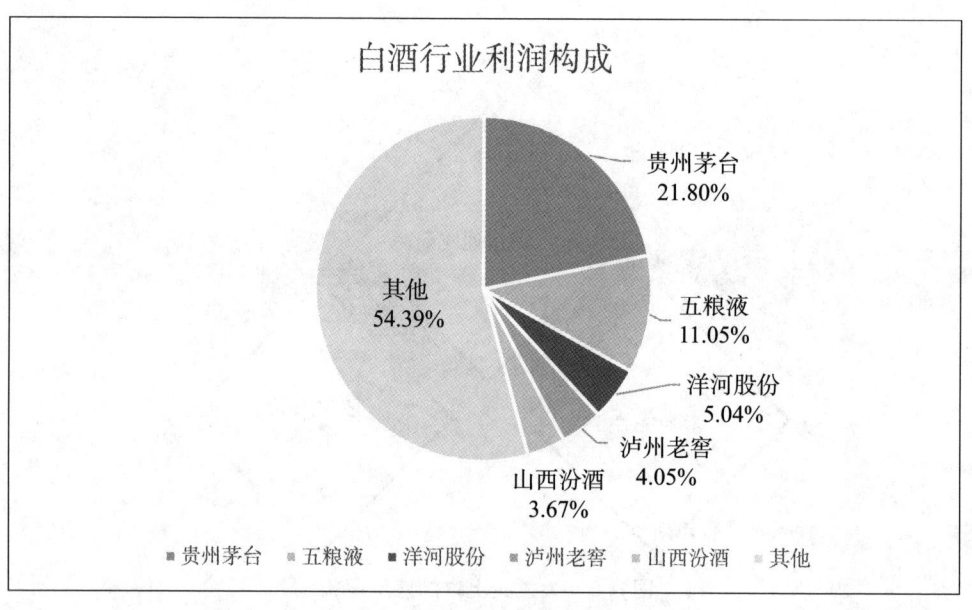

图1-9　白酒行业的利润占比

2022年上半年，全国规模以上白酒企业共有961家。整个行业的利润总额为1366.7亿元，而贵州茅台一家的利润就将近300亿元，占整个行业利润的21.8%。在白酒行业中，行业排名前五的企业，利润总额占比达到了45%

以上。从这组数据中可以看出龙头企业的获利能力。其实，这也是市场上的投资者愿意高价追逐龙头股最主要的原因。

二、未来优势

炒股就是炒预期、炒未来。有些龙头企业尽管当前的优势并未转化为胜势，特别是很多新兴产业内的龙头企业，尽管盈利能力不强，但由于其本身所具备的强大竞争优势，市场上的投资者也愿意相信其后肯定能够将这种优势兑现，因而愿意为其付出较高的溢价。

一般来说，基于未来优势的龙头股具有如下几个典型特征。

第一，当前在行业内部已经确立了明显的竞争优势，而且在可以预见的未来，这种优势还将保持。

第二，也许当前盈利能力不足，甚至亏损，但保持了较高的市场占有率或营收增速，这是未来盈利的基础。

第三，拥有较大的市场想象空间。越是不确定的，想象空间越大的股票，越容易成为资金追逐的焦点，很多行情龙头其实都属于这种情况。

下面以新能源汽车零部件领域中的浙江世宝为例进行介绍。

2022年6月中旬，随着新能源汽车板块的持续上行，围绕该主线的相关题材也被不断挖掘。新能源汽车零部件领域，成为资金重点关注的对象。

浙江世宝就是在这波新能源汽车零部件热炒行情中，涌现出来的龙头股。浙江世宝是一家汽车转向器及其他转向系统关键零部件的研发、制造及销售的企业，面向国内诸多新能源汽车厂商提供转向系统。

浙江世宝的基本面一般，2022年上半年每股收益仅为0.0011元，每股净资产为1.74元。不过，该股的盘子不大，只有几十亿元，这就非常有利于市场上的游资进行拉升操作。

尽管该股的基本面不佳，但由于该企业在汽车转向系统的生产与研发中具有较大的优势，同时，在新能源汽车产业蓬勃发展的背景下，很容易让市场对该企业的未来发展产生联想。新能源汽车拥有广阔的市场空间，这几乎是确定的，因而新能源汽车零部件厂商必然也会收益巨大。

下面来看一下浙江世宝的股价走势情况，如图1-10所示。

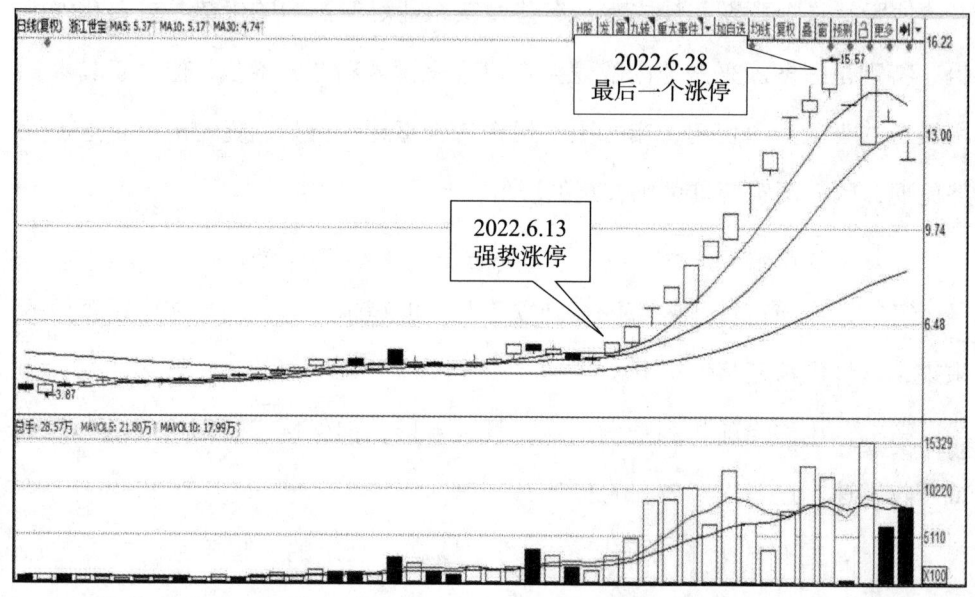

图1-10　浙江世宝（002703）日K线走势图

2022年6月中旬以前，浙江世宝的股价一直处于横向振荡之中。这与该板块并未被市场挖掘有直接关系。

自2022年6月13日开始，浙江世宝的股价自盘整位（5.5元左右）启动上攻，并带领整个新能源汽车零部件概念同步上扬。此后的几个交易日，该股股价连续涨停，龙头风采尽显。

到了2022年6月28日，该股股价已经上涨至15.57元了，相比6月13日启动点附近的5.5元，股价翻了3倍有余。

由此可见，市场对新能源汽车零部件概念的推崇程度。

三、散户人气聚集

很多短线暴涨的龙头股，都是由市场上的游资推动的。游资与主力资金不同，他们介入某只股票并不是为了分享企业发展的红利，也不是要长期持股，而是要获得短线波动的利差。同时，这些游资的资金量比较大，买入或卖出股票并不能像散户一样进出方便，因此，拥有超高换手率的股票往往成为他们的目标。

一只股票的换手率高，说明交易活跃，买入与卖出的投资者众多。其实，只有市场上的热门股才能符合这个要求。

游资操盘最想要的效果就是市场的关注度和热度。只有市场关注度够高，赚钱效应够强，才能引来跟风盘，自己的筹码才会有人接。可以这样说，游资炒作的基础就是人气。市场上的人气聚焦于一类股票，那么这类股票中就容易产生大牛股。

对于很多投资者来说，当牛股启动后，一方面会对其高股价望而却步；另一方面则会不断地为其赚钱效应所吸引，希望能够有机会分一杯羹。与此同时，牛股则在每天创下新高，在游资拉升的末端，势必会开始考虑出货与离场，因此，盘中的振荡与尾盘涨停就会不断出现。这给了很多投资者以假象，认为自己只要在盘中进入，至少能够享受一波涨停的红利，哪怕次日再出来。其实，游资鼓励的就是散户的这种想法。

2022年年初，数字货币和移动支付概念成为市场上的炒作热点，翠微股份成为整个市场炙手可热的大龙头，如图1–11所示。

翠微股份的股价自2022年1月4日启动上攻，其间在1月21日开始出现了短暂的横向调整。1月28日，该股股价再度爆发第二波上涨走势，并在2月11日触顶开始回落。至此，此波行情算是彻底终结。

回顾翠微股份的炒作过程可以发现，该股股价在上攻过程中，投资者若想要入场，其实也是有很多机会的。游资每天都给投资者入场机会，股价每天都上涨，这就具有了典型的赚钱效应。市场上关注该股的人会越来越多，人气都被这只股票吸走，游资操作起来就会越发容易。

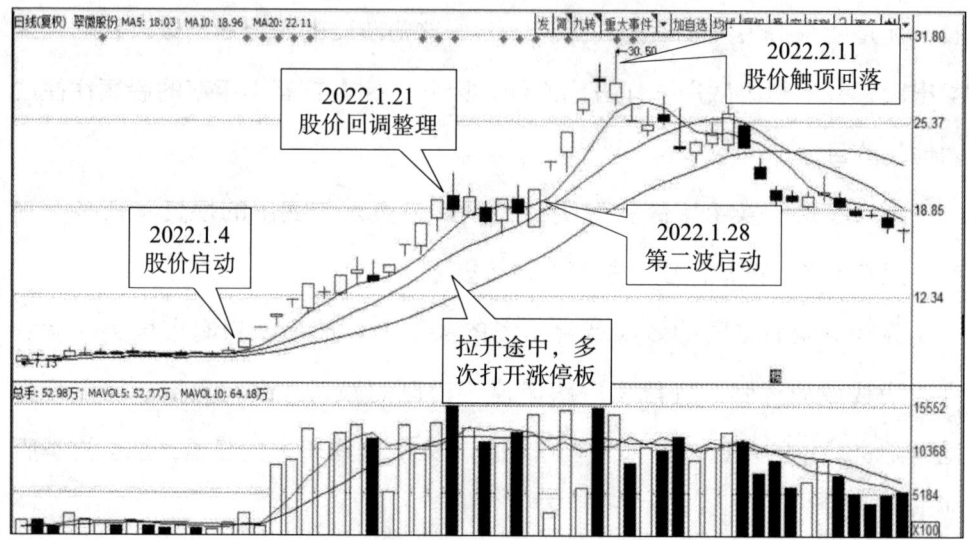

图1-11　翠微股份（603123）日K线走势图

第二章
主力运作龙头股的基本逻辑

价值龙头和板块龙头都有大资金机构长期驻守，机构侧重于对股票基本面的研究，其运作方式也以长线价值投资为主。因此，本书所讨论的龙头股以行情龙头为主，也会涉及一些板块龙头（主要为板块龙头中的主线龙头股）。也就是说，本书所探讨的龙头股仍以中短线龙头为主。

在市场上，所谓的龙头并非主力钦定的，而是在交易过程中逐渐形成的。主力为了成功捕获龙头股，也需要不断地优化自己的选股逻辑与技术。

第一节　行情主线及主线龙头

纵观整个A股市场的历年走势可以发现这样一点：纯粹的牛市和熊市非常少，整个市场更多地维持在一种横向宽幅振荡格局之中。这就意味着，市场上很少出现普涨或普跌的行情。但在某一周期内，某些板块涨得非常好，另外一些板块可能又会出现较大的跌幅。这是很多散户满仓踏空行情的原因。

在某一时段内，涨幅较大的板块或概念，可能属于当时市场的投资主线。此时，投资者若能围绕主线进行投资，则可能会取得不错的收益。

对于很多主力资金，特别是游资来说，最好的行情并非普涨行情，而是大盘处于振荡之中，个别板块有精彩表现的行情。此时，这些主力资金就可以将攻击的重点集中在主线板块，当其将主线板块内股票价格炒到高位后，通过赚钱效应带动市场情绪和资金向主线板块靠拢，借机出货，获利了结。

一、主线行情的演绎

一波主线行情启动，相关板块内的股票常常会出现可观的涨幅，而板块龙头可能会出现股价翻番，甚至翻几番的情况。因此，可以这样说，把握了主线行情，散户就等同于找到了从市场掘金的"金铲子"。

一般来说，主线行情的演绎具有如下几个特征。

第一，能够成为市场投资主线，所持续的时间肯定会相对比较长。这并不意味着，这个概念板块内的股票会一直涨，而是会呈现出典型的振荡式上升态势。

第二，在围绕主线振荡上升过程中，主线内部各细分板块或概念可能都会有所表现，但表现的时间并不会一致，很可能会出现此起彼伏的状况。

比如，新能源主线行情中，可能光伏组件领域内的股票在拉升一段时间后出现调整，而生产硅料的股票又承担起拉升整个新能源板块的重任；当其示弱后，可能风能板块或电源板块等又接力展开了行情。总之，市场上的资金是有限的，资金在进攻时，也会挑选核心的进攻领域，然后逐次展开。资金并没有义务将所有的股票价格都抬升至高位，他们仅仅是为了实现自身利润的最大化而已。因此，当某一细分板块的股价被抬升至很高的位置时，这些资金就会撤出，有时也会出现夺路而逃、互相踩踏的事件。反映在股价方面，可能就会出现暴跌的走势。从这一点上来看，很多牛股股价的大幅走低，并不意味着其基本面发生了改变或不再被市场青睐，而仅仅是因为其短线股价过高，不得不进行调整，否则，就面临没有资金接盘的窘境。

随着传统化石能源的逐渐枯竭，以及对环境保护、气候变暖的关注，新能源受到了越来越多的青睐。目前，世界各国都加大了对新能源的投入，光伏、风力发电等成为整个新能源板块最为耀眼的明星。2020年到2021年期间，新能源板块都是最强的投资主线。

下面来看一下隆基绿能的股价走势情况，如图2-1所示。

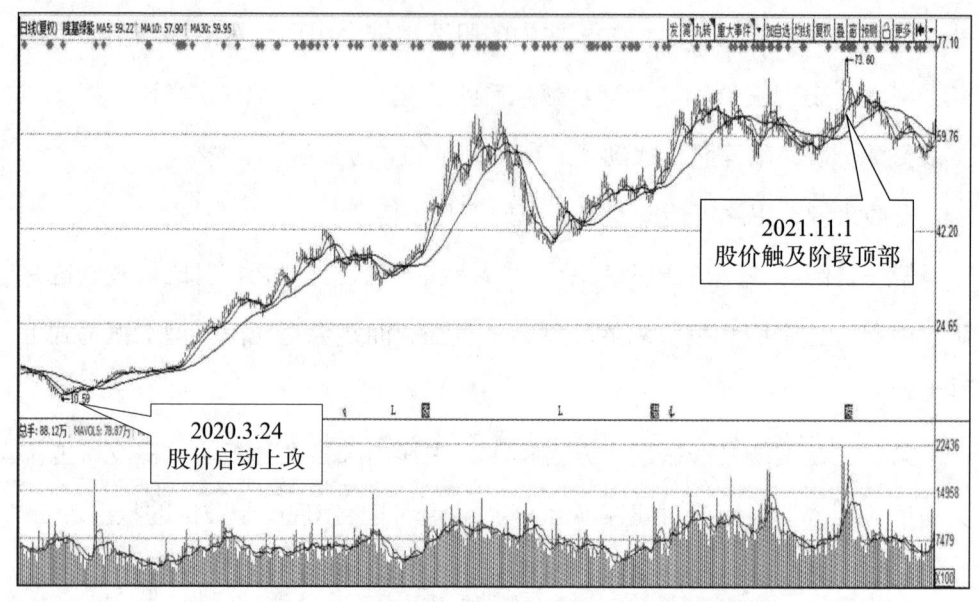

图2-1　隆基绿能（601012）日K线走势图

隆基绿能的股价自2020年3月24日底部的10.59元启动上攻，到了2021年11月1日，该股股价已经达到73.60元的高点，股价在一年半的时间里翻了7倍有余。整个新能源板块在隆基绿能的带动下全线上攻，整个上升势头也持续了一年多的时间。

下面来看一下中证新能的走势情况，如图2-2所示。

中证新能源指数的权重股前五名为宁德时代、隆基绿能、通威股份、阳光电源、天齐锂业。该指数的走势，基本上可以反映整个新能源板块的大致运行态势。

从中证新能源指数走势来看，自2020年4月下旬价格进入上升通道开始，一直振荡上升至2021年10月底进入高位，这波上升持续了一年半时间，整个新能源指数翻了3番。可谓是2020年到2021年最强投资主线了。新能源板块内的个股表现更是精彩纷呈。

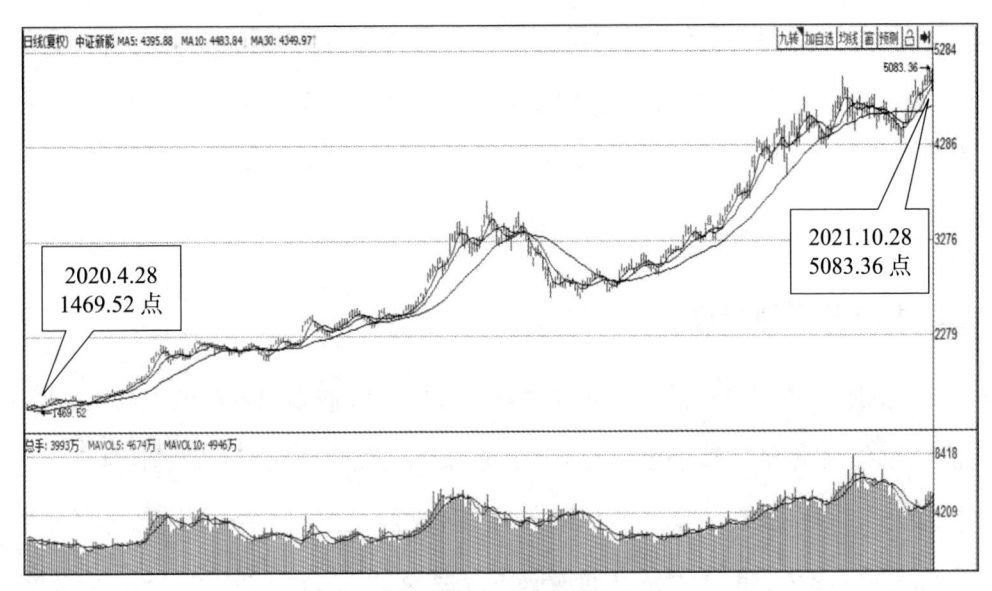

图2-2 中证新能日K线走势图

对比隆基绿能与中证新能源指数的走势可以发现，两者的走势形态比较吻合，这也可以印证隆基绿能这个新能源大龙头对新能源指数的带动作用。

下面再来看一下风能概念龙头股川能动力的股价走势情况，如图2-3所示。

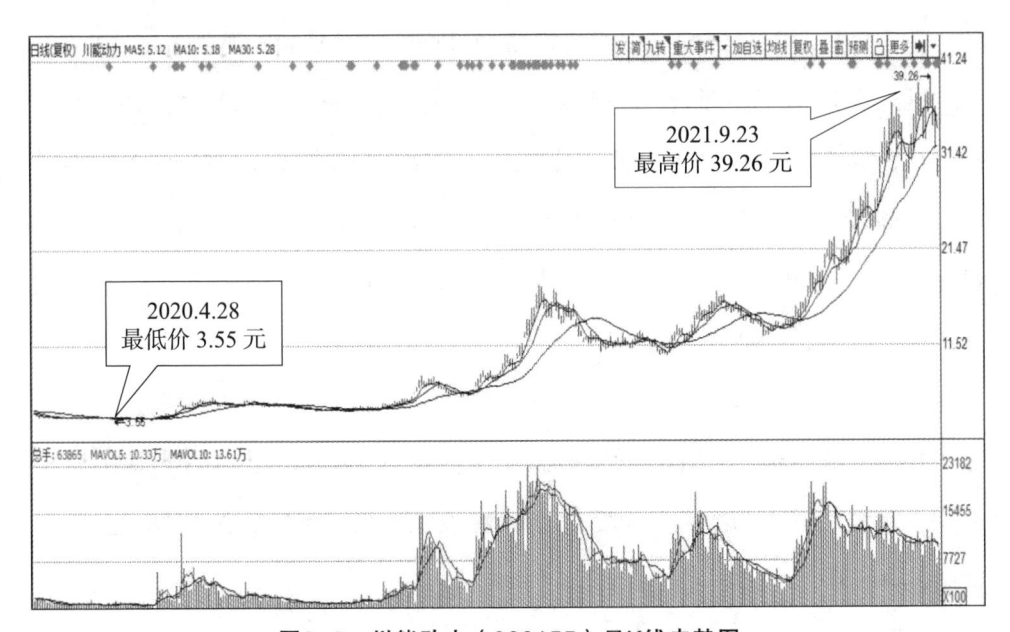

图2-3 川能动力（000155）日K线走势图

川能动力的股价自2020年4月28日底部的3.55元启动上攻，到了2021年9月23日，该股股价已经达到39.26元的高点，股价在不到一年半的时间里翻了11倍。由此可见，主线行情内各细分领域的龙头领涨股走势之强。

二、主线龙头的特征

在主线行情演绎过程中，可能会在不同的阶段涌现出不同的龙头股，正是这些龙头股推动了整个板块的上扬。这些龙头股也会呈现不同的特征。

第一，龙头股的表现并不相同，有些龙头股是一路暴涨式上涨，但很难持久；有些龙头股的上升势头有所收敛，但较为持久，前面介绍的新能源龙头股就是这种情况。

第二，在一波主线行情中，那些能够保持持久上升势头的龙头股，很大程度上能够贯穿行情的始终。反之，短线暴涨的龙头股则很难长期保持其龙头地位，很可能在主线演绎过程中，丢掉其龙头地位。

下面来看一下基建地产主线行情演绎过程中，龙头股的更替。

进入2020年后，基建地产行业受调控和疫情的影响，以及"三道红线"的出台，整个行业板块受到了严重冲击。不过，由于基建地产行业关联着整个基础建设，同时又与金融行业密切相关。从稳定金融与就业的角度来说，基建地产行业非常重要；从拉动经济发展角度来看，基建地产行业仍具有很大的稳定经济、拉动经济的作用。

2022年2月，基建地产行业中的一个细分板块——装配式建筑，率先引爆了整个主线行情。装配式建筑概念，也成为整个基建地产主线行情的龙头板块。在装配式建筑行情启动后，浙江建投成为当仁不让的第一大龙头股，如图2-4所示。

从图2-4中可以看出，浙江建投自2022年2月7日启动上攻后，股价连续多日涨停，龙头股特性直接显现无疑。此后，更是一路上涨至3月21日，股价从7.5元左右一路上涨至40元左右，股价翻了5倍有余。

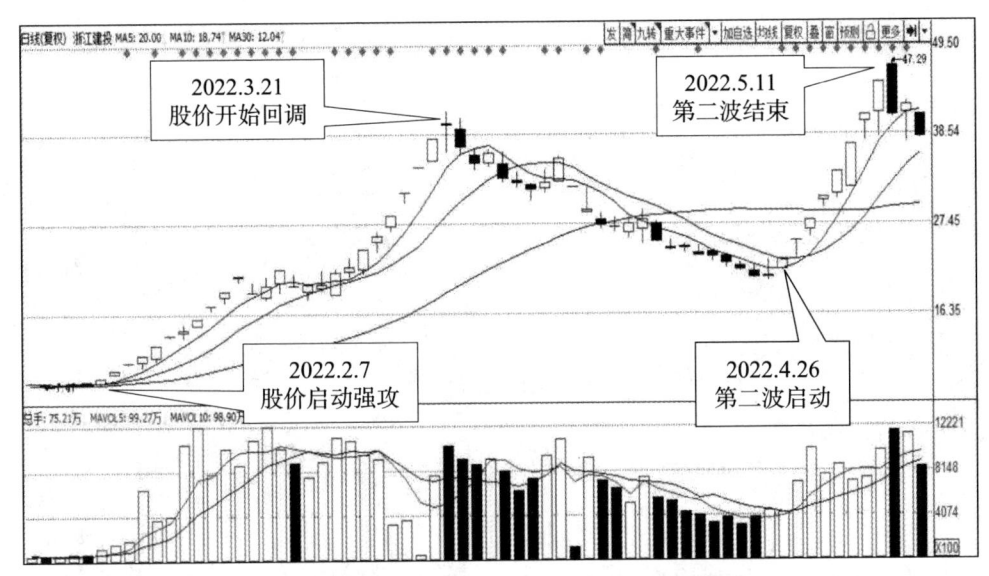

图2-4　浙江建投（002761）日K线走势图

自2022年3月21日开始进入回调走势。4月26日，浙江建投又启动了第二波上涨行情。其实，第二波上涨行情的启动，更是对浙江建投大龙头股地位的强化。一般只有超级大龙头才有第二波上涨行情。至5月11日，该股股价创下47.29元的阶段高点后，再度回调。

此时，该股涨幅已经相当高了，而整个基建地产行情也随着大龙头的倒掉开始进入收尾期。

在浙江建投引领上攻期间，很多装配式建筑概念股票都出现了较大幅度的上涨，比如安徽建工、宁波建工等，涨幅也比较大。在浙江建投上攻的尾声，装配式建筑概念中的另一只龙头股建艺集团也曾试图引领板块的上攻，如图2-5所示。

从图2-4与图2-5对比可以看出，建艺集团的股价在浙江建投引领装配式建筑概念上攻时，并未出现明显的上涨走势。不过，在浙江建投启动第二波上涨浪潮时，建艺集团很快跟进，并于次日涨停，此后，建艺集团从浙江建投手中接过装配式建筑概念龙头的大旗，一路上涨至5月13日才结束。

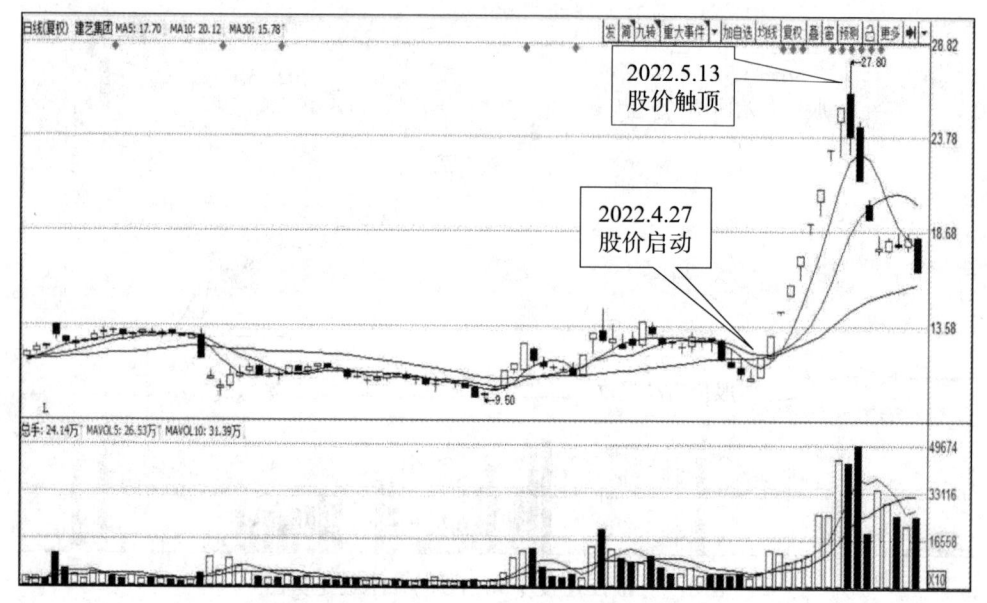

图2-5　建艺集团（002789）日K线走势图

至此，装配式建筑概念以及基建地产主线行情就告一段落了。

回顾浙江建投股价K线走势可以发现，自2022年3月21日开始回调之后，一直到4月下旬才发动第二波上升攻势。这中间的时间就是基建地产行业中，房地产板块的表现时间。进入2022年后，各地在稳经济、稳增长的大背景下，陆续放松了对房地产行业的调控措施。

如图2-6所示，房地产开发行业指数自2022年3月中旬，在地方楼市限购政策松动的刺激下，触底反弹。此后，该指数出现了一波连续上升走势，到了4月初，该指数的涨幅超过了40%。房地产行业板块成为当时的投资主线。

在房地产开发行业中，很多股票都开始大幅上攻。先来看一下房地产开发行业前期的龙头股阳光城的走势，如图2-7所示。

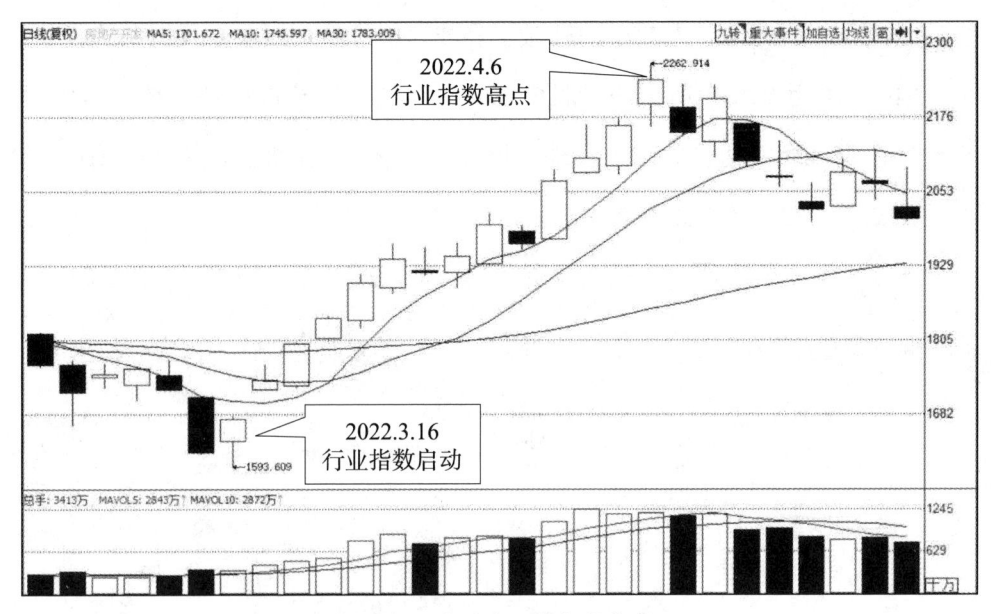

第二章 主力运作龙头股的基本逻辑 | 29

图2-6 房地产开发行业指数

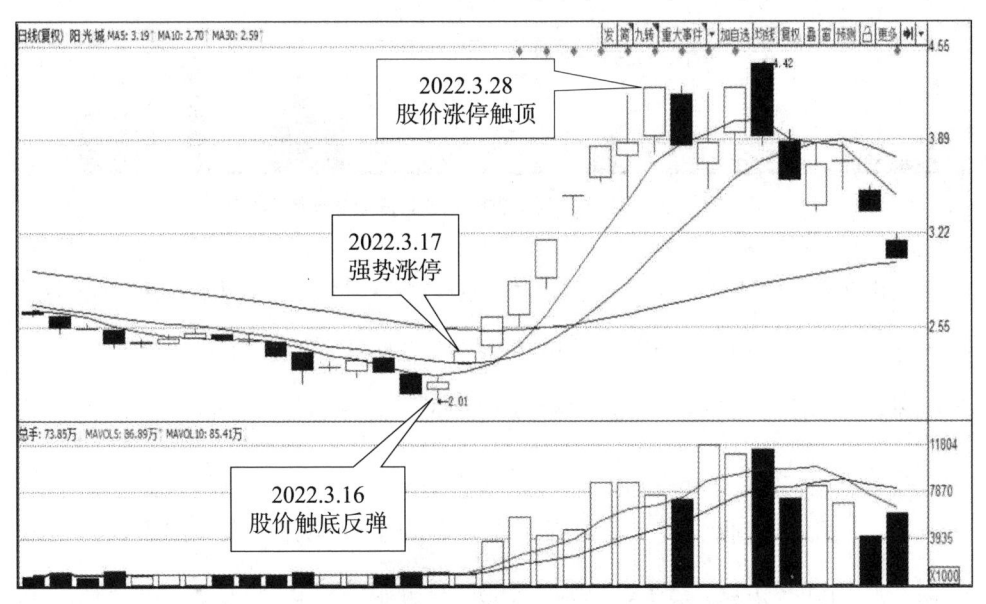

图2-7 阳光城（000671）日K线走势图

阳光城的股价自2022年3月16日随着房地产行情的企稳而出现止跌反弹走势。次日，即3月17日，该股股价强势涨停，此后的几个交易日更是连续涨停，风头一时无两。当时，阳光城已经成为引领整个板块上攻的龙头股。

但是，到了3月28日，该股股价涨停后，转入了横向振荡走势。该股股价已经很难延续强势。此时，另外一只龙头股南国置业崛起，接替了阳光城的龙头位置，继续引领整个板块前进。

下面来看一下后期龙头股南国置业的股价走势情况，如图2-8所示。

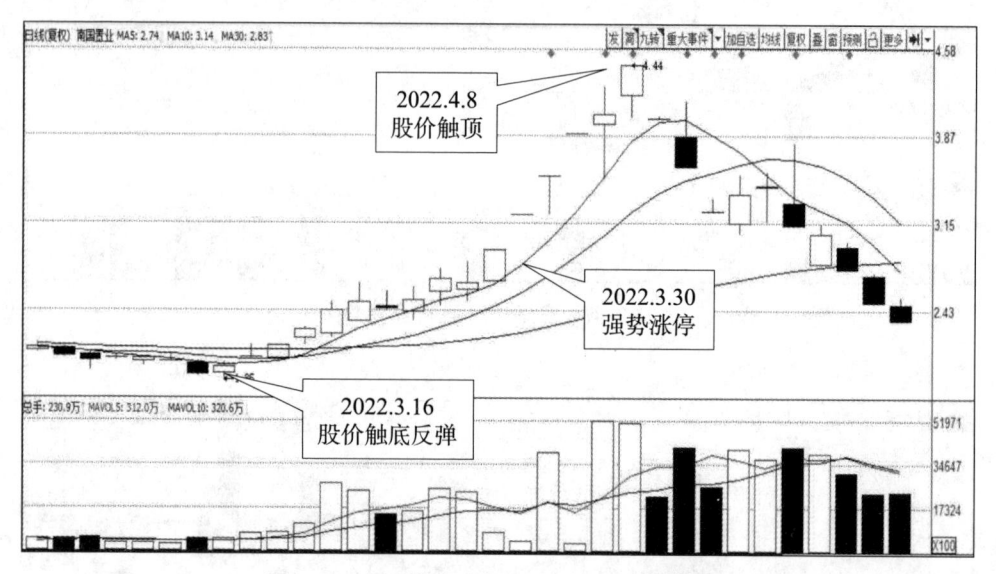

图2-8 南国置业（002305）日K线走势图

从图2-8中可以看出，南国置业自2022年3月16日启动振荡上升走势，相比于阳光城的股价，南国置业的涨幅明显偏小。在3月28日之后，阳光城后劲不足，房地产行业急需新的领涨龙头时，南国置业挺身而出，成为新的龙头。

此后，南国置业的股价一路强势上攻。到了4月8日，该股出现最后一次涨停。此后，股价转入下跌趋势。房地产行业没有新的龙头，很难形成新的合力，因而基建地产行情又重新转回了装配式建筑概念。

也就是说，这一波持续了将近三个月的行情，自装配式建筑开启，又由装配式建筑结束。

第二节　市场热点及热点龙头

市场热点，是市场行情形成和出现的基础。而市场热点的背后则是引领市场热点的大龙头。

一、市场热点与板块轮动

市场没有了热点，交易者也就失去了交易的动力，整个市场也会如同一潭死水。因此，在一个交易日内，在不同的时段，盘面上会出现不同的热点概念。这些热点概念持续的时间有长有短。

图2-9所示为2022年9月21日早盘盘面热点情况。

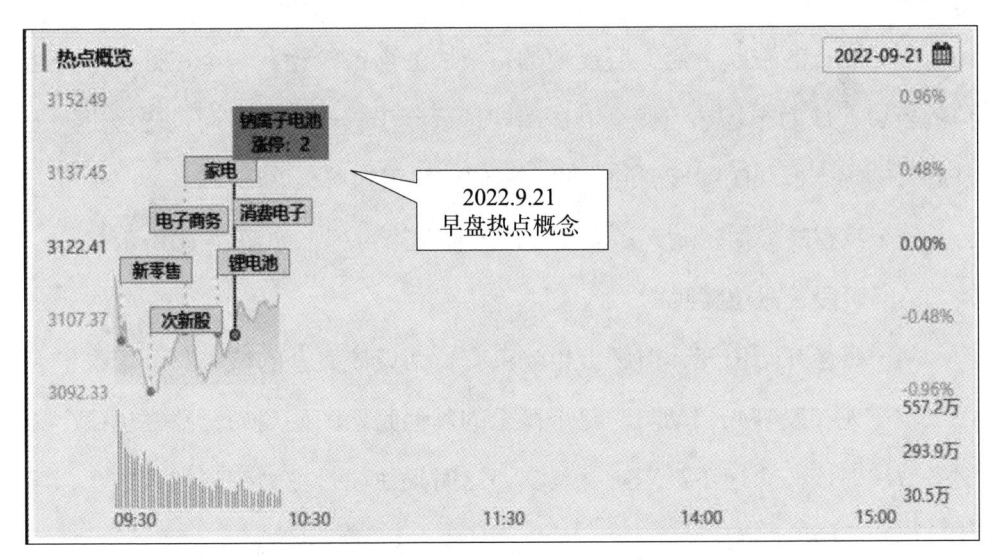

图2-9　市场热点概念示意图（2022.9.21）

从图2-9中可以看出，在2022年9月21日开盘后的一个小时内，盘面上已经先后出现了多个起涨的热点概念。不过，从热点拉升情况来看，只有钠离子电池在拉升过程中出现了两个涨停板。大部分热点概念都没有封板个股，这也就意味着这些热点的资金聚集效应并不算强。同时，由于市场轮动速度过快，每个热点持续时间都很短，这也是整个市场呈现弱势形态的一种表现。

市场热点、板块轮动与整个市场的基本分析要点如下。

第一，市场热点较少，且轮动速度快，说明整个市场交易清淡，交投不活跃，这是市场处于熊市的典型特征。

第二，市场热点较多，且轮动速度慢，说明市场交易活跃，做多气氛较浓，很多场外资金会被赚钱效应吸引，纷纷入场买入股票。

第三，越是出现短线龙头股或者大龙头股的热点板块，其热度所持续的时间越能长久。毕竟大龙头股最能吸引市场上的投资者跟风。

二、板块轮动与龙头股

市场热点的涨跌背后，所反映的是板块的涨跌轮动。一个正处于上升趋势的板块，成为市场热点概念的概率要远远大于其他概念，而且已经进入上升趋势的热点板块的领域时间也要比其他板块更为持久。

一个完整的板块轮动大多需要经历这样几个过程，如图2-10所示。

第一阶段：概念朦胧期。

某个概念开始出现，市场上也就只有一两只该概念的核心股票出现了大幅上攻（龙头股开始启动）。整个概念的其他股票即使启动，涨幅也很小。很多散户对该概念还不甚理解。其实，这时候往往是主力开始加大建仓，寻找替代龙头股的时期。

第二阶段：概念发酵期。

在该阶段，由于率先启动的龙头股已经连续上攻，整个市场对该概念开始警觉，相关板块和个股逐步开始启动。很多未来的龙头股也可能在这个时候开始现身。投资者应该找寻那些量价配合较佳的投资标的。很多先期启动的大龙头已经接近高点,并会在这一阶段进行大幅振荡。成交量异常放大的股票,投资者一般不宜介入。先期介入的资金开始撤出。

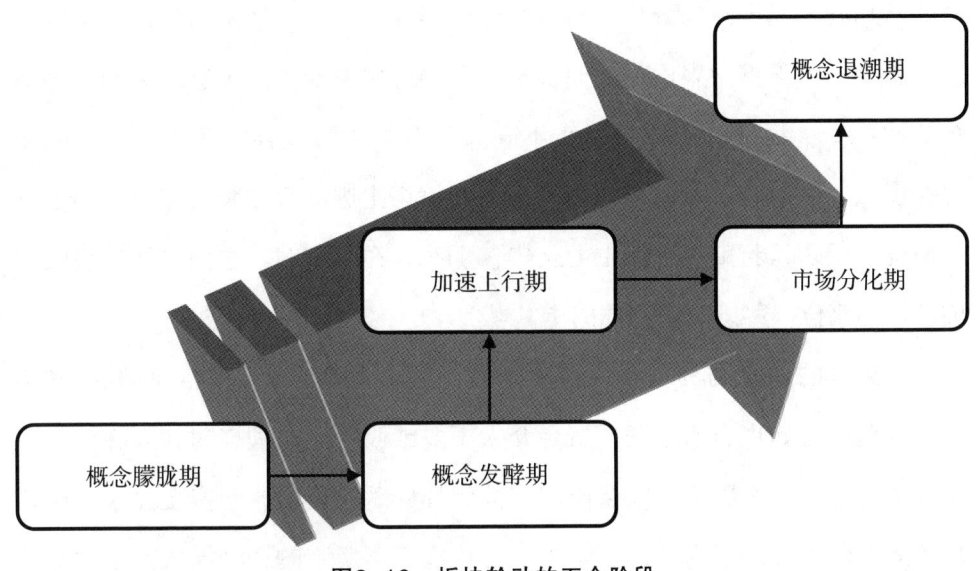

图2-10　板块轮动的五个阶段

第三阶段:加速上行期。

从本质上来说,该阶段往往是股价上升速度最快、幅度最大的一个阶段。很多板块龙头股的股价翻番都是在此阶段完成的。该阶段,与炒作概念相关的板块都出现了较大幅度的上攻,市场赚钱效应凸显,很多散户开始涌入相关概念板块股票。无论是龙头股还是与龙头相关概念的股票,都能取得不错的涨幅。此阶段上涨幅度最大,相对而言,往往也是最为安全的一个阶段。

第四阶段:市场分化期。

过了概念普涨阶段后,市场出现了分化。很多与概念相关板块的股票开始回落,而龙头股一般还能坚挺,甚至在调整后出现新的上攻行情,此时,市场上的关注焦点已经完全聚焦于龙头股。其实,这也是很多资金关注、炒作龙头股的根本原因所在。

第五阶段：概念退潮期。

无论何种概念都会有一个退潮期。区别在于，有些概念在退潮期来临前会经历几波加速上涨与分化，有些概念可能只有一波加速上涨就进入了退潮期。总之，对于主力来说，如何快速将手中筹码兑现才是王道。因为主力持仓情况不一，退潮的形式也有所不同。若在上攻阶段存在多主力抢筹的情况，那么，在退潮阶段也可能引发多主力争相出逃，导致股价连续大幅下挫的情况；反之，若只有一家主力坐庄，那么，在退潮时，主力可能会采取更加从容的高位振荡方法来完成出货。

龙头股的退潮与其他个股有所不同。因各路资金介入龙头股的程度不同，其退潮方式也有所不同。资金介入不多或股价到达顶峰时，大部分资金完成了撤退，那么股价可能会出现连续大幅暴跌；反之，若资金介入较深，则可能出现顶部振荡走势或者下跌一定幅度后再反弹的退潮模式。总之，所有的动作都是主力为了确保自己的资金顺利撤出而做出的。

另外，从以往的概念炒作情况来看，若一个概念经历完整的五个炒作阶段，往往能够获得较佳的持续性，股价上升持续时间较长，上升幅度也会比较大；反之，当一个概念启动初期就出现了快速发酵并且概念板块普涨的情况，往往持续性也会比较差。

三、龙头股——整个行情的"旗帜"

龙头股，特别是整个市场的大龙头股，是市场资金炒作的风向标，更是整个行情的"旗帜"。"炒股就炒大龙头"是很多资深短线投资者的共识。

人们常说"短线重势不重价"，其实这是对散户选股而言的。若站在主力的角度来看，就需要为散户营造一种股价上升的"势"。只有"势"起，散户才有参与交易的意愿，主力才能将手中的筹码兑现。而塑造大龙头就是主力在每一波次或每个热点题材炒作过程中经常做的事情。

一波行情起来后,普通的跟风股可能有30%的涨幅就非常不错了,而大龙头的涨幅超过100%的比比皆是。

按说大龙头涨幅最高,肯定也是最危险的,其实不然,只要踏准了大龙头,不仅不危险,反而可能是非常安全的。这主要基于以下几点。

第一,大龙头就是一波行情中的"旗帜",也是一波行情中较早启动的股票。大龙头不一定是行情中最先启动的,但一定是较早启动的一批股票中的一员。因为较早启动,涨幅往往也是非常可观的,这也使得很多散户对其"望而却步"。

第二,主力需要大龙头带动其他股票,因而,大龙头往往最先封住涨停板。经常操作涨停板的投资者知道,封涨停板的时间往往反映了主力的做多意愿和实力强弱。一天中,最先封住涨停板的股票往往最为牢靠,相反,进入下午时段才封住涨停板的股票,则存在"炸板"的可能。

第三,主力需要反复拉升大龙头来激发整个市场对其所炒作板块的信心。若大龙头过早倒掉,则可能导致市场人心涣散,主力后面就没法继续操作了。正因如此,大龙头往往会是整个板块最后一个炒作退潮的股票。

比如,2020年受疫情的影响,传统零售示弱,新零售概念横空出世。进入2022年,新零售的优势开始显现。新零售概念成为2022年开年后第一个被炒作的概念。新零售概念的龙头股翠微股份一马当先,率先完成了涨停。此后,正式开启了一波快速上攻走势,如图2-11所示。

在新零售概念成为市场主要炒作对象时,翠微股份率先在2022年1月4日封上了涨停板,此后,更是连续拉出多个涨停板,龙头风采开始显现。到了1月21日,该股股价已经上涨了较大幅度。不过,该股股价也横向盘整了几个交易日。自1月28日开始,该股发动了第二波上涨浪潮。至2月11日,该股股价的上攻趋势才算终结。

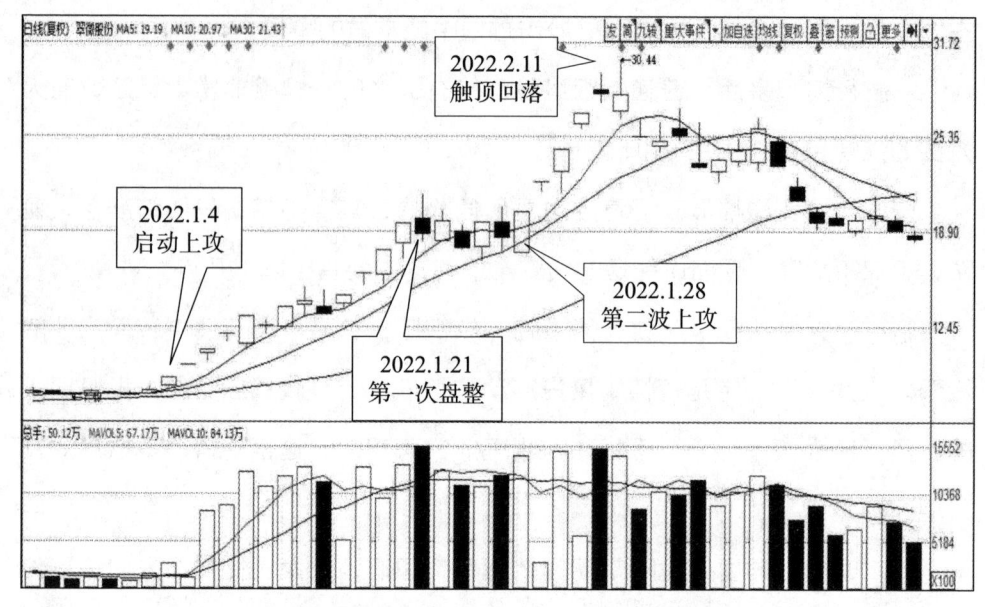

图2-11 翠微股份（603123）日K线走势图

再来看一下新零售概念中另外一只股票人人乐的走势情况，如图2-12所示。

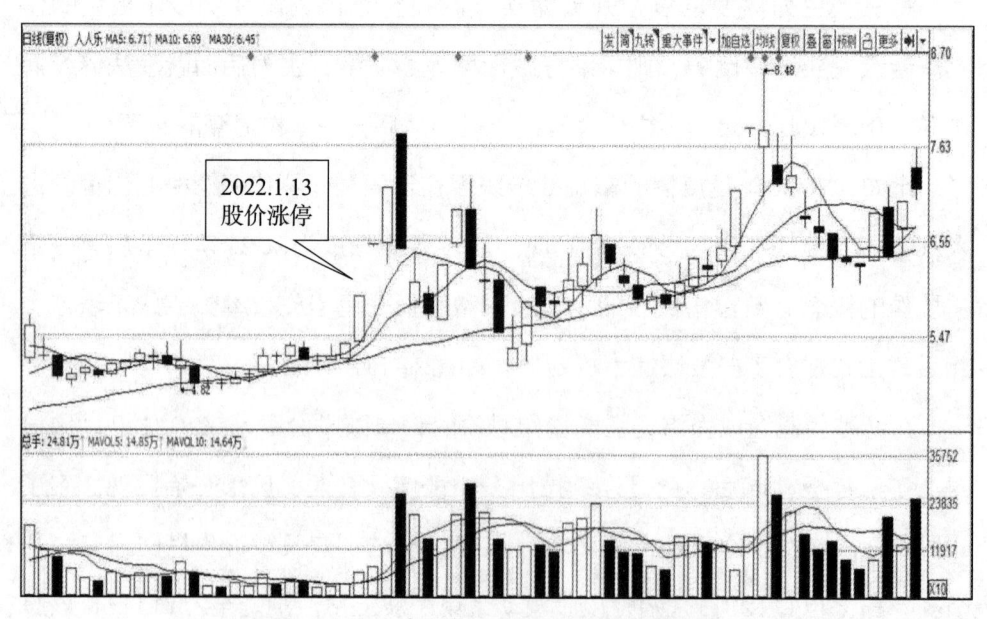

图2-12 人人乐（002336）日K线走势图

人人乐的股价进入2022年后出现了缓慢上升态势。尽管此时新零售概念已经开始发酵，翠微股份已经连续数个涨停，但显然这种热度在1月初还没有传递到人人乐上。

2022年1月13日，该股股价完成了第一个涨停，此后的两个交易日，又实现了三连板。不过，很快又转入了回调走势。

对比翠微股份与人人乐的走势可以看出，市场上的资金并没有因为翠微股份的股价被炒到高位而恐惧，反而更愿意参与其中，而一些非龙头股，不仅上涨趋势到来的晚，还可能结束的更早，回调的力度更大。

其实，这就是龙头股与非龙头股的区别所在。

四、抢龙头——三板分化原则

市场上的龙头股，总是会吸引最多的关注。很多大龙头股在一波上涨浪潮中，就可能实现利润翻番，这又如何能让人割舍。正因如此，很多投资者热衷于寻找龙头股。其实，从本质上来说，龙头股并非天生的，都是在与同类股票的走势竞争中形成的。当然，市场龙头也不是主力资金随意强加的，其背后有一定的内在逻辑。

其实锁定目标时，主力也不确定哪只股票能够成为龙头。龙头股的形成，更多的是一种市场的选择。

龙头都是由资金推动的，但更需要题材。股价的上涨都是由资金推动的，龙头股的形成更需要大量的资金。一个涨停板的出现需要大量的买入资金，而龙头股都是在三个以上涨停板后现身的，其对资金的需求量更是十分可观。这是龙头股形成的基础。所有关于龙头股的分析本质上都离不开资金量。

主力会对盘面、各路消息进行汇总，寻找重点突破方向。大家要清楚如下两个事实。

第一，各路游资或主力资金可能会对某一板块或概念形成一致性的意见，即该板块将会成为收益板块，因而资金都会争相涌入这一板块。但至于哪只股票会成为最终的龙头股，大家心里其实是没数的，主力资金也不确定自己介入的股票会不会成为龙头股。

第二，三板分化原则。一波行情被爆炒后，必然会有很多同类概念股票同步上涨。在行情出现的第一个交易日，可能会有很多只相同概念的股票涨停，此时，判断未来的龙头股是非常困难的。第二日涨停的个股明显少了，而到了第三个交易日势必会出现分化。很多龙头股就是在这个时候开始显露龙头本色的。由于市场资金有限，很多非市场热度集中股将很难再聚集人气，很难涨停。此时，真正的龙头股就可以开始继续自己的上涨之路。

其实，这也是很多游资喜欢抢筹三板以上股票的原因所在。毕竟三板之上，股价再度上攻就有很大潜力成为龙头股。

当然，从普通投资者角度来看，连续三个涨停板的股票，若出现下跌，风险也是非常大的，但其实从以往的经验来看，三板股票相对而言，风险是比出现二板乃至一个涨停板后股价下跌的风险要小，毕竟在三板位置各只股票已经出现了分化。对于普通投资者来说，可能还是觉得风险很大，但对于主力资金或游资来说，他们可以通过小量试盘、滚动交易的方式，逐级防控风险。

与此同时，情绪也是很多资金，特别是游资重点考虑的内容。对于实力雄厚的游资来说，将某只小盘股拉升至涨停板并不是什么困难的事，但是，小盘股本身的股本较小，若换手率不足，在进入高位后，人气散了，游资想要卖出会十分困难。

而三板以上的股票，有一个最为显著的特征，即带有强烈的光环效应。一些个股连续三个涨停板，往往会收获诸多短线交易者的关注，还会有其他游资的关注，此时，这类股票就容易成为市场的焦点。游资介入这类股票拉升之后，想要出来就会相对容易。而很多只有一个或两个涨停板的股票，次日人气很容易散掉（散掉的原因就是被吸引到三板或更多涨停板股票身上了）。

笔者通过对市场上涨停板的研究与分析，也支持这一操作方法。一般来说，假如第一个交易日，涨停板数量在70只左右；第二个交易日，能够成功封住二板的，一般不会超过10只（经验老到的游资，也许会在该日入场）；第三个交易日，能够成功封住三板的，一般不会超过4只（这是很多游资开始抢筹的日子）。当然，这种涨停板的数据还与大盘环境有关，在大盘环境极好或极差时，涨停连板数量相对较少，而在振荡行情中，连板率会高一些。大盘环境极差，很多散户不愿意接盘，连板率自然走低；大盘环境极好，市场热点会有很多，也会更加分散，游资或主力很难聚焦市场上的散户情绪，连板率就相对较低。

总之，能够达到三板的股票还是少数中的少数。成功封住三板的股票，最后成为龙头股的概率要比封住一板或二板的股票高很多。

第三章
龙头股的基本特征

龙头股都是在资金的推动下产生的。但资金不会无缘无故地流入某只股票，其背后必然有其内在的逻辑。同时，这些龙头股在启动前和拉升过程中也会展现出有别于其他股票的一些特征。

本章我们重点从以下几个维度展开分析，如图3-1所示。

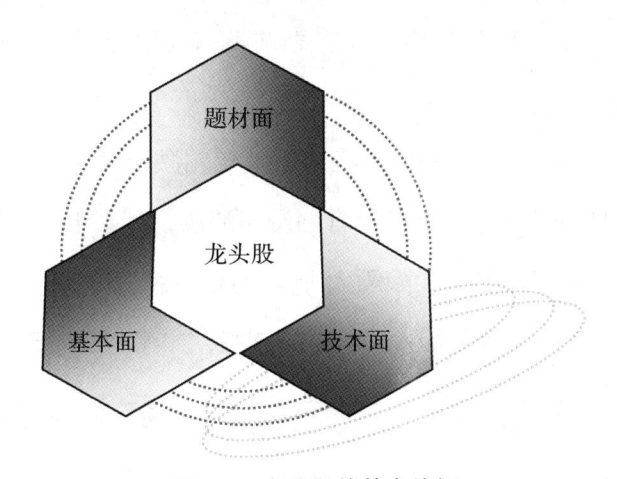

图3-1 龙头股的基本特征

第一节 从题材面看龙头股

市场上的大龙头股必然都是有题材、有故事的品种。当然，你也可以说，市场上的股票几乎每种都有各自的题材或概念，可拉动上涨的只是少数的几个题材，龙头股也是这些题材中少数中的少数。其实，这就要看题材的质量了。这种题材的质量更多的是从主力资金的角度来看的，主要侧重点在于是否具有炒作空间。

主力并不会凭空去拉升某只股票或某个板块。他们每天都会在信息与资讯方面做很多功课，对可能出现的热点事件、热点题材、各路上市公司的消息进行分析与评估，并对各类题材进行深入挖掘。

一、新题材龙头股

以前没有炒作过的，可能制造较大想象空间的题材，更容易获得主力资金的关注。人人都有喜新厌旧的倾向。而且旧题材已经被反复炒作多次，想象空间已经不大了，新题材则不同，之前没有被炒作过，会有更大的炒作空间。

比如2021年9月，受脸书投资元宇宙消息刺激，国内各路资金开始寻找元宇宙核心标的。9月6日，中青宝官网发布消息，其基于元宇宙中虚拟与现实相结合的模拟经营类游戏《酿酒大师》上线。中青宝一时间成为元宇宙概念的核心标的，各路资金争相入局，爆炒该股，如图3-2所示。

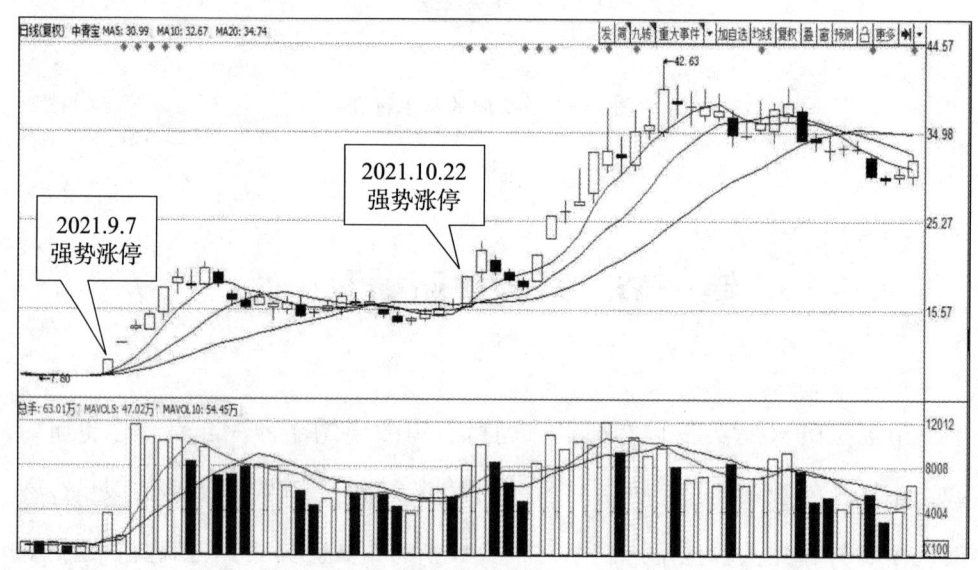

图3-2　中青宝（300052）日K线走势图

2021年9月以前，中青宝受到的关注较少，股价一直呈低位横向振荡态势。2021年9月7日，元宇宙概念横空出世，中青宝作为元宇宙概念的龙头股，率先启动，封上涨停板。此后，该股股价连续拉出多个涨停板后进入调整阶段。

2021年10月22日，中青宝再度启动上攻，标志着元宇宙概念第二波炒作浪潮启动。这一阶段的涨幅比第一阶段的涨幅还要大。

该股股价的走势基本符合游资短线炒作的特征。由于元宇宙概念属于新兴概念，之前从来没有炒作过，因而第一波炒作只是一个预热。随着元宇宙概念的逐渐发酵，市场对元宇宙概念的挖掘也越来越多，因而当第二波炒作启动后，追涨的资金也更多，涉及的领域也更广泛。这正是龙头股走得更远的基础。

二、大题材大龙头

大题材拥有最大的想象空间。在A股市场上，最大的题材一般来自国家政策与规划方面。毕竟国家政策与规划所涉及的领域、行业与企业较多，都是关系国计民生方面的重要规划。这些政策和规划孕育的投资机会也比其他题材更多。最为典型的国家政策方面的规划包括国家级新区建设、自贸区建设以及针对个别产业、行业的规划等。最近几年来，与国家政策规划有关的龙头股层出不穷，比如2013年的上海自贸概念、2017年的雄安新区概念等。

最近几年的海南自贸区也是其中一个典型的代表。

海南自由贸易港是按照中央部署，在海南全岛建设的自由贸易试验区和中国特色自由贸易港，是党中央着眼于国际国内发展大局，深入研究、统筹考虑、科学谋划做出的重大决策。

2020年6月1日，中共中央、国务院印发了《海南自由贸易港建设总体方案》，并发出通知，要求各地区各部门结合实际认真贯彻落实。一时间，海南自贸港概念板块出现了热炒浪潮。

海德股份属于典型的海南本地股，其所处的行业为房地产开发、酒店以及制药等，同时还有不良资产管理等业务。海南自贸港的建设将会对该股有直接利好效应，因而，在《海南自由贸易港建设总体方案》印发前后，海德股份的股价出现了一波暴涨行情，如图3-3所示。

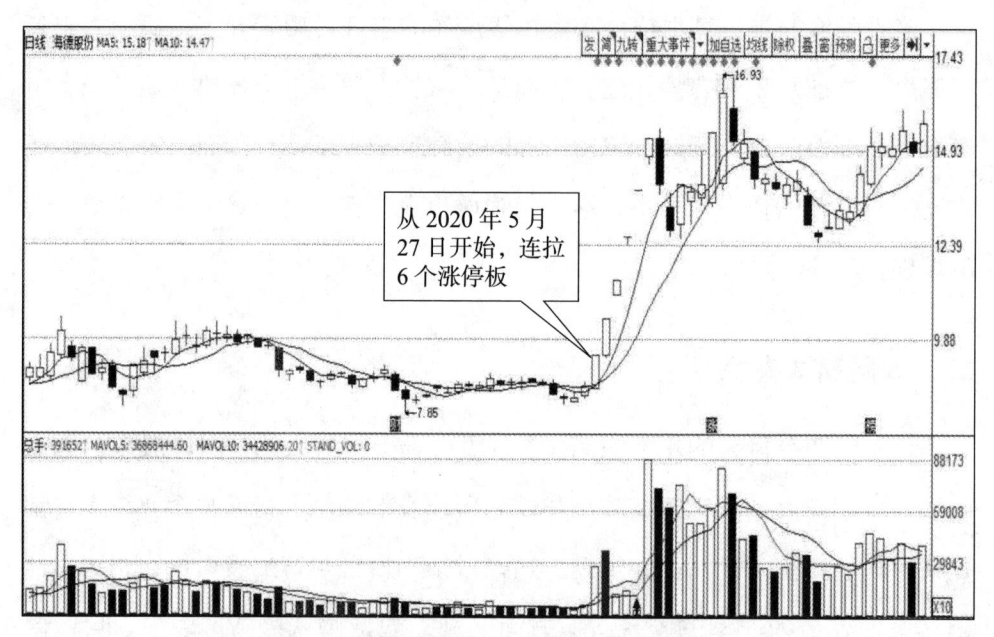

图3-3　海德股份（000567）日K线走势图

海德股份的股价在2020年5月初开始了横向筑底走势，股价波动幅度较小，这可能是股价正在选择突破方向。到了5月下旬，股价突然下挫，给人一种即将向下突破的感觉。之前介绍股价突破形态时曾经说过，当主力将要拉升股价时，往往可能先向下打压。此时，投资者要密切关注股价的变化。

2020年5月27日，该股股价突然放量拉升至涨停板，当时市场就有传闻，海南自贸港相关规划文件将要出台。此后，几个交易日，该股股价连续拉出涨停板。到了6月1日，相关规划文件正式出台。该股股价又连续拉出两个涨停板后，宣布拉升结束，股价开始进行高位调整走势。

三、想象空间大的题材

炒股票，更多的是在炒一种预期。因此，一些题材朦胧，想象空间大的题材，受到的追捧会更多。想象空间越大，市场做多的意愿就会越强烈。比如，市场上经常炒作的一些重组题材个股，其实就是一个单纯的炒作想象空间的概念。本身个股的破产重组并不意味着业绩一定会变好，但给市场提供了一个可以变好的想象空间。比如，2022年大放异彩的预制菜概念，从本质上来说也并非一个全新的概念。

预制菜是运用现代标准化流水作业，对菜品原料进行前期准备工作，简化制作步骤，经过卫生、科学包装，再通过加热或蒸炒等方式，就能直接食用的便捷菜品。

据艾媒咨询调查，2021年中国预制菜市场规模为3459亿元，同比增长19.8%，到2025年中国预制菜市场规模或将突破8000亿元。

2022年预制菜概念股开始被市场关注，很多预制菜概念股被资金频频炒作。得利斯成为预制菜的龙头股。

得利斯，是一家以生猪屠宰、肉制品深加工、速冻调理产品加工、牛肉系列产品精细加工为主营业务的企业。"得利斯"牌低温肉制品连续多年全国市场同类产品销量第一名。

近年来公司在冷却肉、低温肉制品等基础上，拓展了牛肉系列产品、速冻米面产品、预制菜产品相关业务，产品结构不断完善。这也使得该股成为"预制菜"概念股。

该股的财务数据情况：截至2021年年底，得利斯的总营收为31.3亿元，每股盈利为0.09元，每股净资产为2.77元。2022年6月底，该股总市值为50亿元左右，每股股价为8元左右。

得利斯的基本面一般，每股盈利较低，同时，该股的总市值较小。在该股因预制菜概念被大幅炒作前，股价更低。这就使得该股非常容易成为短线资金攻击的对象，成为预制菜概念的龙头品种。

下面来看一下该股的股价走势情况，如图3-4所示。

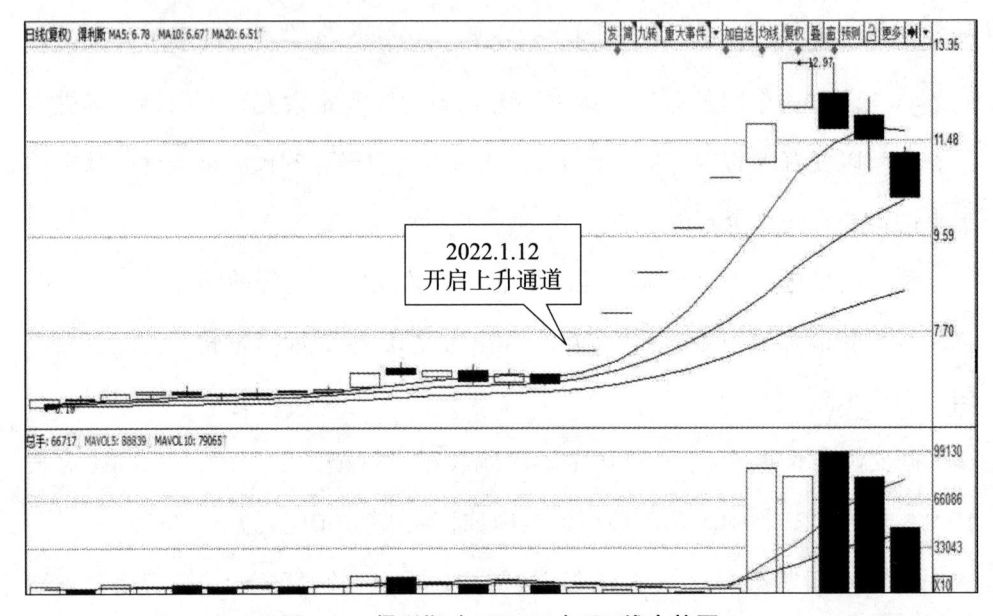

图3-4　得利斯（002330）日K线走势图

2022年1月中旬以前，得利斯受到的关注较少，股价一直在低位徘徊。2022年1月12日，预制菜概念受利好消息刺激而掀起了涨停潮。多只预制菜概念股强势涨停，得利斯更是直接一字封板，强势尽显。

此后的几个交易日，得利斯更是连续拉出涨停板。该股股价在几个交易日内涨幅超过90%。由此可见，市场资金对预制菜概念的追捧程度。

预制菜概念能够被热炒，与其有一个巨大的想象空间密不可分。毕竟，在疫情的影响下，堂食餐饮行业受到了较大的影响。越来越多的家庭选择在家中就餐，而预制菜正好拥有了一个可以施展拳脚的舞台。

四、黑天鹅事件

难以预测的突发事件称为黑天鹅事件。黑天鹅事件对市场或个别板块会产生较大影响,有时还会产生决定性的影响,这时龙头股就可能从中产生。

比如,在突然而至的新冠疫情的影响下,口罩(主要是医用口罩)作为防范病毒的第一道防线,其作用凸显出来。于是,口罩概念成为疫情发生后,第一个被热炒的概念。市场中的上市公司,只要有口罩相关产品或提供口罩原料,其股价都被热炒。其中,比较典型的被爆炒的企业包括道恩股份、泰达股份、延安必康等。

下面以泰达股份为例。泰达股份本是一家从事生态环保、区域开发、能源贸易、股权投资的集团化上市公司。不过,其旗下企业的经营业务中,包括纺织及滤材业务,而这是生产各类口罩必不可少的原材料。因此,其作为口罩概念股,成为第一批被市场炒作的标的。

下面来看一下泰达股份的走势情况,如图3-5所示。

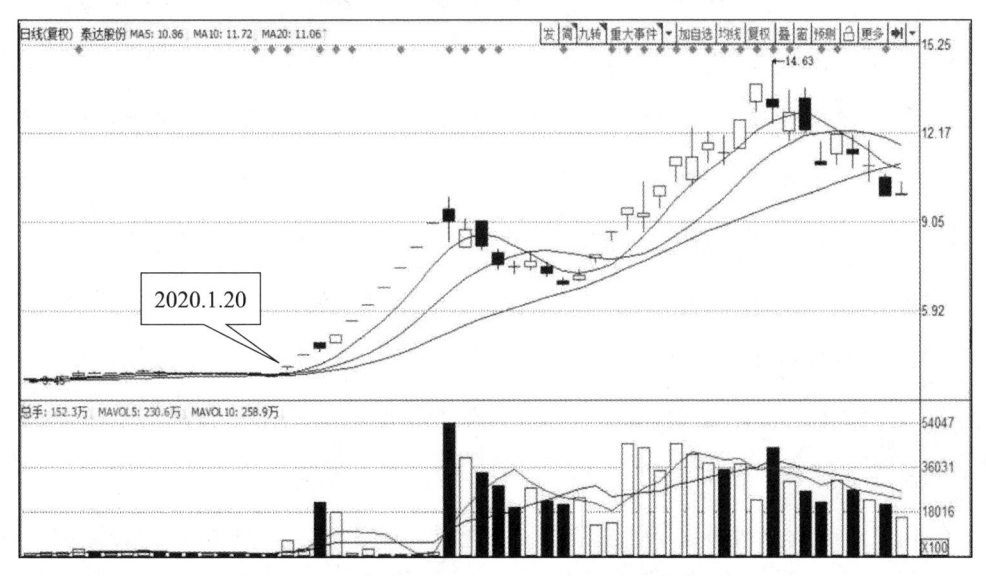

图3-5 泰达股份(000652)日K线走势图

由于新冠疫情的影响，口罩成为市场上的稀缺防疫物资。市场上口罩生产厂家的原料库存迅速见底，生产口罩的材料成为市场上的紧缺物资。而泰达股份作为口罩生产原料的供应厂商，很快就吸引了市场炒作者的目光。

2020年1月20日，泰达股份的股价强势涨停，此后该股股价出现了一波连续大幅上攻走势。泰达股份成为口罩概念第一波上涨的大龙头。

第二节　从基本面看龙头股

市场上龙头股的基本面分析与普通的价值投资不同。龙头股的基本面需要重点关注的是市值（流通市值）与主力庄家等情况。

一、小盘且流通性好

从以往的龙头股盘子情况来看，小盘股明显受到更多青睐。只有特殊情况下，才有大象起舞的情况。绝大多数情况下，龙头股还是以小盘股为主。具体说来，主要包括以下两点。

第一，盘子相对较小。这里的盘子主要指股票的流通盘，而非总股份数。大盘股往往有大量的主力基金和庄家驻守，游资很少参与这类股票。但游资所挑选的股票，也并非盘子越小越好。若盘子过小，流通性可能不足，这样游资进去拉升之后，很可能短期内找不到接收者，自己也就成了股东。这肯定不是游资想要的效果。因此，盘子的大小肯定要适中，这里的适中，主要是游资在考虑自己实力水平的前提下而定义的。一个只有几千万资产的游资和十几亿资产的游资，所选的盘子肯定是不一样的。

第二，流动性要好。大家回顾一下之前讲解的几只大幅拉升的股票就可以发现，这些股票的流动性极佳，在拉升后期，每日换手率高达20%以上，这样游资想要进出就会变得很容易。大家需要清楚一件事，游资炒作股票的主要目标是盈利，是能够兑现的盈利，而不是将股价拉升至高位。其实，对于游资来说，将股价拉升起来相对比较容易，但如何出来才是关键。

那什么股票的流动性好呢？就是市场上的热门股票。对于有些游资来说，股票流通性的重要性要高于盘子的大小。

一些大牛股，即使一波上攻结束，股价也不会很快下跌，而是出现了较长时间的横向盘整，这时先前介入的游资就可以从容撤出，而另外一些股票即使短线出现了暴涨，但很快又跌了回来。由于时间过短，其实会有很多游资困在其间。也就是说，不仅散户不喜欢这类股票，就是游资也不喜欢这类股票。

一般来说，游资比较偏好流通市值在50亿元左右的股票。市值过低，容易造成流通不畅，而市场过高，游资拉升也有困难。

2021年年底到2022年上半年部分大牛股的盘子情况，如表3-1所示。

表 3-1 牛股市值与涨幅数据表

股票名称	起涨时间	起涨前收盘价	总股本（亿元）	流通股本（亿元）	起涨前流通市值（亿元）	波段最高价	波段涨幅
九安医疗	2021.11.5	6.10元	4.81	4.56	27.82	88.10元	1345.58%
热景生物	2021.4.13	34.82元	0.92	0.65	22.63	157.01元	350.92%
浙江建投	2022.2.7	7.63元	10.81	4.93	37.62	47.29元	519.8%
翠微股份	2022.1.4	8.09元	7.99	6.52	52.75	30.44元	276.27%
恒宝股份	2022.1.24	7.42元	6.99	5.90	43.78	17.98元	142.32%
新华制药	2022.4.26	9.23元	6.7	4.36	40.24	40.55元	339.33%
中通客车	2022.5.13	4.34元	5.93	5.93	25.74	27.97元	544.47%
集泰股份	2022.6.10	5.99元	3.73	3.62	21.68	20.72元	245.91%
浙江世宝	2022.6.13	5.23元	7.90	5.53	28.92	15.57元	197.71%
赣能股份	2022.6.28	5.91元	9.76	9.76	57.68	17元	187.65%

从表3-1中可以看出，这些超级大牛股起涨前的市值普遍不高，流通市值最高的赣能股份仅为57.68亿元，最低的集泰股份仅为21.68亿元。涨幅最高的三只股票分别为九安医疗、中通客车和浙江建投，其流通市值均低于40亿元。

从市场资金角度来看，在流通性够好的前提下，市值越低越好，毕竟拉升比较容易，自己能够控盘的程度更高。

二、拒绝强庄

游资在选股方面还是非常注意的，并不是见到从属于热点板块的股票就会入手。在入场前，势必会对目标股票的股东情况进行排摸。只有那些没有强庄的股票，才可能成为龙头股的候选，并进而被游资所青睐。

1. 大股东情况

通常情况下，大股东的持股相对比较稳定。因而大股东持仓占比越高，说明流动的筹码越少，资金拉升就会越容易。但游资最担心的是，其在拉升股价时，大股东突然宣布减持股票。这会对游资整个操盘计划产生较大的影响。股价进入高位后，大股东减持，实质上就是与游资争夺承接盘，而大股东手中的筹码价格极低，其减持势必会对游资的操盘产生沉重打击。

事实上，很多有实力的游资，在介入股票前，都会多方面了解大股东的情况，包括是否存在减持意愿等。有些时候，这些游资甚至能够通过所在证券营业部联系到大股东，以具体了解企业经营情况、大股东持仓意愿等。

2. 主力庄家情况

目前，很多股票都会有一些庄家常年驻守。这些主力庄家通过低位吸筹、高位散筹，以获取股价波段振荡的利润。

这类股票有以下几个特点。

第一，主力庄家可能有一个或多个，这与股票盘子大小有关。

第二，一般主力庄家持仓量较高，持仓时间也比较长。

第三，这类股票的价格走势相对较稳，毕竟股价的波动几乎都在主力庄家的掌控之中。

第四，这类股票还有可能属于超级绩优股或大盘股。这时候，主力庄家就不再是一家或几家了，而是有很多大基金驻守。市场游资是不愿意碰这类股票的，毕竟自己的资金投入这类股票中，无法对股价产生较大的影响，只能顺着这些大资金的方向做。

相对于散户来说，这些资金的体量很大，而相对于主力庄家来说，市场游资的资金量并不是很大，这就使得其与主力庄家较量容易陷入被动。特别是在游资拉升股价时，若主力庄家砸盘，有时候可能接不住。因此，市场游资在选择拉升标的时，常常会选择避开有强庄或多主力庄家驻守的股票，而选择股份非常分散的股票。

三、低价股更受欢迎

从以往牛股的股价来看，显然低价股更受欢迎。对此，可能很多投资者并不是很理解：游资拉升不是应该以流通盘大小为基础吗？股价的高低又有什么关系呢？

概括起来说，龙头股多来源于低价股，还有如下几个原因。

第一，低价的小盘股很少受到大资金的光顾，即很少有基金或大机构资金入驻这些股票。即使有，也是少数。这就意味着这些股票本身没有强庄驻守，游资拉升更加方便。

第二，低价股拉升一段距离后，股价仍然不高，更容易有接手盘。一只股票从5元涨到10元就翻了一倍，而10元股在市场上仍属于低价股的行列，再找接盘方也比较容易。若是50元的股价涨到100元，再想找接盘方就不容易了。

第三，虽然股价的高低对拥有大量资金的游资来说影响并不大，但对于喜欢跟风的散户来说肯定是不一样的感觉。比如，一只股票经过一波拉升后才八九元，而另外一些股票，两个涨停板后就到了八九十元的高位。哪个更容易吸引散户？这是一目了然的。低价股更容易吸引散户跟风。原因也非常简单，很多人都有这样一种感觉，即低价股再下跌，其空间也比较有限，而高价股则不同，它们下跌的空间可能会相当大。

正是因为游资多是站在散户的角度思考问题和选择股票的，所以，低价股才屡屡成为市场龙头股的候选标的。很多连续发动涨停的个股，起涨前的价格都比较低。表3-1所列的十只市场龙头股中，除了热景生物外，其他个股起涨前的价格均低于10元，这就是市场的答案。

第三节　从技术面看龙头股

市场上每波行情的龙头股，总是会走出特立独行的行情，甚至不惧大盘的涨跌，一往无前。即使这类股票出现调整，也会走出暴风骤雨式的大幅振荡。总之，龙头股的走势就是要让整个市场为之侧目。当然，从根本上来说，这种走势也是为了吸引市场上投资者的目光，成为万众瞩目的焦点，从而达到吸引资金入场接盘的目的。

一、自涨停板开启龙头之路

涨停板，是强势股的标志，更是龙头股的一个标志。每一波行情要想走得更远，都需要树立一个大龙头。这个大龙头的启动必然由涨停板开启。涨停板是聚集市场热度最有效的方法。

龙头股自涨停板启动，但这个涨停板不一定是封板最早或最干脆的。有些大龙头股并没有从一开始就被市场认可，因而前两个交易日的封板有可能会非常勉强，但都能封板。总之，封板形态并不是最重要的，重要的是能够封板，这是龙头股成立的基础。

以2021年11月中旬启动的超级大牛股九安医疗为例。

自新冠疫情出现后，各大医疗器械公司相继推出各类病毒检测工具，其中抗原家用自测试剂盒类产品在国外受到了较高的关注和欢迎。很多医疗器械生产企业的产品相继获得欧美国家药监管理机构的批准而大量供货。因此，这些企业的业绩也同样迎来跨越式发展，有些企业一个季度挣的钱甚至超过了过去10年。正因如此，抗原检测概念也成为市场上炒作的热点概念。九安医疗就是其中极具代表性的一只，如图3-6所示。

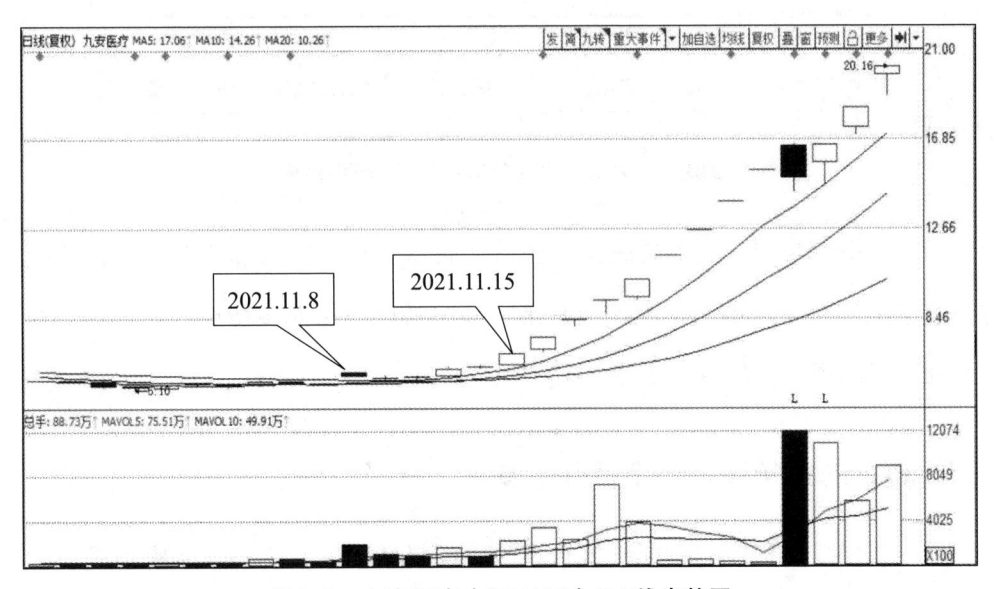

图3-6 九安医疗（002432）日K线走势图

九安医疗的股价在2021年11月之前一直处于下行趋势。11月8日，该股股价跳空高开低走，收出一根放量上升的假阴线。此后，该股股价又经历了几个交易日的横向盘整后，自11月15日开始连续出现涨停板。龙头开始显现。这是龙头股启动的基础。

九安医疗的股价后来翻了十多倍之多。不过，11月15日的涨停并不是开盘之后直接封板的，而是经过了一波激烈的振荡后，临近尾盘时段才封住涨停板，如图3-7所示。

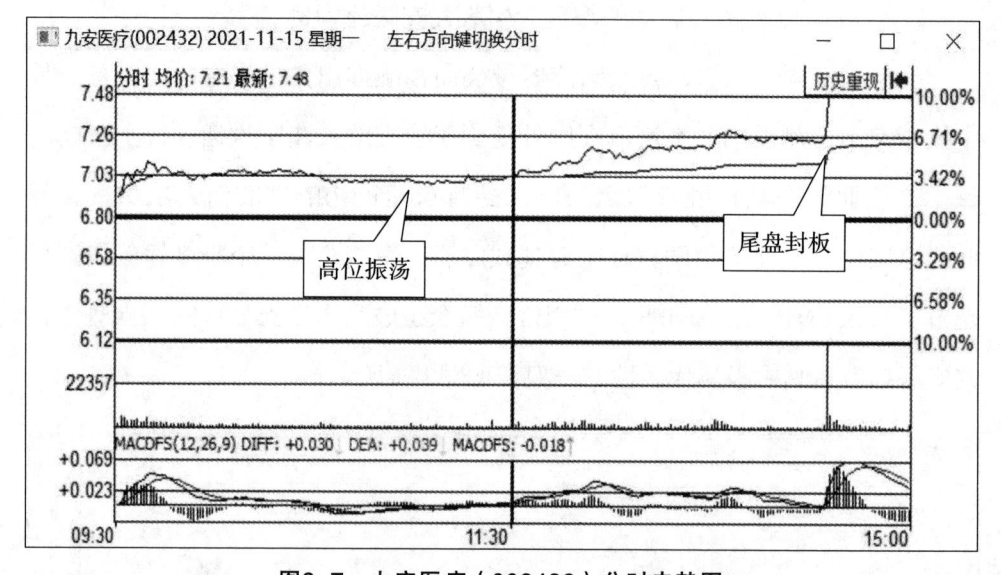

图3-7　九安医疗（002432）分时走势图

下一个交易日，主力资金没有给散户过多机会，在早盘高开后，很快就封上了涨停板。从第三个涨停板开始，该股就显露了龙头特点，开盘后封板时间越来越短，股价直线上攻。

二、真正的大龙头，一字板并不多

多个连续一字板的股票不是大牛股，而是妖股。大牛股与妖股不同，大牛股是能带动整个板块或概念，甚至市场行情的股票，而妖股就是自顾自地上攻，没有任何逻辑与缘由。时至今日，妖股已经不多见，倒是龙头股层出不穷。

从以往的经验来看，一字板过多的股票，可能走得并不会太长远。倒不是说一字板不好，只是在股价开启上涨阶段若连续一字板过多，先前入局的投资者获利过于丰厚，也就很少有新的资金愿意入场接盘了。其实，很多大龙头股都是有开板和封板机会的，这是给其他资金一些机会。只有大家都有赚钱的机会，才会有人愿意入场来接盘。一些特别的股票，以一字板开始上攻之路也是可以的，但一般不能超过三个连续的一字板，否则连续性会大打折扣。

下面来看一下浙江世宝的日K线走势情况，如图3-8所示。

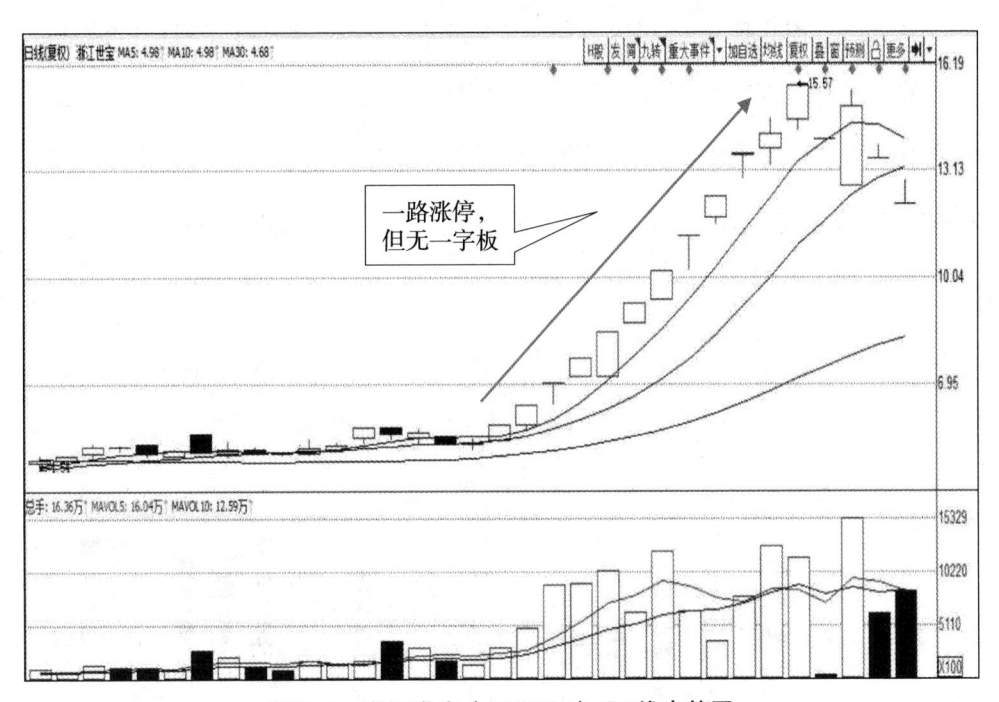

图3-8　浙江世宝（002703）日K线走势图

浙江世宝的股价自2022年6月13日，在新能源汽车零部件概念热炒的背景下开启了强势涨停之路。在该股上攻过程中，曾一连拉出十个涨停板，不过，其中没有一个一字板。这也就意味着，在该股上升过程中，投资者每天都有入场机会，也有离场机会，这就给了场外投资者极大的信心。其实，这也是大牛股能够成为龙头的关键。一方面，股价连续涨停，吸引了市场足够的关注度；另一方面，每个人都有入场机会，赚钱效应凸显。因此，这类股票更容易被打造成市场上的标杆，成为一波行情的大龙头。

三、技术指标强烈超买

无超买不龙头。龙头股，特别是大龙头股都是短线暴涨的强势股，因而，从技术指标角度来看，超买都是其标配。

关于这一点也比较好理解。毕竟大部分技术指标都是基于股价的波动而设计的，当股价连续大幅拉升后，技术指标自然会进入超买区域。

下面来看一下翠微股份的案例，如图3-9所示。

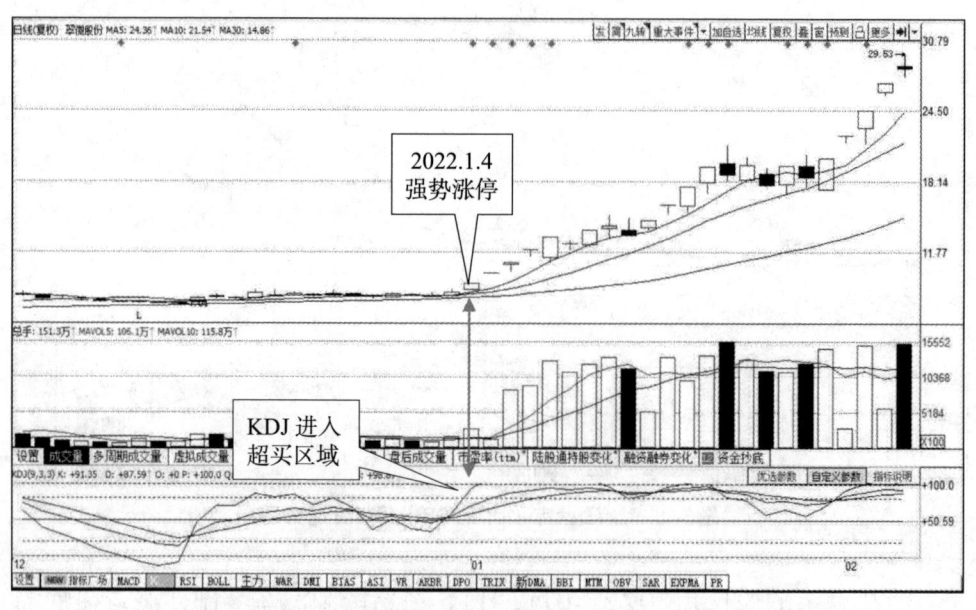

图3-9 翠微股份（603123）日K线走势图

翠微股份的股价自2022年1月4日发动强势上攻狂潮，当日该股股价直接封上涨停板，与此同时，KDJ（随机指标）等技术指标同步进入超买区域，

KDJ指标中的曲线J更是直接达到100线。

此后，随着股价强势上行，KDJ指标也一直在超买区域运行。

四、成交量放大后维持高量

高换手率、高成交量是龙头股在技术面上的又一明显特征。龙头股与其他短线暴涨股不同，其他股票尽管也可能出现高换手率、高成交量的情况，但这种情况很快会消退，而龙头股则能够一直持续下去。正是这种高换手率与高成交量，才保证了游资能够放心地进出，才会有大量外部游资入场接盘。

下面来看一下浙江建投的案例，如图3-10所示。

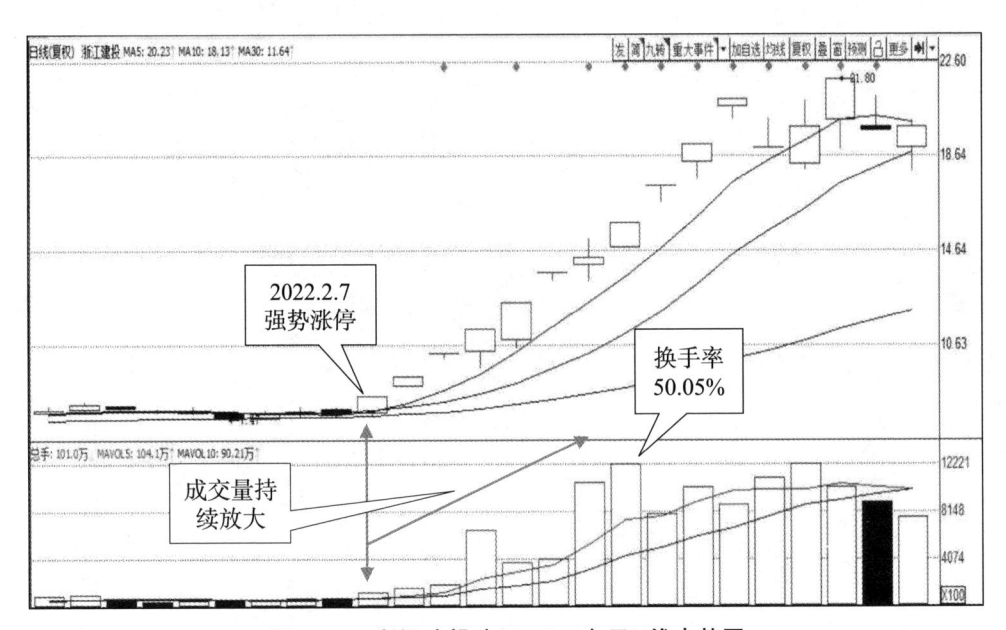

图3-10 浙江建投（002761）日K线走势图

浙江建投的股价自2022年2月7日启动上攻，强势涨停。当日成交量比前一交易日放大了一倍左右。其后，随着该股股价的不断上攻，成交量也逐渐攀升，换手率最高时更是达到了50.05%。这是一个什么概念呢？相当于扣除大股东手中的股票外，能够流通的股票差不多都在这一天流动了一遍。这也就意味着，游资进入这只股票后，根本不用为这只股票的流通性担忧，只要想出来，就不会有出不来的情况。

第四章
龙头必杀之破位启动

驱动龙头股不断上攻的基础是源源不断流入的资金。而龙头股之所以能够启动，也是因为资金的大幅流入。不过，当主力资金的布局还没有完成或者个股拉升时机还未到时，股价总是会先扬后抑，给人一种股价即将下跌的感觉。而后，某一交易日，股价突然启动，突破了先前的一个高点，这就标志着龙头启动的时刻到来了，如图4-1所示。

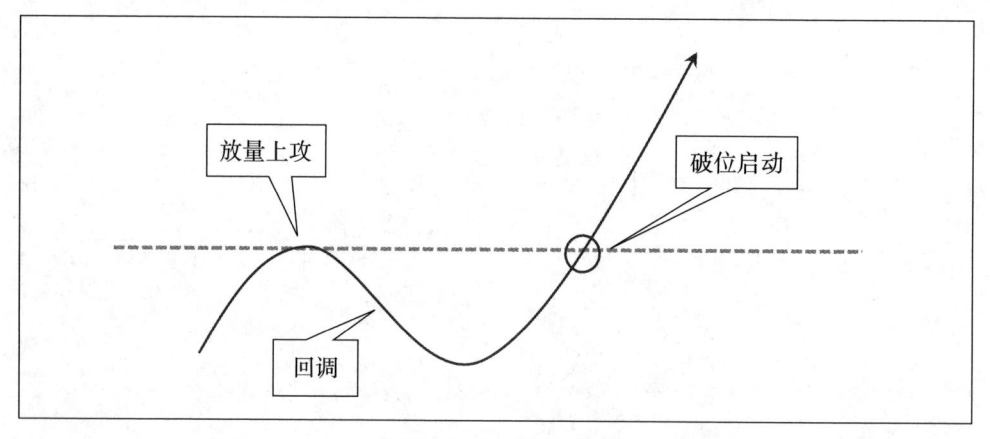

图4-1 破位启动

第一节 破位启动的内在逻辑

从股票K线运行态势以及成交量的变动中，可以发现主力资金在操作这类股票时的内在逻辑。

一、从K线走势到成交量变化

从这类股票K线走势来看，股价在第一阶段会有一个明显的大幅上扬态势，甚至可能会拉升涨停板。正当所有投资者认为该股将要发动上攻时，股价却从次日开始连续下挫。与此同时，成交量也经历了典型的先放大后萎缩的态势。

下面来看一下浙江世宝的走势情况，如图4-2所示。

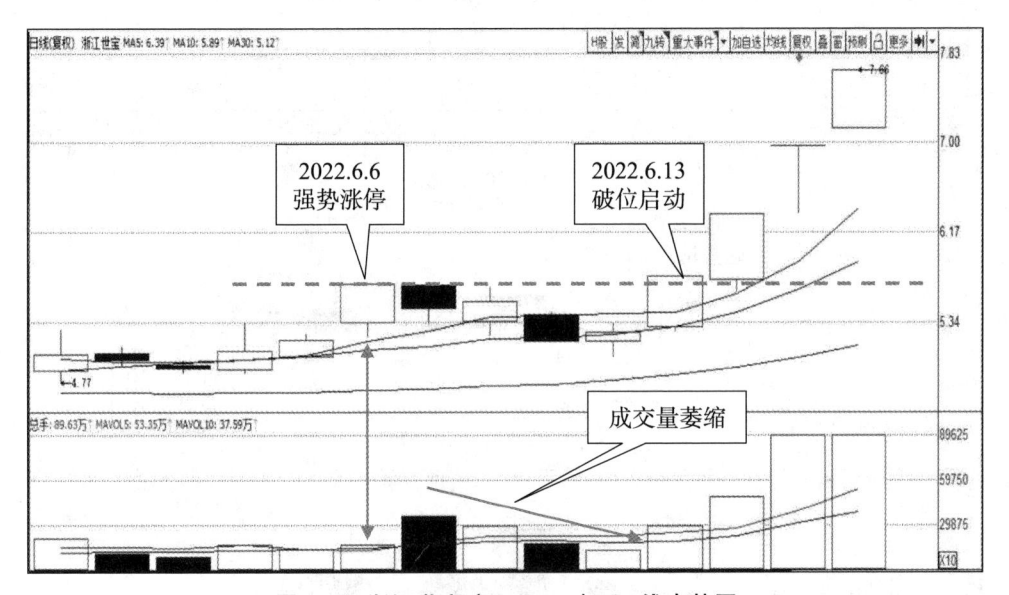

图4-2 浙江世宝（002703）日K线走势图

从图4-2中可以看出，浙江世宝的股价在2022年6月6日强势涨停后，并未顺势继续上攻，而是出现了回调走势。观察该股的成交量变化可知，6月6日涨停当日，成交量相比前一交易日虽有所放大，但由于股价涨停封板过早，成交量并未明显放大。次日，该股平开低走，先前的获利盘蜂拥而出，成交量大幅走高，同时，也给市场上的投资者造成了一种假象，即主力在拉高出货。于是很多散户纷纷抛出手中的筹码。

正当市场的交易重新回到冰点，主力突然开始大幅拉升股价，并于6月13日强势涨停，且该涨停板的收盘价已经超过了6月6日的最高价。至此，大龙头浙江世宝开启了强势上攻之路。

二、主力资金介入的准备

浙江世宝属于汽车零部件概念股。在2022年6月6日出现涨停的前两个交易日，股价并未出现大幅异动，成交量也没有明显变化。与此同时，汽车零部件概念在6月1日和2日已经出现了异动，比如广东鸿图更是连续拉出了两个涨停板，如图4-3所示。

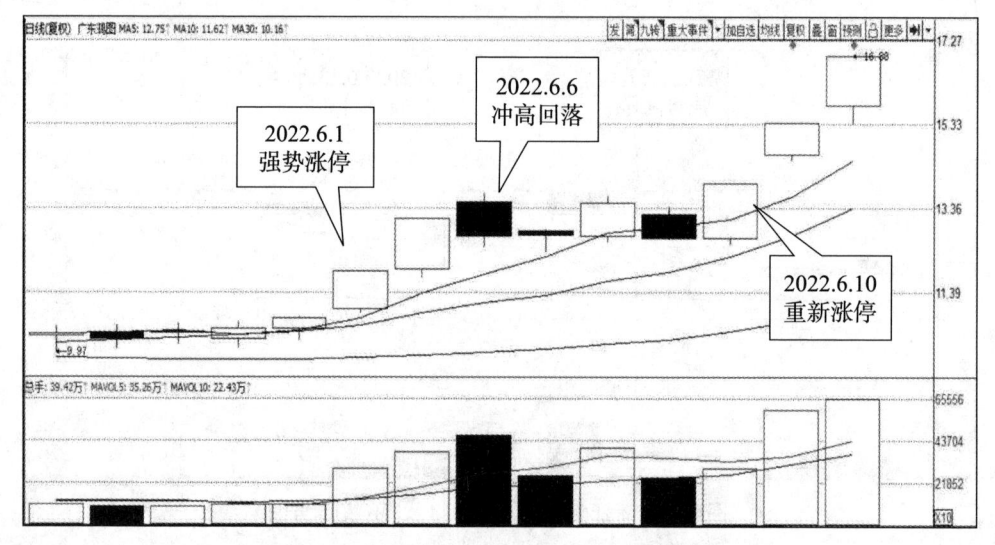

图4-3 广东鸿图（002101）日K线走势图

从图4-3中可以看出，广东鸿图自2022年6月1日出现了涨停板后，2日再度封上涨停板。作为同属于汽车零部件概念的浙江世宝，此时还在振荡盘整。这就意味着在6月6日前，并未有大量资金介入浙江世宝。作为一只未来的龙头股，主力要想运作这只股票就需要提前介入一定量的资金，这样拉升起来会比较容易。

6月6日，浙江世宝涨停时，是像广东鸿图这类前期热门股出现调整的时段，这就为该股增加市场人气提供了基础。

浙江世宝涨停当日，很多投资者都将其看成未来的新星，此后该股连续调整，又让很多人失望，纷纷卖出手中的股票，而主力则趁机完成吸筹操作。特别是6月10日,广东鸿图重新涨停时,浙江世宝仍在小幅振荡,这就更让很多投资者对其失望了。而这恰恰就是主力想要的效果。

当主力完成吸筹操作后,6月13日,浙江世宝与广东鸿图同步涨停,而后浙江世宝一骑绝尘,成为市场上当仁不让的龙头股。

三、市场情绪与概念的发酵

从某种意义上来说,大龙头的形成是市场情绪化的产物,既需要外部利好消息的释放,又需要内部炒作情绪的不断升温。因此,先前介入的资金,也会等到各方面的条件具备时,才会启动拉升。从严格意义上来说,这个拉升时机的掌控也是需要掌握火候的:过早拉升,市场情绪可能没有跟上来,导致股价上攻过程中缺少跟风盘,这时主力也不一定会继续大幅向上拉升股价;反之,若拉升过晚,市场可能对该类概念的炒作已经过时,没有资金再买这类概念了。毕竟对于市场上的投资者来说,没有人愿意炒作过时的概念,大家还是比较喜欢新一点儿的概念。

因此,在主力拉升一波后,若发现市场情绪发酵并没有到位,或者市场的焦点还在其他概念板块上,则可能暂时选择等待,直到市场情绪转移到这类股票所属的板块上,才采取拉升行动。之前提到的浙江世宝就是这种情况。汽车零部件概念事实上已经有所行动了(从广东鸿图的走势可以看出来),不过,浙江世宝第一个涨停板(6月6日)要比广东鸿图晚,其后整个汽车零部件概念出现回调,浙江世宝也顺势回落。整个市场对汽车零部件概念的炒作热情也开始回落,毕竟这个时候,汽车零部件炒作还没有真正成为市场的主线或热炒概念,所以回落也非常快。

6月10日,广东鸿图率先启动上攻,带动了整个市场的气氛。市场关注的焦点也开始转向汽车零部件板块。经过11日和12日(周末休市)的充分挖掘,6月13日,在广东鸿图的带动下,浙江世宝在6月13日早盘开盘后经过一波振荡直接封上了涨停板，如图4-4所示。

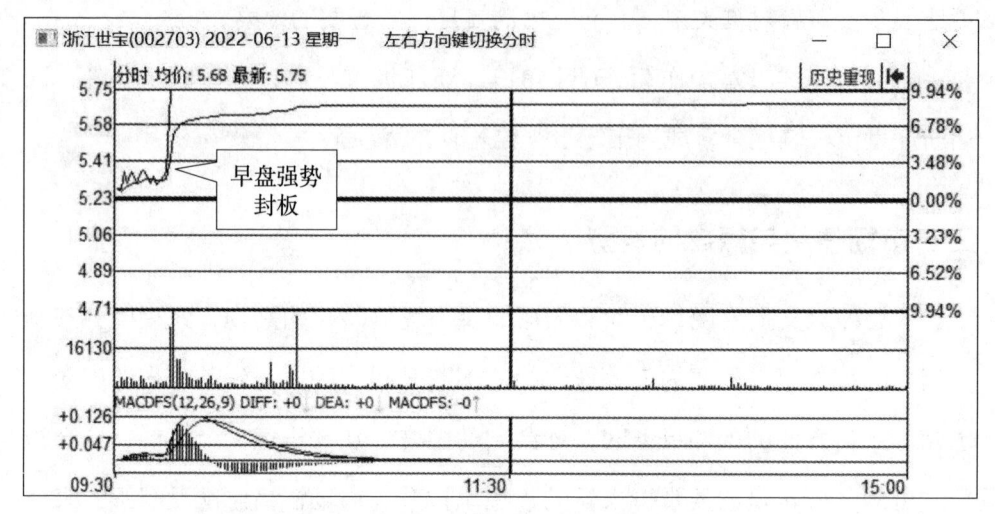

图4-4　浙江世宝（002703）分时走势图（2022.6.13）

第二节　破位启动经典K线形态

龙头股多以涨停板形式突破前期高位启动，而前期高位的形态则有所不同。比较有代表性的形态包括如下几类。

一、突破涨停位

通常来说，涨停板带来的影响仍是最大的，因而在涨停板出现后，股价开始回调，若能在某一重要支撑位获得支撑，而后重新发动上攻，并以涨停形式突破先前的涨停高点，则意味着股价强势上攻趋势来临，如图4-5所示。

股价在出现涨停后，一般在涨停当天或下一个交易日会形成一个短期的成交量高点。这个成交量高点与股价的短期高点是同步的（有时可能相差一个交易日），这个量价高点会成为短期的股价阻力位。很多投资者看到这个高点后望而却步。

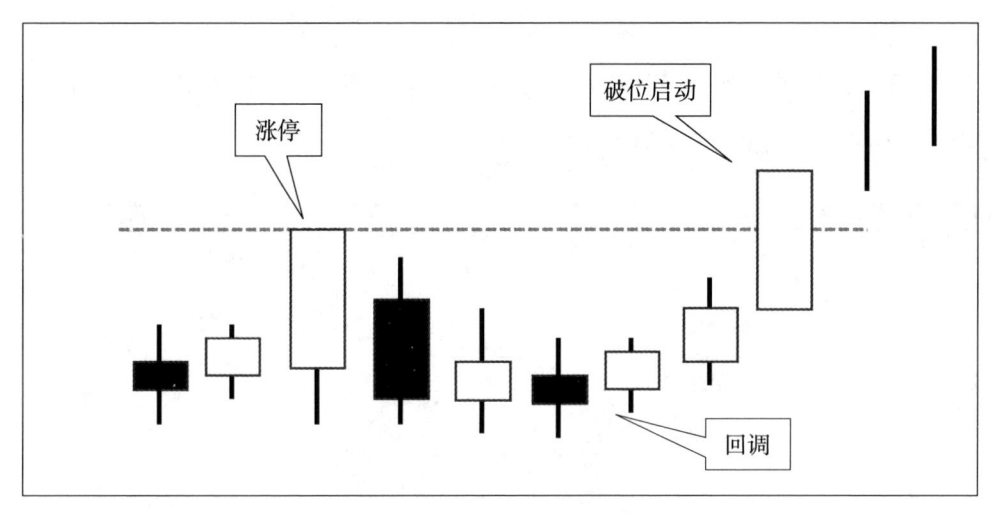

图4-5　突破涨停位启动

当股价再度突破这个高点位置时，就意味着主力资金已经做好了吸收前期高点位置筹码的准备。当然，这个前期高点位置的筹码，有很大一部分是被主力自己吸入的。总之，从技术分析角度来说，既然主力有实力和意愿去突破前期涨停的高点，就是有决心将这只股票的价格带到一个更高的高位。

从技术形态上来看，股价涨停后回调时，若其在某一重要支撑位获得支撑，包括中短期均线、涨停当日的最低价或开盘价等，都是提醒投资者关注的信号。

下面来看一下新赛股份的案例，如图4-6所示。

新赛股份的股价经过一段时间的低位盘整后，于2021年3月17日直接封上了涨停板，成交量相比前一交易日放大了数倍，给人一种即将启动上攻的感觉。

次日即3月18日，该股股价不涨反跌，成交量相比前一个交易日再度放大，很多追涨资金被留在了高位。此后，该股股价进入了一波振荡下跌行情。这种走势总是让人感觉先前的涨停只是主力为了出货而使用的诱多伎俩。因此，面对跌跌不休的股价，很多人选择了离场。不过，直至3月24日，该股股价连续下跌多日也没有跌破3月18日的最低点或开盘价，同时，当日股价在遇30日均线获得了一定的支撑。

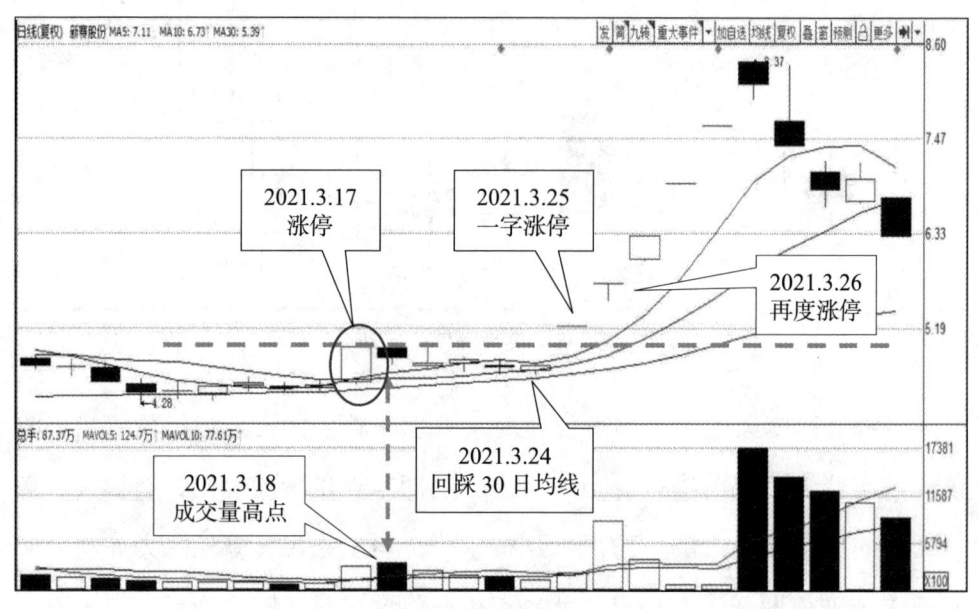

图4-6 新赛股份（600540）日K线走势图

3月25日，该股股价受利好消息刺激直接一字封板。当日很多投资者想要入场都没有机会，主力资金则因为早已提前入场而获利丰厚。至此，龙头股破位启动形态正式形成。

3月26日，该股早盘涨停开盘后打开了涨停板，并很快重新封板。这个涨停缺口就是投资者最佳的入场时机。投资者可在股价即将封板时入场。此后，该股股价又连续出现多个涨停板。

当然，由于该股启动时只出现了一个一字板，所以追涨的风险相对较小，若出现连续多个涨停板，则意味着风险成倍放大，投资者需要警惕。

二、空中加油突破形态

空中加油形态，是指股价从底部腾空而起，经过飙升之后，在一定高位受到空头的抛压出现短暂蓄势休整，主力在空中加油补充能量后，获得向更高目标发起攻击的动力，从而继续向上飙升。空中加油形态的最高点是一个重要的参考点位，其后，若股价放量向上突破该点位，特别是以涨停板形态突破该点位，则意味着龙头股迎来了启动时刻，如图4-7所示。

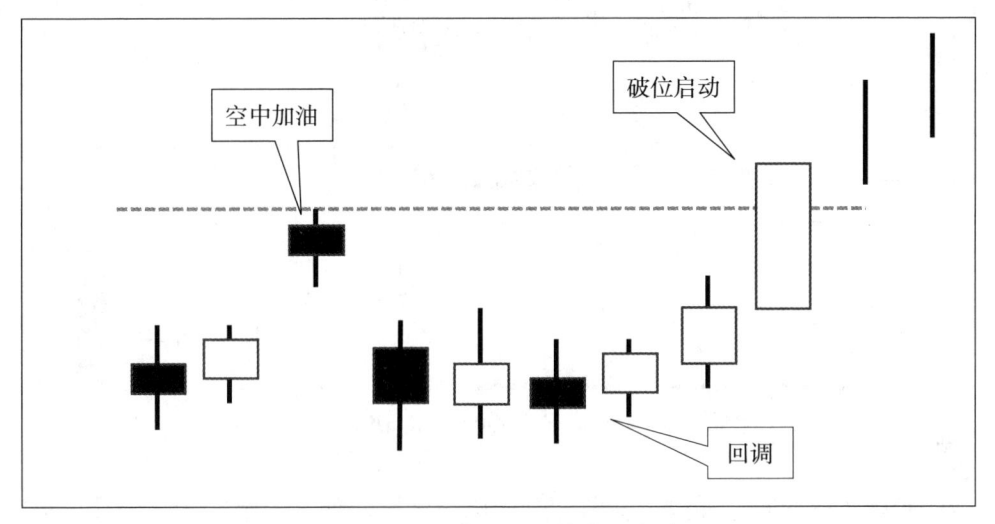

图4-7　突破空中加油高点位启动

空中加油形态多是在某些利好消息的刺激下，股价大幅跳空高开，随后在高位剧烈振荡，并在开盘价附近收盘的一种K线形态。空中加油形态出现当日，成交量一般会大幅放大，这是一个较为明显的资金介入痕迹。随着股价的振荡下跌，很多投资者会将其看成主力诱多出货的一个信号，但若随后股价重新发动上攻，以放量涨停形态突破了空中加油高点，则意味着龙头股启动时机来临。

事实上，这个看似主力诱多出货的形态，更多的是主力资金介入的一个信号。随后，经过一系列洗盘，再将其中意志不坚定者洗出去，待市场环境好转时，启动拉升。当然，在股价没有向上放量突破作为证据前，投资者是不应该冒险提前介入这类股票的。

下面来看一下菲达环保的案例，如图4-8所示。

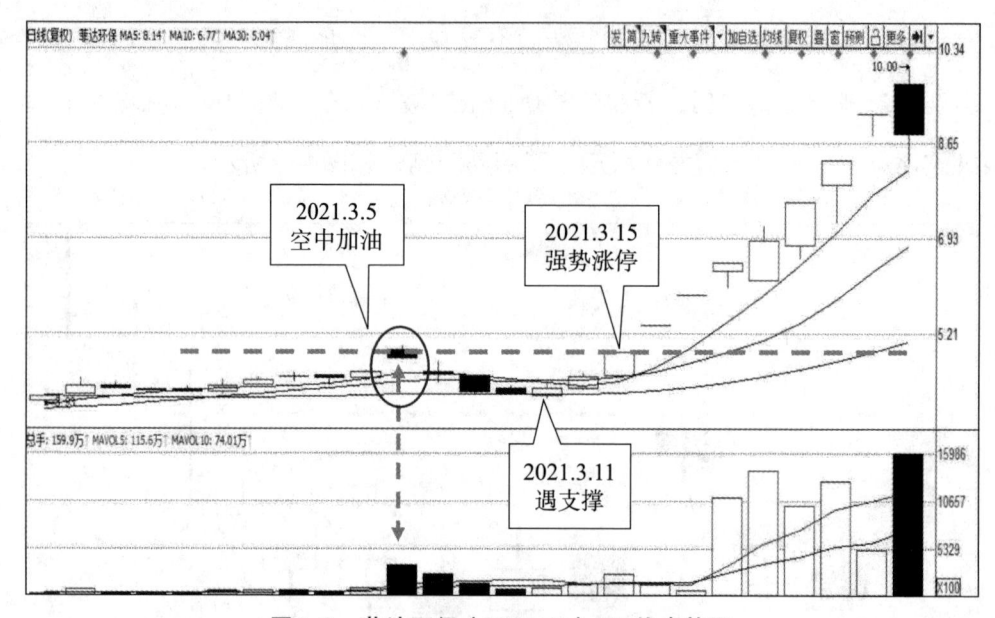

图4-8 菲达环保（600526）日K线走势图

菲达环保的股价经过一段时间的低位盘整后，于2021年3月5日在利好消息刺激下，大幅跳空高开，并封上涨停板，如图4-9所示。

很多投资者都在为错过强势股而懊恼时，临近午盘，主力主动打开了涨停板，并重新做出上攻动作，于是先前没有机会的投资者纷纷入场追涨买入，主力拉升一波后反手向下打压股价，成交量相比前一交易日大幅放大，形成了经典的空中加油形态。

此后，该股股价开始了一波振荡下跌行情。这种走势总是让人感觉先前的跳空只是主力为了出货而使用的诱多伎俩。因此，面对跌跌不休的股价，很多人选择离场。直至3月11日，该股股价连续下跌多日后再度走低，但没有跌破30日均线，说明30日均线对该股股价形成了一定的支撑。

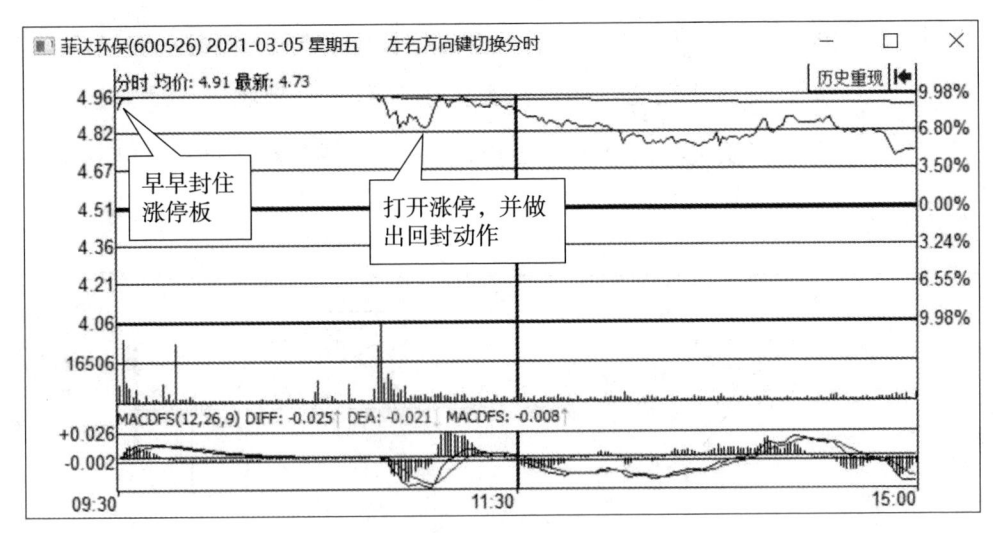

图4-9 菲达环保（600526）分时走势图（2021.3.5）

3月15日，该股股价重新上攻，并封上了涨停板，但涨停价并未突破3月5日高点，激进的投资者可适当建仓，保守型投资者可继续等待。

3月16日，该股直接一字封板，这就没有入场的机会了；次日，还是这种情况。连续两个一字板，加上之前的涨停，共三个板。很多投资者会对其产生畏惧心理。不过，真正的龙头都是在这一刻诞生的。能够走出三个板的股票成为龙头股的概率要远远大于两个板的股票。至此，龙头股破位启动形态正式形成。其实，喜欢短线交易的投资者也无须恐惧，只要控制好仓位（抢入龙头股操作的仓位控制要非常谨慎，一般不能超过总仓位的15%，甚至应低于10%）就可以了。捕捉龙头股就是这样的，在风险中求得利润。

三、突破多头尖兵

多头尖兵形态，是指处于低位运行的股价在某个交易日，突然从底部腾空而起，经过飙升之后，在一定高位受到空头的抛压出现大幅回落，最终在K线图上留下一根带长上影线的K线。此后，若股价经过一段时间的振荡整理，以放量涨停方式突破多头尖兵的最高点，则意味着龙头股迎来了启动时刻。

主力在多头尖兵补充能量后,获得向更高目标发起攻击的动力,从而继续向上飙升。多头尖兵形态的最高点是一个重要的参考点位,如图4-10所示。

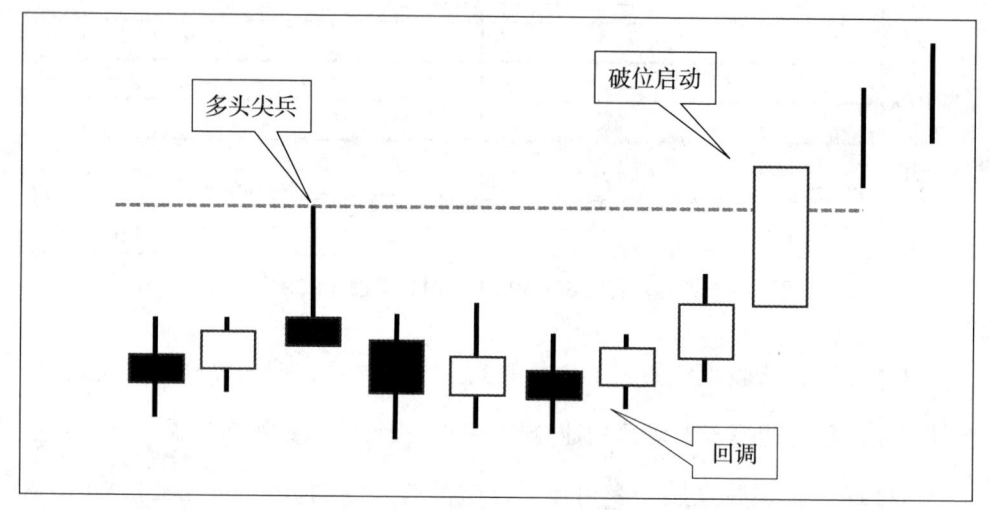

图4-10 突破多头尖兵高点位启动

多头尖兵形态多是在某些利好消息的刺激下,股价低开高走,随后在高位剧烈振荡,并在开盘价附近收盘的一种K线形态。多头尖兵形态出现当日,成交量一般会大幅放大,这是一个较为明显的资金介入痕迹。其后,随着股价的振荡下跌,很多投资者会将其看成主力诱多出货的一个信号,但若随后股价重新发动上攻,以放量涨停形态突破了多头尖兵高点,则意味着龙头股启动时机来临。

事实上,这个看似主力诱多出货的形态,更多的是主力资金介入的一个信号。随后,经过一系列洗盘,再将其中意志不坚定者洗出去,待市场环境好转时,启动拉升。当然,在股价没有向上放量突破作为证据前,投资者是不应该冒险提前介入这类股票的。

下面来看一下宁波建工的案例,如图4-11所示。

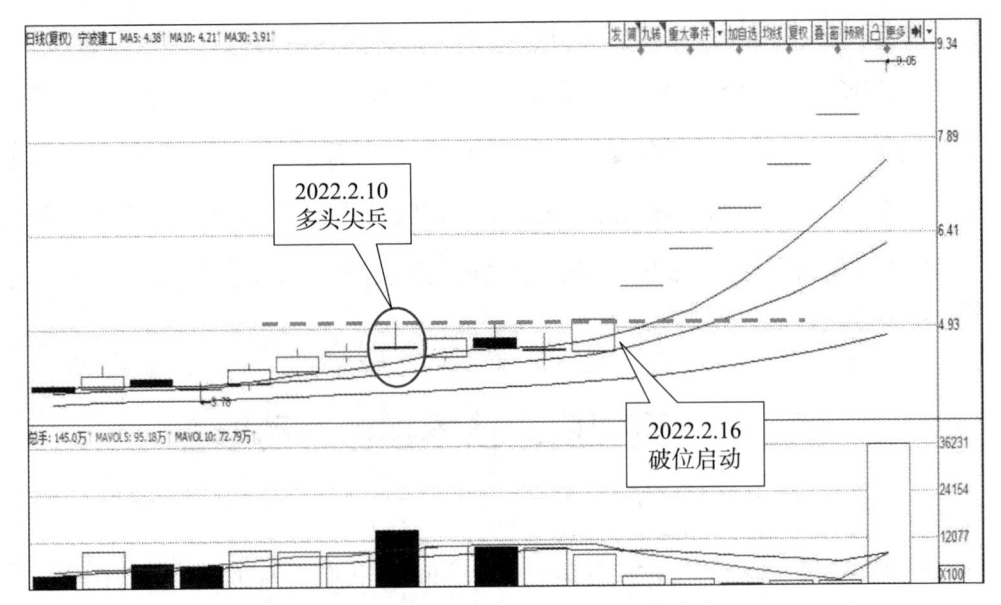

图4-11 宁波建工（601789）日K线走势图

宁波建工的股价经过一段时间的低位盘整后，于2022年2月10日盘中在利好消息刺激下，大幅向上拉升，并一度到达涨停位，随后遭到空方打压出现大幅跳水走势，当日成交量相比前一交易日明显放大，如图4-12所示。

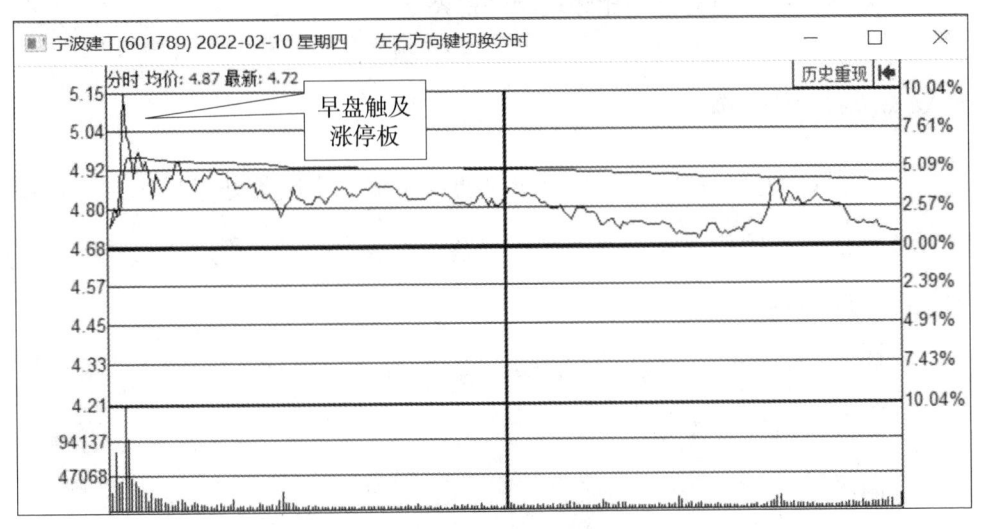

图4-12 宁波建工（601789）日K线走势图（2022.2.10）

此后的几个交易日，该股股价连续回调，且成交量也同步出现了萎缩。这就让市场上的投资者产生了一种感觉，即先前的放量上影线就是主力诱多出货的信号。因此，很多投资者选择卖出手中的股票。

2月16日，在多重利好消息的刺激下，该股股价强势涨停。该涨停板价格突破了2月10日多头尖兵的最高价，这也是龙头股破位启动的一个明确信号。

第三节　破位启动技术指标异动形态

一般来说，单独的技术指标异动无法判断龙头是否启动。因此，在应用技术指标时，更多的还是要用K线与成交量形态来佐证。毕竟追涨龙头股风险非常大，通过多方佐证可提升成功率，降低失败的风险。

破位启动，从K线形态上来看，多是股价在正式启动前，先经历了一波试探性拉升，之后再度发动大规模放量拉升而形成的一种形态。在此过程中，一些技术指标也会形成比较典型的形态。

一、短期均线助涨

均线，对股价K线有强力的助涨与助跌功能。当股价处于均线，尤其是短期均线上方，股价继续上攻就会比较容易；反之，若股价处于均线下方，则继续下跌的概率很大。

在股价K线突破短期均线的时候，短期均线也会同步向上突破中长期均线，形成均线黄金交叉。

下面来看一下青海华鼎的案例，如图4-13所示。

青海华鼎的股价经过一段时间的低位盘整后，于2021年7月26日出现了明显的带长上影线的K线，成交量同步放大。此后，随着股价的回调，股价K

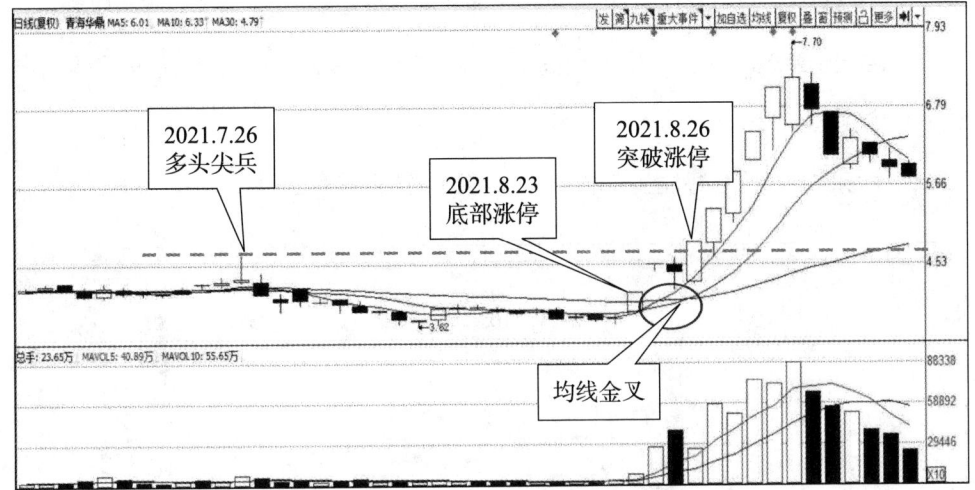

线连续跌破5日均线、10日均线等多条均线。

图4-13　青海华鼎（600243）日K线走势图

2021年8月23日，该股在底部盘整一段时间后突然涨停，股价K线向上突破了多条均线，不过，此时股价仍未突破前期多头尖兵所形成的高点。投资者可保持关注。此后，该股股价经过两个交易日的调整后重新上攻，并突破了7月26日的高点，且股价K线开始脚踩5日均线，各条均线又形成了黄金交叉形态。这属于典型的短线看涨信号，投资者可考虑积极入场。

二、MACD指标0轴起飞

异同移动平均线（Moving Average Convergence and Divergence，MACD），是与均线指标相关的一个指标，会随着股价的波动而振荡。在中短线操作领域，MACD指标占据重要的地位。

股价在试探性上攻过程中，MACD指标也会随之上行，更可能会形成诸如黄金交叉等看涨形态。不过，随着股价的回调，MACD指标也会同步回落。MACD指标回落的程度与股价回调时间与幅度正相关。MACD指标回调的位置一般都会在0轴附近。

当股价重新启动上攻时，MACD指标可能会同步出现二度金叉或"将死不死"形态（即MACD指标的快线即将向下与慢线形成死叉时转头向上而去，相当于慢线支撑了快线）。同时，MACD柱线的长度也会超过前期高点位置的柱线。

下面来看一下上海建工的案例，如图4-14所示。

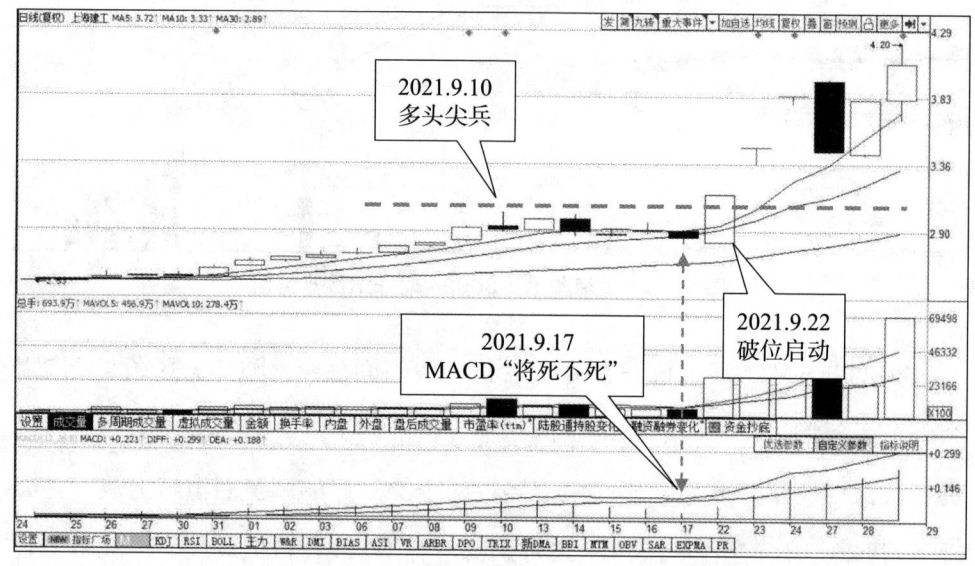

图4-14　上海建工（600170）日K线走势图

如图4-14所示，上海建工的股价经过一段时间的低位盘整后，于2021年9月10日盘中在利好消息的刺激下，大幅向上拉升，并一度到达涨停位，随后遭到空方打压而出现了大幅跳水走势，在K线图上留下了一根带上影线的K线，成交量同步大幅放大。与此同时，MACD指标同步上扬，MACD柱线也拉升至短期高点。

此后的几个交易日，该股股价连续回调，MACD指标与柱线同步回落。9月17日，该股股价回调至短期低点，成交量萎缩至极点，MACD指标也即将形成死叉。9月22日，上海建工放量涨停，突破了9月10日的高点位置。与此同时，MACD指标同步大幅上扬，"将死不死"形态正式成立，MACD

柱线也同步大幅拉升。

三、KDJ指标重度超买

　　KDJ指标又称随机指标，是灵敏度最高的一种指标，被广泛地应用于短线或超短线交易中。

　　KDJ指标由三条曲线构成，即曲线K、曲线D、曲线J，其中曲线J的灵敏度最高，波动也最为剧烈，曲线D的波动最为迟缓，曲线K则介于两者之间。

　　通常来说，当股价短线走强时，KDJ指标的各条指标线就会先后越过80线进入超买区域，而曲线J更有可能触及100线。在龙头股破位启动时，曲线J往往已经达到了100线，曲线K和曲线D也同步越过了80线，并呈上升状态，这是股价短线强势的一种体现。股价超买，一般意味着存在反转向下的可能，而此阶段往往也是强势股上升势头最猛的一个阶段。

　　下面来看一下新赛股份的案例，如图4-15所示。

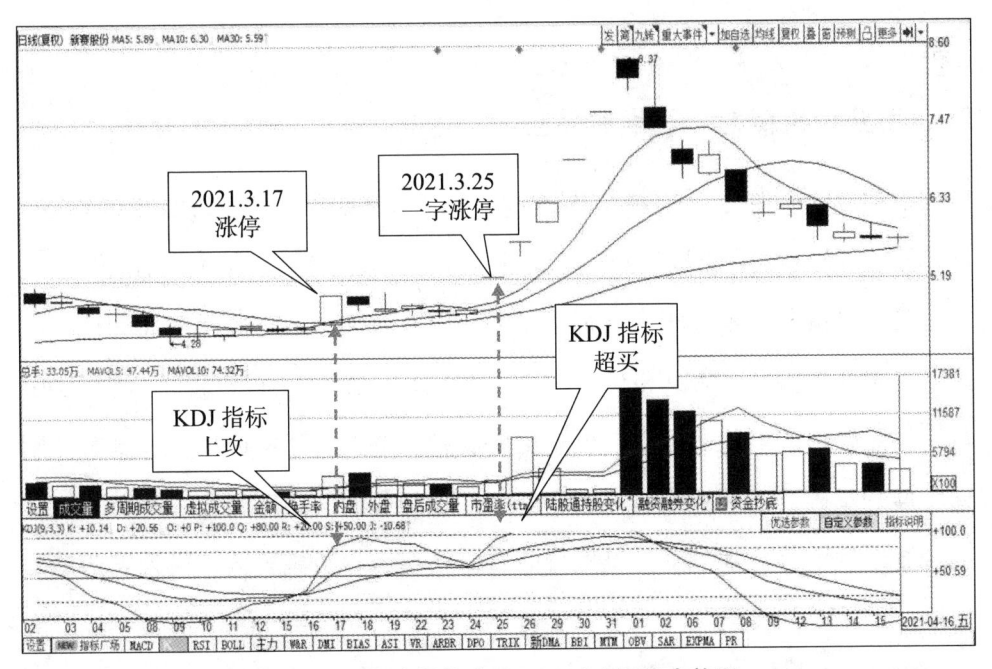

图4-15　新赛股份（600540）日K线走势图

新赛股份的股价在2021年3月17日第一次触及涨停板时,KDJ指标同步上扬,曲线J已经越过了80线,但曲线K和曲线D仍处于80线下方。说明市场做多气氛开始变浓,但并未严重超买。

其后,随着股价的调整,KDJ指标同步下行。到了3月25日,该股股价直接以一字板涨停时,KDJ指标同步向上,曲线J更是临近100线,属于短线超买信号。对比此时KDJ指标与3月17日的位置可以发现,此时KDJ指标的位置更高,说明主力做多动能更足,也是股价即将上攻的一个信号。

第四节　破位启动实战解读

市场龙头的炒作离不开题材与故事。越是新的题材,就越容易产生大龙头。本节以工业母机概念和装配式建筑概念为例,介绍龙头股破位启动的实战技法,仅供参考。

一、工业母机概念——华辰装备

工业母机概念是一个全新的概念,但属于该概念的企业或行业并非是全新的,只是因为美国在科技领域对中国进行打压,该概念被推到了"前沿"。

工业母机指的是机床,是将金属毛坯等材质加工成机器零部件的机器,是制作机器的机器,因此机床是制造业的基石,在制造业和国民经济发展中具有举足轻重的地位。而数控机床更是高端制造的"工业母机",是智能制造发展的基础,目前智能装备制造已经迎来制造业转型升级发展的新阶段。高端制造领域,特别是工业母机行业有望获得更多政策支持,进入高速发展周期。

华辰装备是一家全球领先的集轧辊磨床研发制造和技术支持为一体的解

决方案服务商。其核心业务为全自动高精度数控轧辊磨床研发生产。从其主营业务可以看出，华辰装备就是一家典型的具备工业母机概念的股票。截至2021年8月初，华辰装备的总市值仅为25亿元左右，流通市值更是不足10亿元，是一只实打实的小盘股。

下面来看一下华辰装备的走势情况，如图4-16所示。

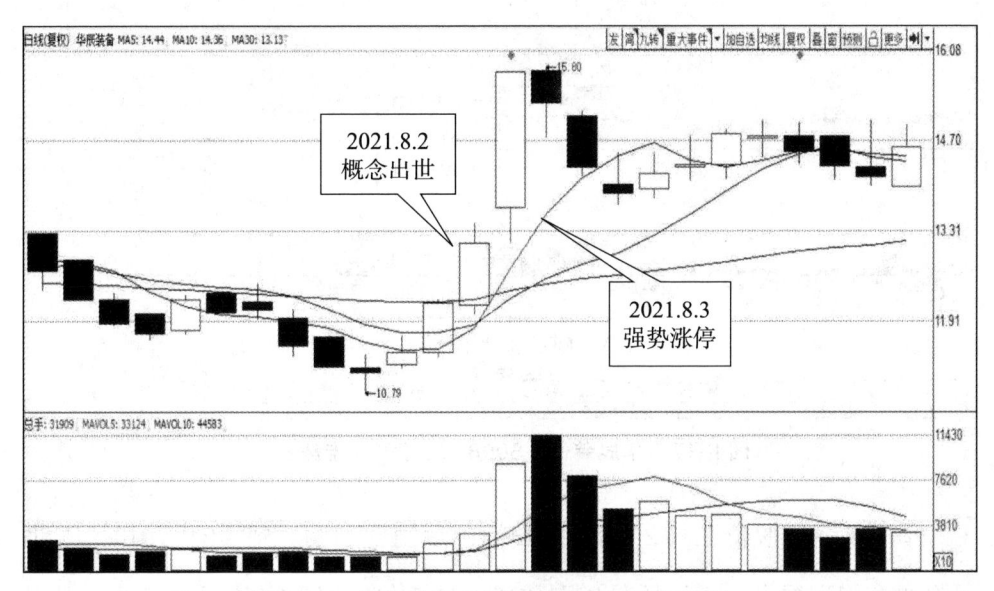

图4-16　华辰装备（300809）日K线走势图一

华辰装备的股价自2021年5月出现了振荡下跌走势。2021年8月2日午盘后，工业母机概念横空出世，华辰装备也出现了一波快速拉升行情，但尾盘出现回落，说明该概念的市场热度并不理想。

8月3日，华辰装备强势涨停，不过，工业母机其他概念股却出现了大幅回落，这说明整个概念的发酵程度并不理想，缺乏市场热度的支撑，整个概念尚需发酵。

此后的几个交易日，工业母机概念与华辰装备同步出现了回调，整个市场对工业母机概念也展开了充分的挖掘。

2021年8月20日，工业母机概念风云再起。此时的市场环境与先前完全不一样了，更多的工业母机概念股被挖掘出来，华辰装备更是一骑绝尘，早早封上了涨停板，如图4-17所示。

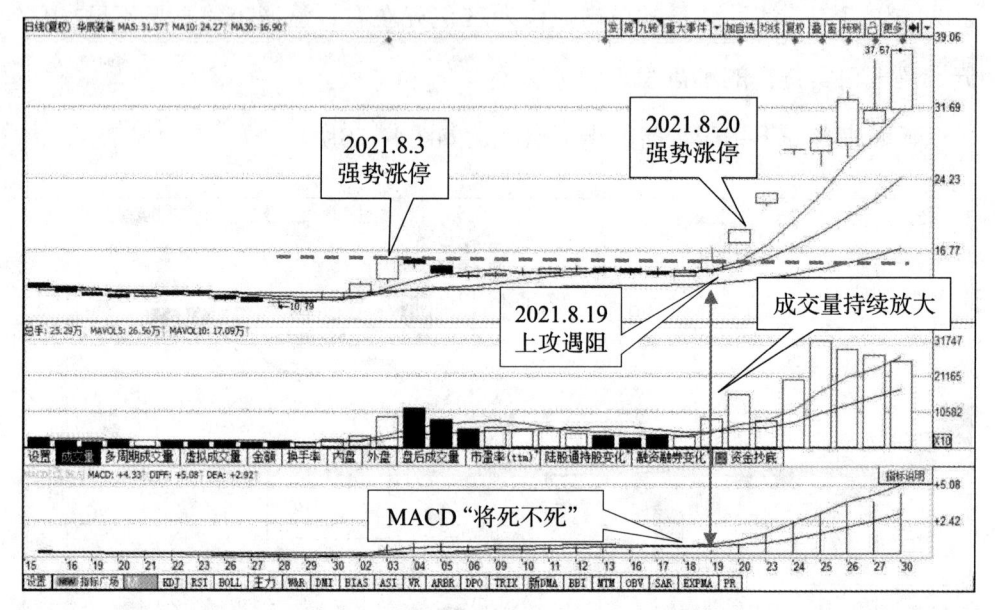

图4-17 华辰装备（300809）日K线走势图二

华辰装备的股价在2021年8月3日涨停后出现回调。到了8月19日，工业母机概念出现异动。该股股价出现放量上攻迹象，但受8月3日高点阻力而回落，当日MACD指标在即将形成死叉时，出现反弹向上形态，形成了"将死不死"形态。此时，投资者需要密切关注该股其后的走势，一旦股价放量突破8月3日高点，可择机入场。

2021年8月20日，华辰装备的股价高开高走放量突破了8月3日高点位。至此，破位启动形态正式成立，投资者可控仓参与。

二、装配式建筑概念——建艺集团

装配式建筑是指把传统建造方式中的大量现场作业工作转移到工厂进行，在工厂加工制作好建筑用构件和配件（如楼板、墙板、楼梯、阳台等），运输到建筑施工现场，通过可靠的连接方式在现场装配安装而成的建筑。通俗理解就是"拼积木"式建筑。

与传统建筑相比，从前端的设计到施工、装修等各个环节，都更加强调标准化、模块化，因此效率更高，也更加环保。

建艺集团是一家为写字楼、政府机关、星级酒店、文教体卫建筑、交通基建建筑等公共建筑及住宅（面向地产商）提供室内建筑装饰的施工和设计服务的企业。该公司投资的装配式建筑生产项目位于平远县广州南沙（平远）产业转移工业园，由公司全资子公司分期实施。正因如此，建艺集团才成为装配式建筑概念中的龙头股。

在股价启动拉升前，该股的总市值不足20亿元，流通市值刚刚超过10亿元，属于典型的小盘股。

下面来看一下建艺集团的走势情况，如图4-18所示。

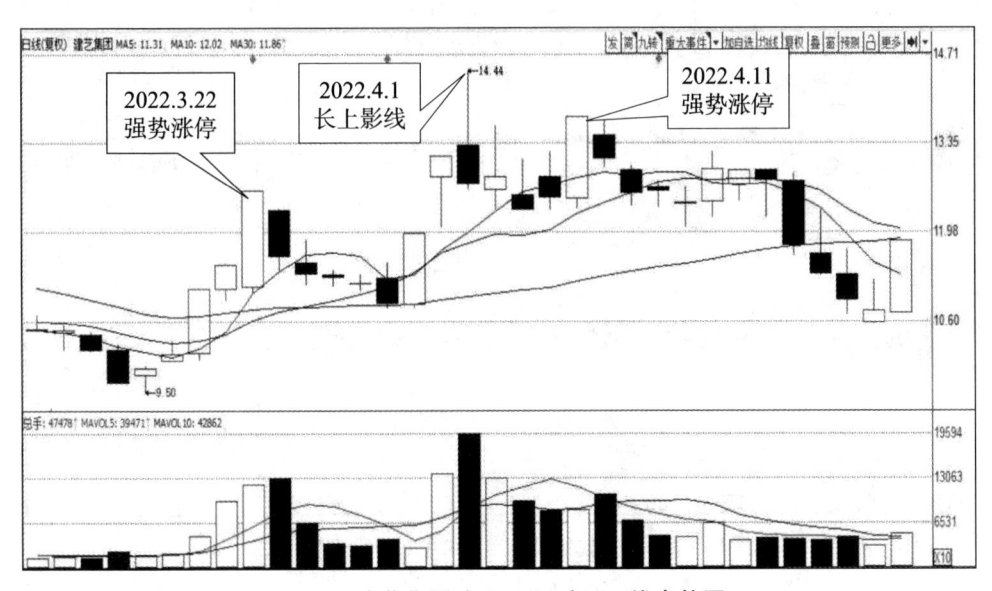

图4-18　建艺集团（002789）日K线走势图一

装配式建筑概念在2022年3月开始被提及。建艺集团的股价自2022年3月开始多次出现上攻迹象，其中3月22日更是强势涨停，此后该股股价回调了几个交易日后，在3月底再度强势上攻。

4月1日，该股高开高走，但遭到了空头的强力打压，股价出现了回调，在K线图上留下了一根带长上影线的K线。经过几个交易日的调整后，4月11日，该股股价再度强势涨停，不过涨停板的位置仍未突破4月1日的高点，投资者不可轻易入场。

接着，该股股价又是一波漫长的回调。由此可见，装配式建筑概念还没有获得市场的足够认可，概念炒作热潮尚需发酵。谁也无法判断是否有真正的炒作热潮，谁也不知道炒作热潮何时到来，投资者可保持关注，如图4-19所示。

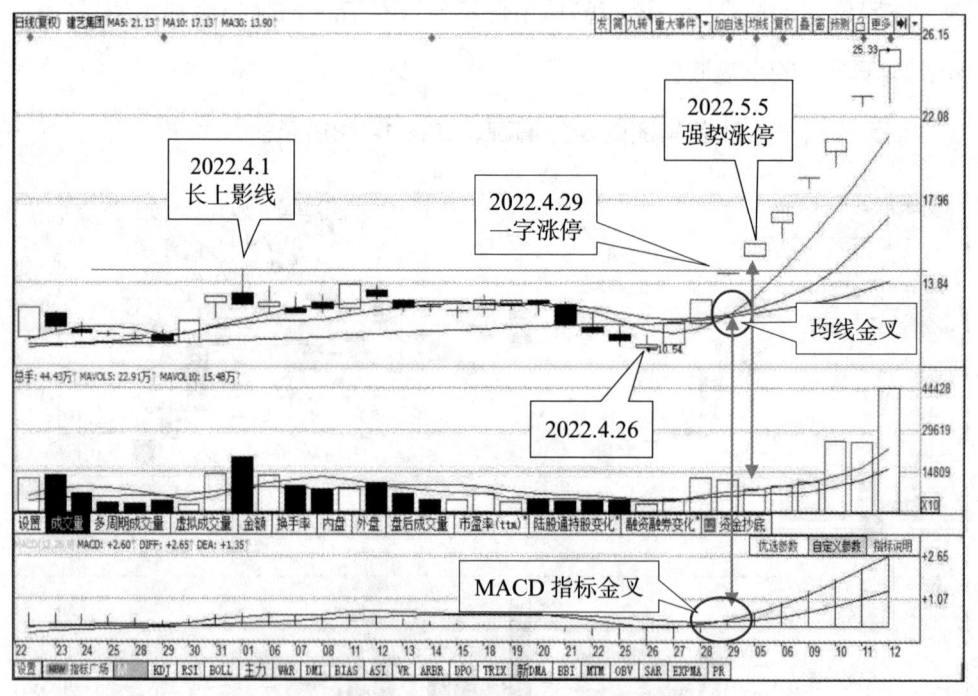

图4-19　建艺集团（002789）日K线走势图二

建艺集团的股价在2022年4月1日创下阶段高点后出现了回调走势。该股股价一度出现了较大的跌幅。

2022年4月26日，该股股价触底反弹向上。4月29日，更是以一字板形态完成了连续的第三个涨停板，由此可见，股价走势之强。当日，MACD指标在0轴上方出现黄金交叉形态，这是属于质量较佳的看涨信号，且均线也同步出现了黄金交叉形态。也就是说，当日，该股K线图上形成了MACD指标与均线指标金叉共振形态，这是较佳的入场信号。不过，当日投资者仍无法入场，一是当日的K线为一字板，没有入场机会；二是当日的股价仍未突破4月1日的高点。因此，投资者可继续保持关注。

5月5日，该股股价再度强势高开后涨停，且突破了4月1日多头尖兵的最高点，这是一个龙头股成龙的信号。很多投资者可能会对该股的走势产生恐惧，毕竟当日该股股价已经走出四个涨停板了，但真正的龙头股都是从这一刻走过来的。只要仓位控制得当，这类股票出现亏损的概率可能会比一到两个涨停板的更低。

第五章
龙头必杀之暴力洗盘

龙头股启动，是以主力资金的持续拉升为依托的，而主力资金拉升前，必然要提前买入一定的筹码，否则就需要高位抢筹了。因此，一些短线热门龙头股在启动前都有一个暴力洗盘的动作。

股价一旦脱离洗盘区域，就意味着主力洗盘已经完成，龙头股的启动时刻也就到来了，如图5-1所示。

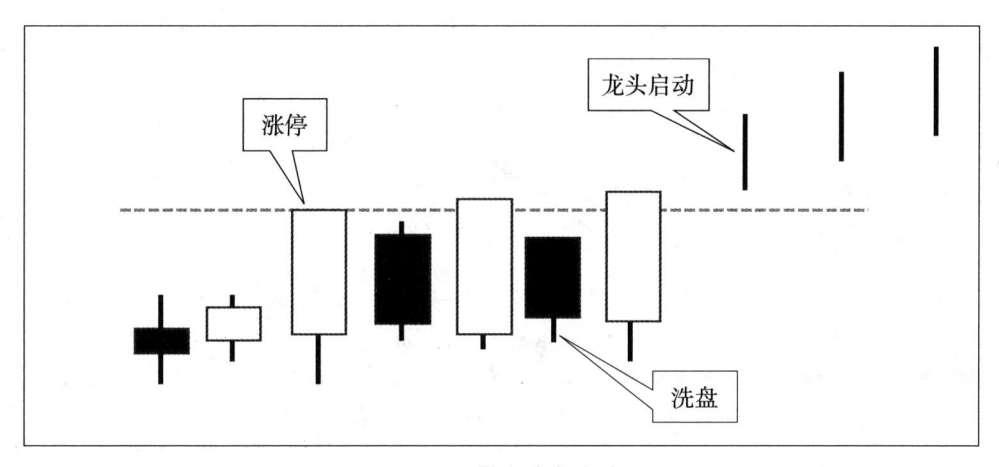

图5-1 暴力洗盘启动

第一节 暴力洗盘的内在逻辑

从股票K线运行态势以及成交量的变动中，可以发现主力资金在操作这类股票时的内在逻辑。

一、从K线走势到成交量变化

从这类股票K线走势来看，股价在某一交易日强势涨停，正当所有投资者都认为股价将继续上升时，股价却并未如大家所愿，而是呈现了强势振荡走势，有时甚至会出现大幅下挫走势。与其他洗盘形态有所不同，此时的洗盘，往往伴随着剧烈放大的成交量，给人一种主力出货的感觉。

下面来看一下冀东装备的走势情况，如图5-2所示。

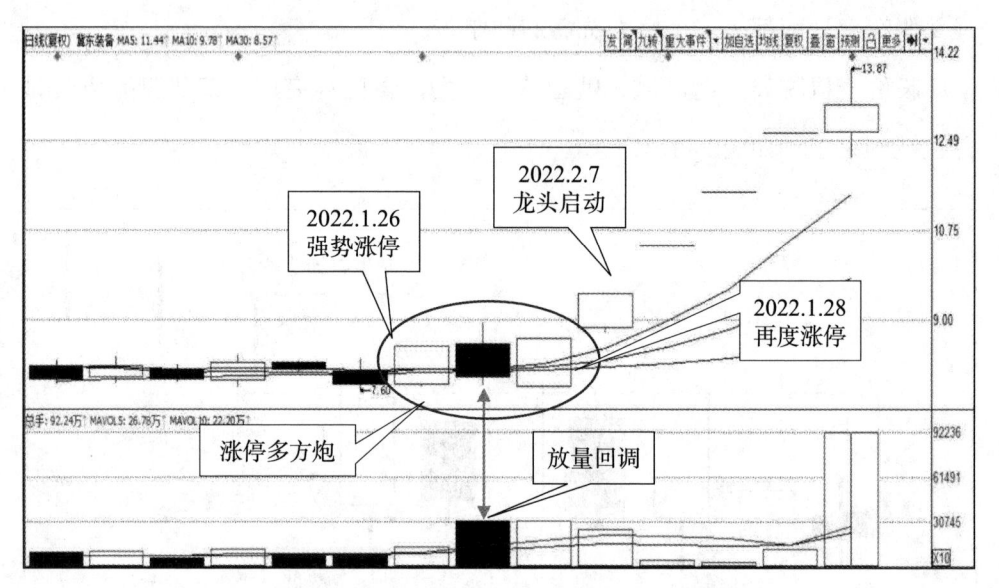

图5-2 冀东装备（000856）日K线走势图

冀东装备的股价在2022年1月26日强势涨停后，并未顺势继续上攻，而是反向出现了回调走势。观察该股的成交量变化可知，1月26日涨停当日，成交量相比前一交易日虽有所放大，但由于股价涨停封板过早，成交量并未明显放大。次日，该股高开大幅振荡后低走，先前的获利盘蜂拥而出，成交量大幅放大。股价回调，且成交量大幅放大，这是与普通的调整完全不同的量价形态。这也给市场上的投资者造成了一种假象，即主力在拉高出货。于是很多散户纷纷抛出手中的筹码。

2022年1月28日，该股股价再度强势涨停，并与前两个交易日K线共同组成了涨停多方炮形态，这本身就是强烈的看涨形态。2月7日，大龙头冀东装备三度强势涨停，标志着龙头股开启了强势上攻之路。

二、主力资金介入的准备

从主力的角度来看，在大幅拉升股价前，如果能有较长的入场准备时间无疑是最好的。但是，市场并不会如主力所愿。有时候，市场行情的发展要求主力必须在短时间内完成建仓，否则，筹码就可能被其他资金抢走。因此，主力为了让散户能够快速地将筹码交出来，就会采取大幅振荡的方式，逼迫散户出货。

由于股价波动比较剧烈，而散户又摸不清主力的意图，无法判断股价未来的方向，因此，很多散户会选择离场观望。特别是涨停板出现前入场的散户，由于其已经有了一定的利润，落袋为安就是最佳的选择。主力其实也是为了鼓励这种想法，才会采取大幅拉升、打压股价的方式，快速完成洗盘。

下面来看一下新华联的走势情况，如图5-3所示。

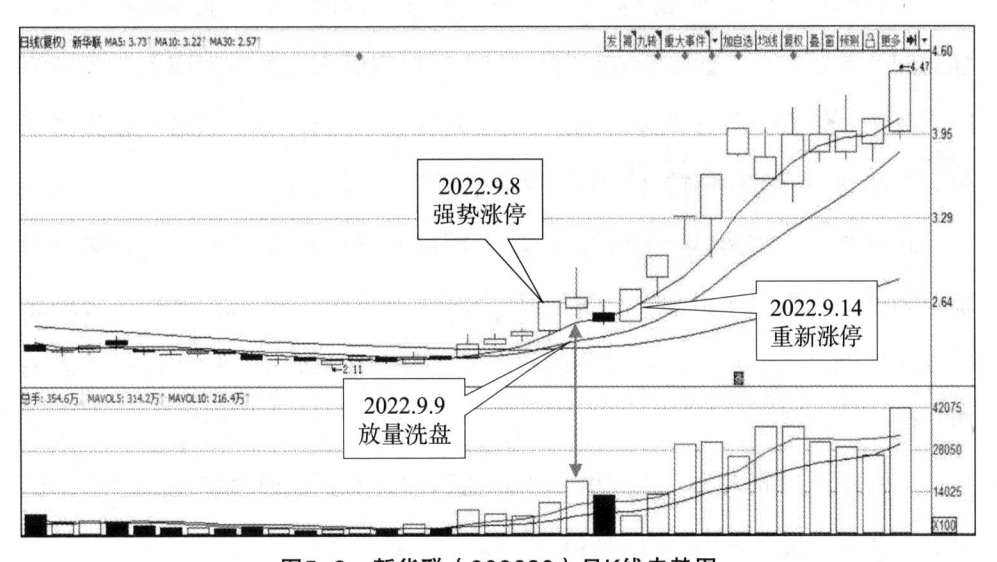

图5-3 新华联（000620）日K线走势图

从图5-3中可以看出，新华联在地产板块利好消息的刺激下，于2022年9月8日拉出了一个涨停板。

此后的两个交易日，该股股价连续大幅振荡，成交量出现了明显的放大迹象，给人一种主力出货的感觉。不过，当时地产板块的股票持续上扬，很多同板块个股都出现了上涨态势，而且整个地产板块都处于低位，一般来说主力是不会轻易抛出手中筹码的。9月14日，新华联再度涨停，说明该股此前的振荡都是主力洗盘吸筹行为。

此后，该股股价进入了快速上升通道。

三、市场情绪需要延续

主力短线交易更多的是在利用散户的情绪。当市场赚钱效应凸显，散户追涨情绪高涨，这时候主力就会比较好操作，入场、离场都会比较方便；反之，若市场情绪低迷，没有散户愿意追涨，主力资金也有可能被困在高位。

一些非新兴概念的热点板块，并不需要多少时间发酵，而且这种热度持续时间可能还很短。因此，主力要想利用洗盘来吸入更多的筹码，必须在短期内完成，否则，打压调整时间过长，市场情绪一旦消散，很可能就失去了跟风追涨盘，那时候再拉升可能就很难出货了。

通常来说，涨停板出现后，市场上都会有一些短线资金关注到这只股票，因此，利用这个机会，短线振荡，而后快速拉升，这部分观望资金就比较容易追涨入场。反之，若振荡调整时间过长，这部分资金很可能就会去关注其他热门股票了。

从另外一方面来看，主力资金若打压时间过长，而概念热度上来了，也可能存在其他资金入场抢筹的情况。

正因如此，主力为了维持市场热度，防止其他资金入场抢筹，只能选择短线，快速完成洗盘操作。这就是这类先暴力洗盘再大幅上升的龙头股形成的原因。

下面来看一下青海华鼎的案例，如图5-4所示。

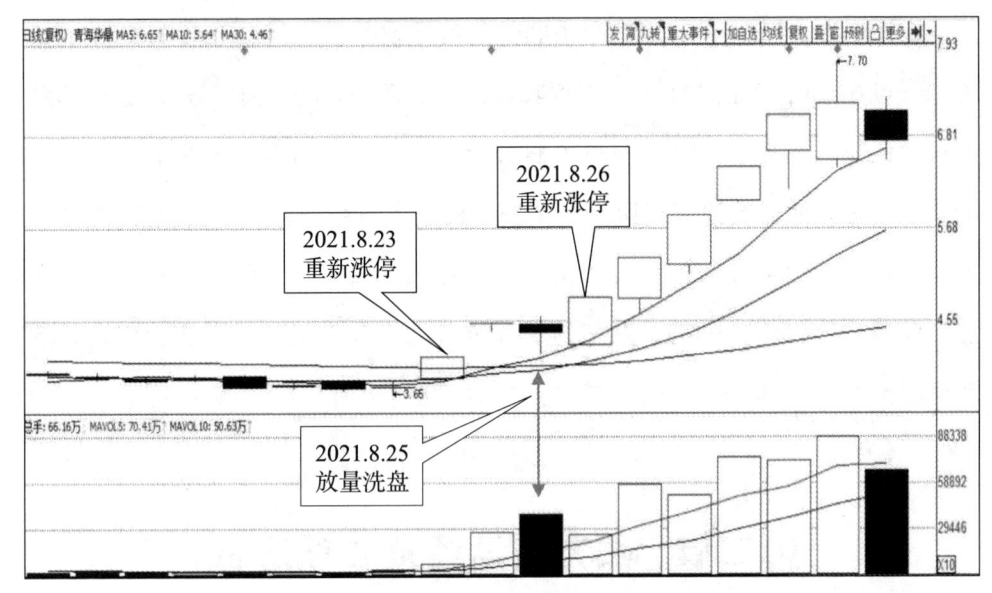

图5-4 青海华鼎（600243）日K线走势图

青海华鼎的股价在工业母机概念热炒的背景下，于2021年8月23日启动了快速上升走势，并于23日和24日连续两个交易日涨停。特别是24日，该股股价更是收出了一根T字涨停板，由此可见，市场做多气氛较浓，散户追涨意愿也比较强。

8月25日，该股低开之后，出现了大幅振荡走势，如图5-5所示。

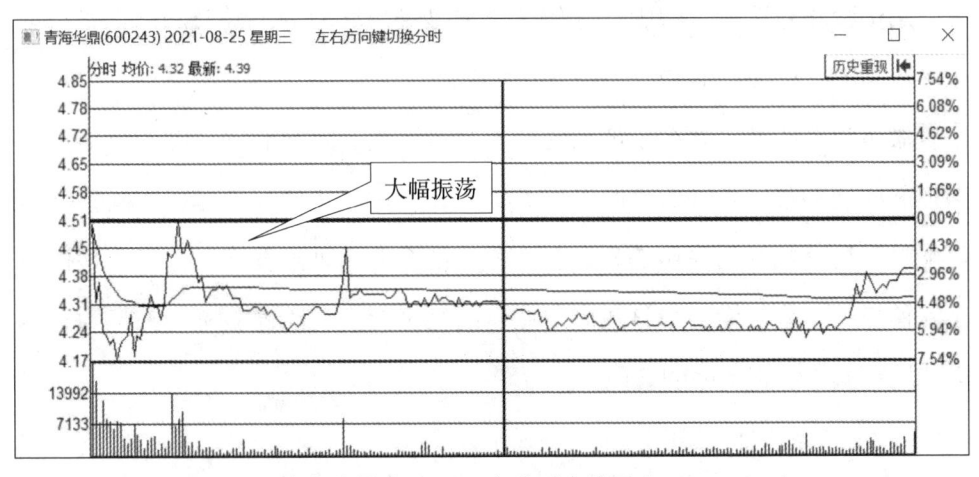

图5-5 青海华鼎（600243）分时走势图（2021.8.25）

从图5-5中可以看出，青海华鼎的股价在2021年8月25日低开后大幅振荡，一度振荡幅度超过10%。临近收盘时段，股价已经大幅回升，最终的跌幅仅为2.66%。鉴于当时工业母机概念大爆发，主力资金不敢长时间打压股价，以免被其他资金抢筹，因而一个交易日内，该股就完成了洗盘操作。

该股连续两个涨停板后，股价回调幅度仅为2.66%，可以看出其走势之强。此后，该股重拾升势，并接过华辰装备的工业母机龙头大旗，成为新的龙头股。

第二节　暴力洗盘经典K线形态

龙头股经过暴力洗盘后，又会重新进入上升轨道。不过，股票质地不同、主力操作手法不同，洗盘的手法也不尽相同。在洗盘过程中，K线所呈现的形态也有所不同。

一、涨停多方炮

龙头股暴力洗盘过程中，涨停多方炮是最为典型的一种形态，也是出现频率最高的一种洗盘形态，如图5-6所示。

涨停多方炮是主力在股价启动前，强势洗盘、吸筹时常见的一种形态。该形态体现的是主力在底部吸筹时，为了让散户摸不清股价运行方向，并尽可能降低持仓成本而采用的急拉与急打相结合的一种建仓方式。无论是拉升至涨停板，还是拼命向下打压股价（有时甚至会出现跌停板），都是为了尽可能地在低位吸到足够的筹码。

该形态的典型特征如下。

第一，涨停大阳线的出现，是该形态最主要的特征。

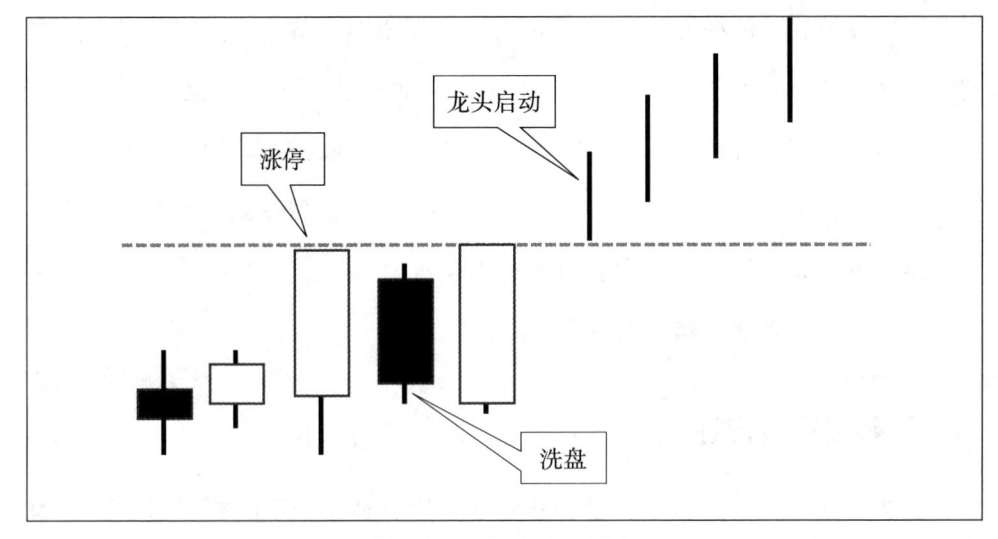

图5-6 涨停多方炮形态

第二，通常来说，股价涨停的次日，股价多会惯性冲高，而该形态的涨停次日，股价却直接走出了大幅下跌的态势，让前一交易日入场的投资者叫苦不迭。很多人不得不割肉离场，而这恰恰是主力的意图。

下面来看一下宇晶股份的案例，如图5-7所示。

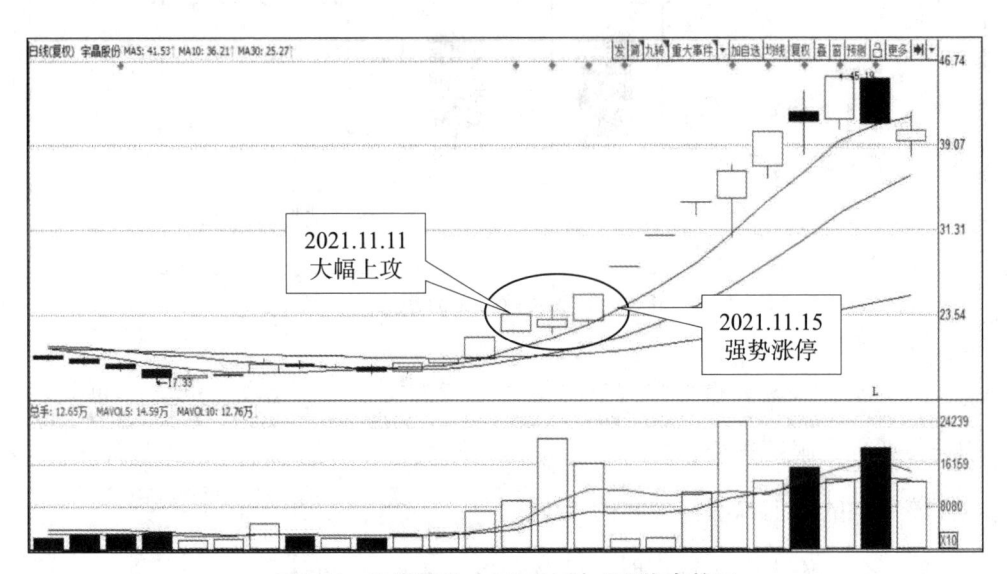

图5-7 宇晶股份（002943）日K线走势图

宇晶股份的股价在2021年11月随着工业母机概念的走高而出现了上升态势。2021年11月10日、11日，该股股价连续两个交易日大幅上攻。11月12日，股价经历了大幅振荡，全天振幅达到11.15%，收出一根假阳线（按阴线分析）。11月15日，该股股价再度强势涨停。至此，涨停多方炮形态正式形成，这也就意味着股价继续看涨的可能性极高。

此后，主力连续大幅向上拉升股价。

二、叠叠涨停多方炮

龙头股暴力洗盘过程中，叠叠涨停多方炮是经常出现的典型形态。从本质上属于涨停多方炮的一种特殊形态，如图5-8所示。

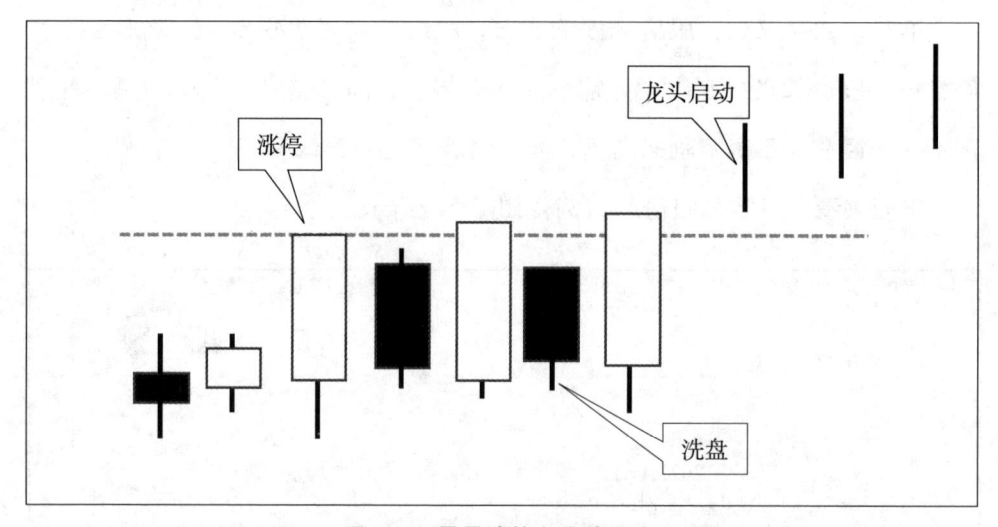

图5-8　叠叠涨停多方炮形态

从本质上来说，叠叠涨停多方炮也是主力为了迷惑市场上的散户而采取的一种洗盘、吸筹策略。

该形态的特征与涨停多方炮相似。

第一，涨停大阳线的出现，是该形态最主要的特征。

第二，叠叠涨停多方炮，并非主力事先策划好的，而是根据市场环境、手中筹码情况决定的。若整个市场已经相当看好这只股票，且主力已经掌控了一定的筹码，此时主力就会直接向上拉升，不会形成叠叠多方炮形态。反之，若手中筹码不够，则会继续强势振荡。

作为数字货币行情的大龙头，恒宝股份的股价在启动前，走出了叠叠涨停多方炮形态，如图5-9所示。

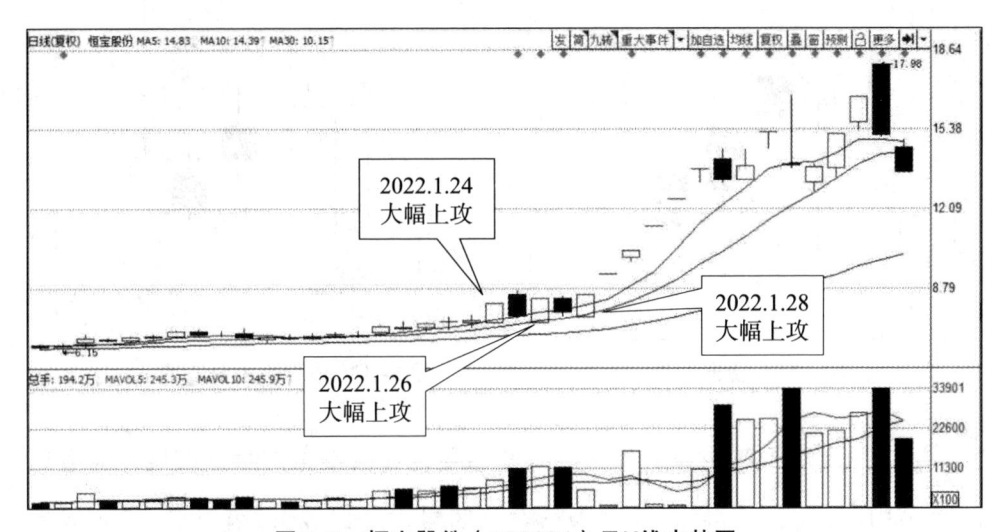

图5-9　恒宝股份（002104）日K线走势图

恒宝股份在2021年年底到2022年年初出现了一波振荡上升走势。到了1月底，由于数字货币概念的热炒，恒宝股份异军突起成为整个数字货币行情的大龙头。回顾该股启动前的K线走势可以发现，主力在股价启动前就已经积极布局建仓了。特别是1月24日至28日，五个交易日内该股股价三度涨停，中间又夹杂着两次规模较大的下跌，这就构成了经典的叠叠涨停多方炮形态，该形态是强烈的看涨信号，也是主力即将拉升股价的一个信号。只是，最后一个涨停日留给散户的时间并不多，可能也就几分钟的时间。

三、增强版上升三法

上升三法是K线上升形态中非常经典的一种形态。经典的上升三法，一般由两个中到大阳线和三根小阴线组成，三根小阴线属于上升途中的洗盘形态，如图5-10所示。增强版上升三法，一般由两根光头大阳线（后一根应为涨停阳线）和两到四根小阴（阳）线组成，且这几根小阴线或阳线多为带长上下影线的小实体K线，如图5-11所示。

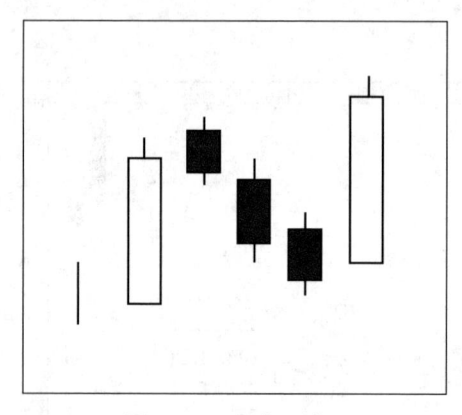

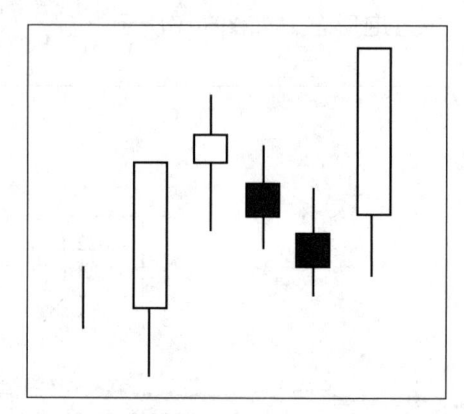

图5-10　上升三法　　　　　　　　图5-11　增强版上升三法

增强版上升三法也属于典型的看涨信号，通常是主力游资在拉升前清洗浮筹常用的方法，而且是非常强的看涨信号，次日股价存在进一步挑战高点，甚至涨停的可能。

增强版上升三法的形态特征如下。

第一，前后两个交易日的涨停阳线是主力游资进攻的信号，也是坚决做多的一种态度。只是最后一根涨停阳线未必会给散户太多的入场时间。许多游资还喜欢在盘中搞偷袭。

第二，中间洗盘的长上下影线的阴线与阳线实体大小并不重要，数量一般为两根到四根，有时可能会更多一点儿。这并不影响形态的成立。通常情况下，这几个交易日股价的波动幅度会非常大，目的就是将意志不坚定的散户吓退。

第三，最后一根光头阳线是整个形态成立的关键。该阳线必须以涨停板收盘。

下面来看一下中岩大地的走势情况，如图5-12所示。

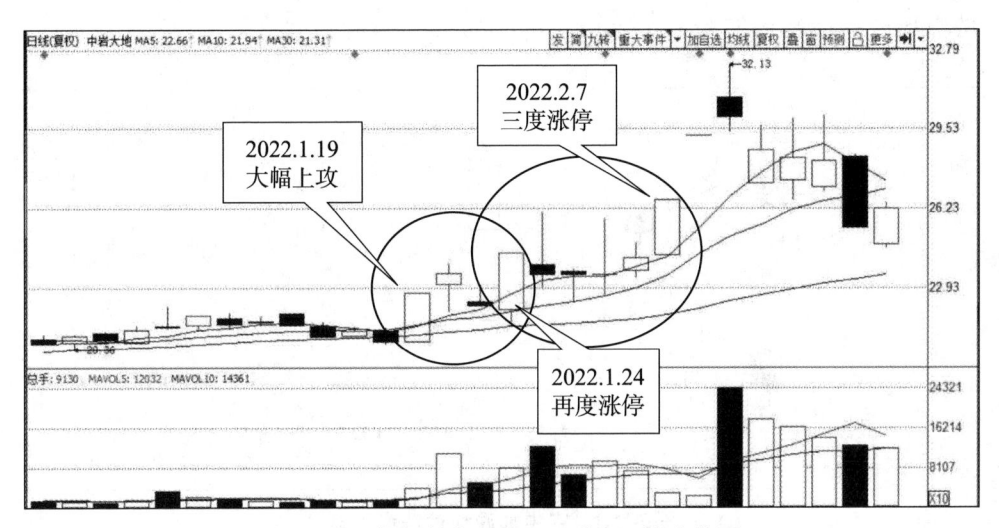

图5-12　中岩大地（003001）日K线走势图

在基建热炒的背景下，2022年1月19日，中岩大地强势涨停。其后的两个交易日，该股股价出现强势振荡；1月24日，该股股价再度涨停，增强版上升三法形态正式成立。

不过，此后，该股股价并未出现大幅上升，而是重新进入调整区间。2月7日，该股股价三度涨停，即二度形成增强版上升三法形态。

至此，主力的意图已经非常明显，即继续拉升。此后该股先是封上一字板，接着又一次冲高。

当然，主力游资采用涨停回调再涨停的方式有一个明显的好处，即可以避开龙虎榜，以免暴露踪迹。毕竟，在基建热炒行情下，板块热度本身就比较高，已经不需要主力游资亲自现身来带动股价了。

四、空中加油快速洗盘

空中加油，是指股价在跳空上升后，受到了空头的强力打压，股价K线以阴线报收，成交量同步放大。此空中加油形态与前面章节中的破位启动空中加油有所不同。这里的空中加油形态，是主力在短线拉升过程中进行暴力洗盘形成的形态，如图5-13所示。

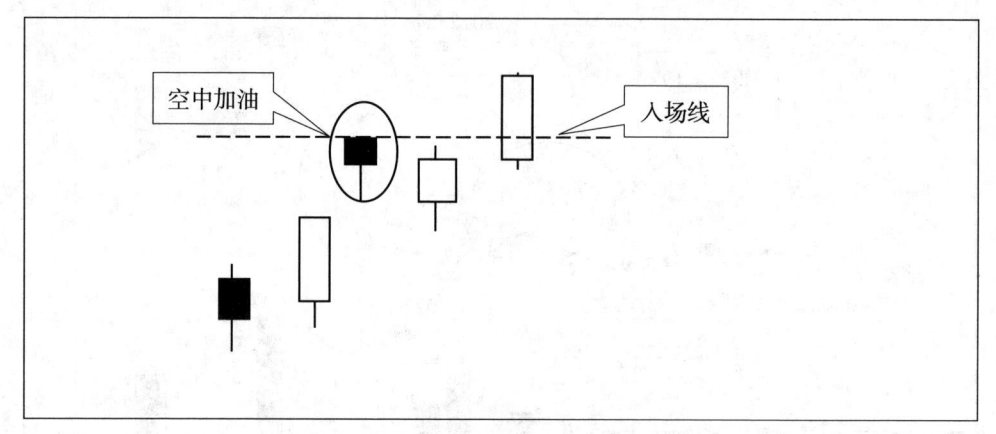

图5-13 空中加油快速洗盘形态

该形态的出现一般由两种情况导致：其一，主力游资吸筹不充分，有必要通过大幅回调振荡完成吸筹操作；其二，游资之间的接力操作，前一波游资获利撤出后，后一波游资进入形成该形态。

该形态的操作要点如下。

第一，股价在前一交易日大涨（通常为涨停）的基础上，大幅高开后回落，给人一种抛盘众多，股价即将回撤的感觉。

第二，空中加油出现当日，成交量通常会比前一交易日放大数倍以上，这属于典型的资金运作痕迹。

第三，空中加油形态出现在股价启动初期，一般为看涨信号，当股价重新向上突破空中加油形态最高点时，即为入场信号。

下面来看一下融捷股份的案例，如图5-14所示。

融捷股份的股价经过一段时间的振荡后，在2021年7月初连续拉出两个涨停板，有一种成为龙头的感觉。7月6日，该股股价高开后出现放量走低态势，全天振幅超过10%，成交量异常放大，给人一种主力正在出货的感觉。此时，投资者可保持关注，不可轻易入场。作为散户，当时无法判断游资是出货还是换手接力。

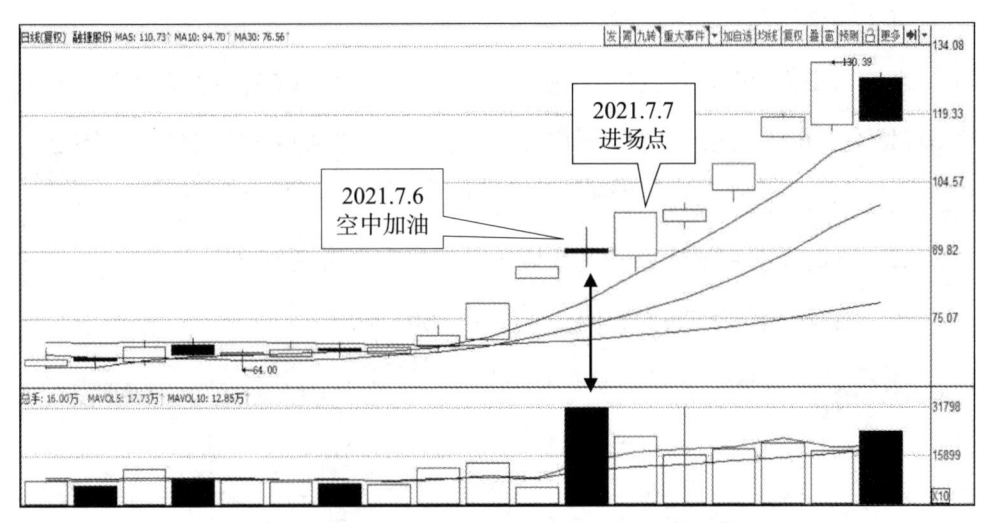

图5-14　融捷股份（002192）日K线走势图

7月7日，该股股价强势启动，并向上突破了7月6日最高价，这意味着空中加油形态正式成立，股价未来将会延续上升态势。

第三节　暴力洗盘技术指标异动形态

对技术指标的分析可以作为研判主力意图的重要参照。毕竟，简单地通过K线来分析主力到底是出货还是洗盘，是比较困难的。因此，一些经典的技术指标形态应该引起重视。

一、回调不破5日均线

5日均线被称为短线运行的保护线，它反应灵敏，是短线投资者最关注的一根均线，可用作短线进出依据。

主力在暴力洗盘过程中，股价K线与5日均线会呈现如下几个典型特征。

第一，前期的股价上攻，已经让股价K线与5日均线产生了较大的距离，这就有了调整的需求。

第二，主力在暴力洗盘过程中，股价K线没有跌破5日均线，或偶尔跌破5日均线，但次日很快又回到了5日均线之上，这说明股价仍处于强势上升趋势。

第三，均线系统整体处于上升趋势，呈向右上方倾斜状态。

下面来看一下新华联的案例，如图5-15所示。

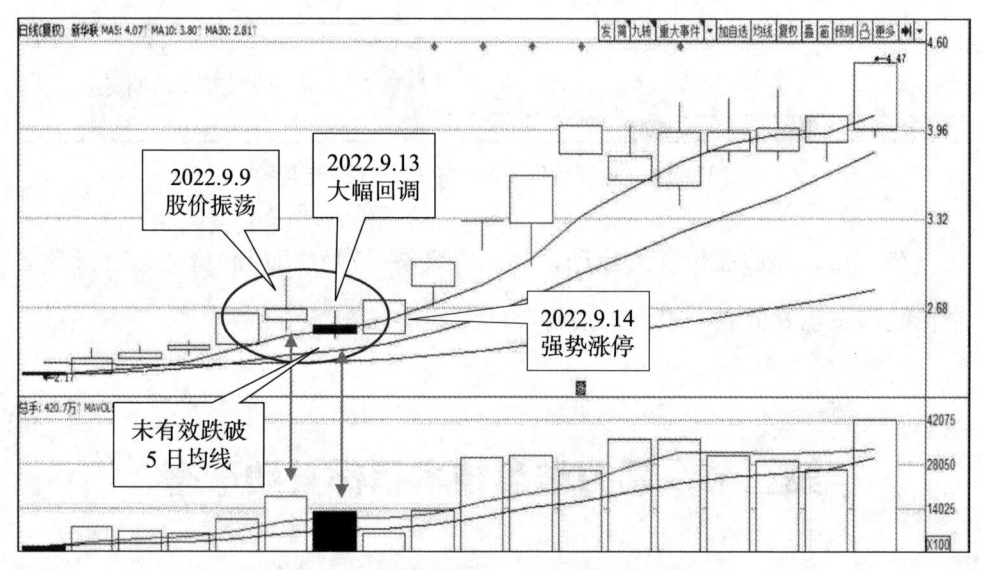

图5-15 新华联（000620）日K线走势图

新华联的股价自2022年9月初，在地产板块受利好刺激下，启动了一波上攻行情。9月8日，该股股价强势涨停。9月9日、9月13日，连续两个交易日出现了大幅调整，成交量呈现放大态势，但股价K线并未有效跌破5日均线。只在9月13日偶尔跌破5日均线，9月14日，该股股价又强势回到5日均线上方，并以涨停报收，由此可见，该股走势之强。

主力暴力洗盘过程中，5日均线可以作为一条重要的参照基准线，只要股价K线没有有效跌破5日均线，就说明股价仍处于强势上升趋势。

二、MACD指标放平再起飞

相对于均线指标，MACD指标要稳定一些。由于股价K线正处于强势上升趋势，MACD指标也会同步处于上扬趋势，此后，在股价大幅调整时，MACD指标中的快线也可能会小幅回落，但其在未触及慢线时，就会因为调整结束而重新上扬，类似于MACD指标形态中的经典形态——佛手向上，其基本形态如图5-16所示。

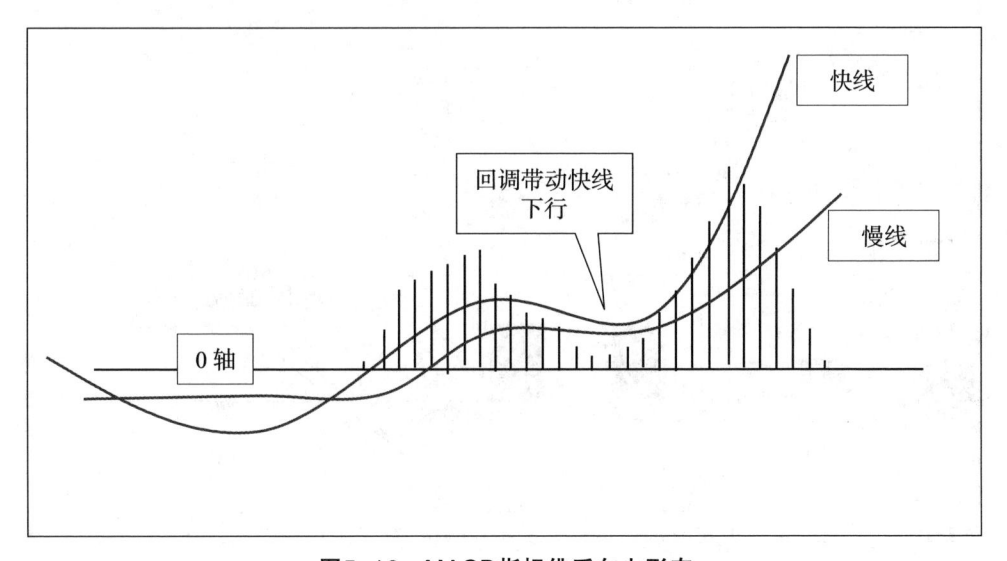

图5-16　MACD指标佛手向上形态

其具体操作要点如下。

第一，股价K线正处于强势上升趋势，MACD指标上攻的势头也比较猛，因而，主力暴力洗盘持续的时间就是MACD指标回调的重要影响因素。调整持续时间越长、幅度越大，MACD指标快线回落的程度越大。

第二，随着股价的强势上升，快线和慢线双双突破0轴，此后随着股价的调整，MACD指标同步回调，在回调时，快线由于灵敏度高于慢线，往往会率先有所反应，并随之下行。此时，由于慢线还处于上升趋势，两者即将相遇，快线被慢线高高托起，而此时股价与MACD柱线同步向上。这说明股价的回调已经结束，股价将会重新进入上升通道。至此，佛手向上形态正式成立。

第三，若股价调整幅度较大，MACD指标的快线可能会触及慢线，甚至一度跌破慢线，但很快就会随着股价的再度上攻而快速上扬。

下面来看一下恒宝股份的案例，如图5-17所示。

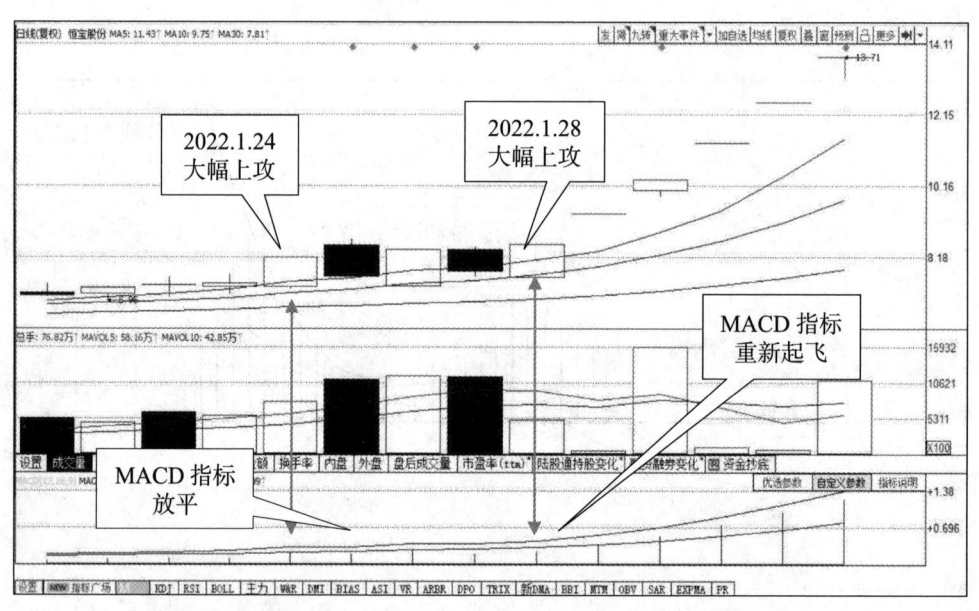

图5-17　恒宝股份（002104）日K线走势图

恒宝股份在2021年年底到2022年年初出现了一波振荡上升走势。到了1月底，由于数字货币概念的热炒，恒宝股份异军突起，成为整个数字货币行情的大龙头。

1月24日，该股股价强势放量涨停，MACD指标也同步上扬，快线与慢线之间的落差增大；此后的几个交易日，该股股价进入大幅振荡调整区间，成交量居高不下，而MACD指标开始放平，不过，MACD指标中的快线并未触及慢线，这也可以反映股价走势还是非常强的。

1月28日，该股股价再度强势上攻，并以涨停报收，MACD指标也同步再度起飞。这就是龙头股再上新台阶的一个信号。

第四节　暴力洗盘实战解读

龙头的上攻与回调动作都是十分惊人的。不惊人不足以吸引投资者的关注，不惊人也就不能成为龙头了。

一、建筑节能概念——北玻股份

建筑节能，是指在建筑材料生产、房屋建筑和构筑物施工及使用过程中，满足同等需要或达到相同目的的条件下，尽可能降低能耗。

2022年4月1日，我国正式实施《建筑节能与可再生能源利用通用规范》，编号为GB 55015-2021。本规范为强制性工程建设规范，全部条文必须严格执行。自本规范发布以来，各省市逐步开展了建筑领域碳排放的研究工作，并通过发文对碳排放计算和指标提出明确要求。

进入2022年后，建筑节能概念成为市场资金热炒的概念之一。北玻股份，作为世界级玻璃深加工设备龙头，其核心产品包括玻璃钢化设备、低辐射镀膜玻璃设备、深加工玻璃等。

该公司深加工玻璃主要包括钢化玻璃、中空玻璃、夹层玻璃、低辐射镀膜（Low-E）玻璃以及由钢化玻璃或夹层玻璃组合加工而成的其他复合玻璃产品，拥有美观、安全、节能等优点，主要应用于建筑门窗、玻璃幕墙等领域，可以有效降低建筑物能耗，符合国家节能减排的发展目标。

截至2022年3月初，北玻股份的总市值为37亿元左右，流通市值不足23亿元，是一只实打实的小盘股。

下面来看一下北玻股份的案例，如图5-18所示。

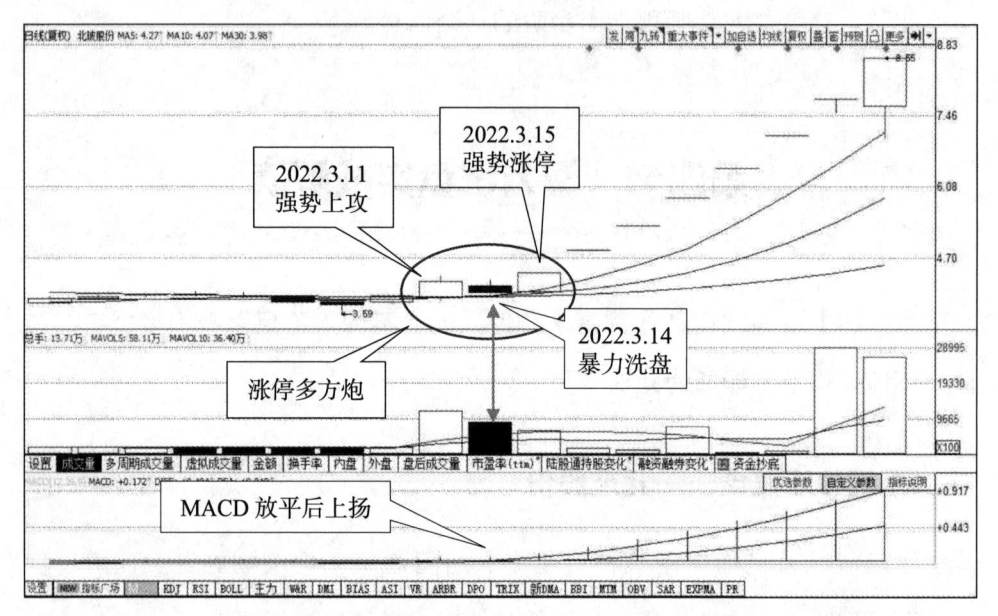

图5-18　北玻股份（002613）日K线走势图

2022年3月11日，北玻股份强势上攻，一度封上涨停板。午盘后，该股的涨停板被打开，成交量出现了较为明显的放大，不过，股价处于高位振荡态势。

3月14日，该股股价大幅回落，前日追涨投资者会将其看成最后的出货机会，纷纷卖出手中股票，如图5-19所示。

从图5-19中可以看出，北玻股份的股价在2022年3月14日早上低开后经历了一波短暂的拉升，立即转入下跌行情，全天再也没有一次像样的拉升，给人一种主力无力拉升，一心想要出货的感觉。

对照当日的K线图可知，MACD指标也同步出现了放平迹象。不过，股价K线仍未跌破5日均线，说明股价走势仍旧较为强势。2022年3月15日，北玻股份强势涨停。涨停多方炮形态正式成立，这也说明之前的回落就是主力的一次暴力洗盘。

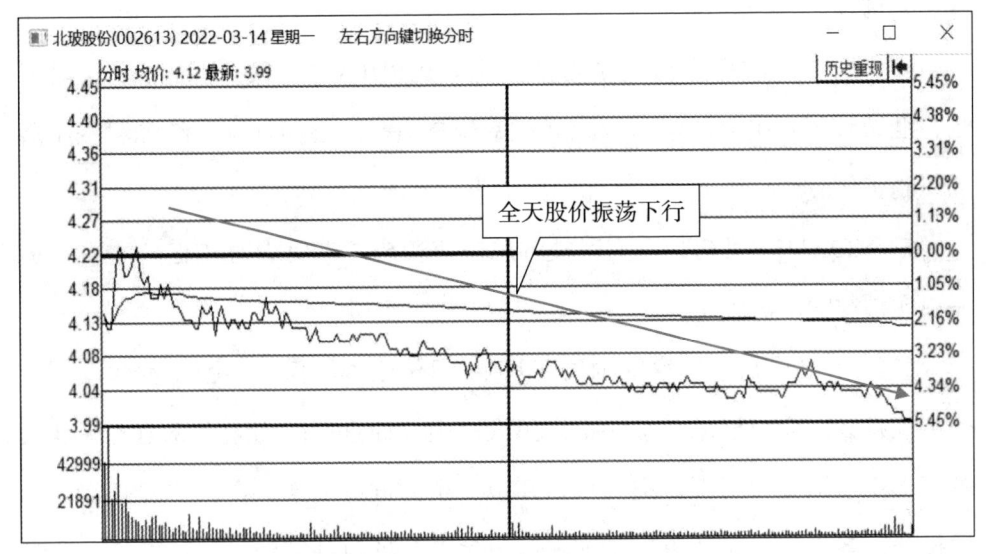

图5-19 北玻股份（002613）分时走势图（2022.3.14）

此后的几个交易日，建筑节能概念持续发酵，该股股价又连续拉出多个涨停板。该股经过9个涨停板后到达9.41元的高位，此时相对于上涨前的股价翻了一倍还多。

由此可见，市场短线资金对建筑节能概念的追捧。

二、智能电网概念——三变科技

智能电网就是电网的智能化，也被称为"电网2.0"，建立在集成的、高速双向通信网络的基础上，通过先进的传感和测量技术、先进的设备技术、先进的控制方法以及先进的决策支持系统技术的应用，实现电网的可靠、安全、经济、高效、环境友好和使用安全的目标。

智能电网是我国未来电网发展的重点方向，也是一个孕育很多机会的领域。

三变科技是国家电网和南方电网的供应商之一。其核心产品包括变压器、电机、电抗器、低压成套电器设备、输变电设备的生产，及其维修、保养和销售等。

该公司在国内率先进行了智能变电站用35kV、110kV智能变压器试制，继续和国网电力科学研究院武汉南瑞有限责任公司开展光纤测温变压器的研制工作。

截至2021年8月初，三变科技的总市值和流通市值均为17亿元左右，是一只实打实的小盘股。

2022年7月1日，国家能源局召开了6月份全国可再生能源开发建设形势分析视频会。会议要求，加快推进重大水电、抽水蓄能和大型风电光伏基地等可再生能源重大工程、重大项目建设，全力推进前期工作，尽早开工、尽快投产。各大型央企要进一步加大可再生能源项目开发建设，从供给、消费两侧，切实推动可再生能源更好更快地发展。

电网智能化、数字化，配电网建设也是未来发展的重点方向。这在一定程度上引爆了智能电网概念。三变科技成为明显的受益标的，其股价也掀起了一波上涨浪潮，如图5-20所示。

进入7月份，智能电网概念股频频登上涨停板。三变科技作为智能电网概念的龙头股，更是自7月13日开始拉出涨停板。此后，该股股价连续两个交易日大幅调整，一度跌破5日均线，与此同时，MACD指标中快线一度放平回落至慢线附近。

7月18日，该股股价重新启动上攻，5日均线迅速被收复，MACD指标快线因受慢线支撑而重新上扬。到此可以看出，该股之前的回调属于主力的暴力洗盘行为。此后，该股迎来了一波连续涨停行情。

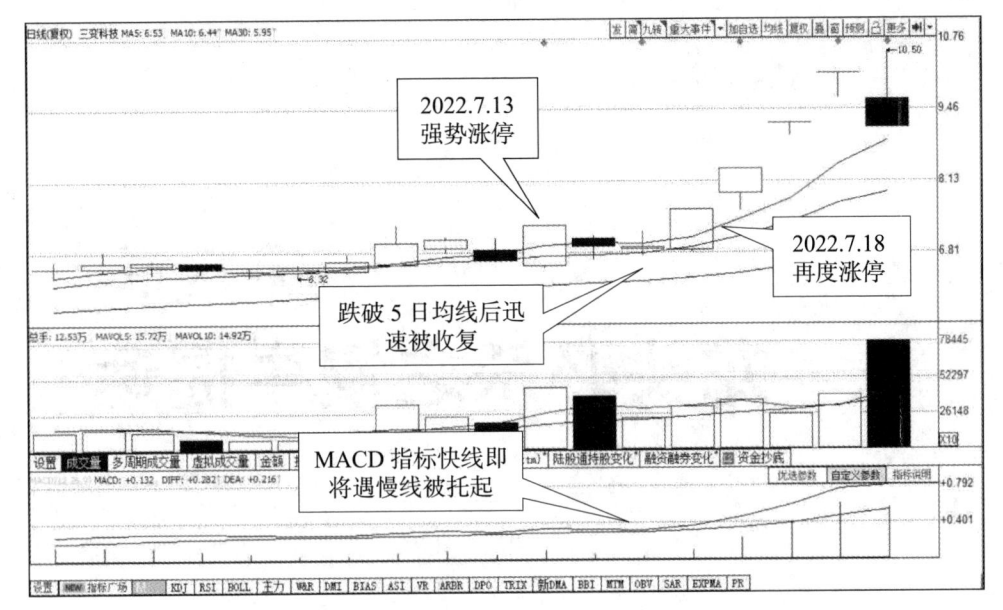

图5-20 三变科技（002112）日K线走势图

第六章
龙头必杀之慢牛提速

如果给主力以时日和机会，他们肯定更愿意以一种缓慢的节奏完成建仓。慢牛提速式启动是主力最为青睐的一种龙头启动方式。所谓慢牛提速，是指一只股票的股价总是以自己特有的缓慢节奏向上攀升，且在上涨过程中不断调整，成交量时高时低。若该股的成交量突然出现缩量，那么说明这只股票距离被快速拉升已经不远了，如图6-1所示。

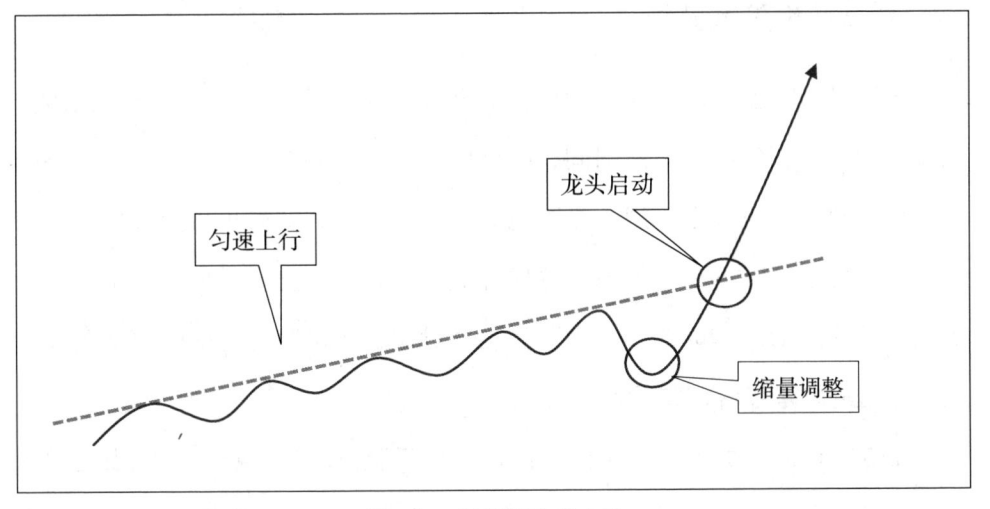

图6-1　慢牛提速式启动

股票的运行趋势与操盘的主力有很大关系。当一只股票总是以缓慢的节奏上涨时，说明主力有足够的耐心和信心来做一把大行情。主力在长达几个月乃至一年的时间里不断地吸筹、洗盘，将投资者的耐心耗尽，然后正当普通投资者毫无防备的时候，也就是成交量出现萎缩时，突然发动一波规模较大的上涨行情。涨停板往往会在股价加速上涨阶段出现，投资者只要抓住了股价加速上涨的阶段，就能轻松捕捉龙头股。

第一节　慢牛提速的内在逻辑

从股票K线运行态势以及成交量的变动中，可以发现主力资金在操作这类股票时的内在逻辑。

一、基本量价关系分析

一只股票的股价从底部启动后，一直保持缓慢向上攀升的状态，且股价在攀升过程中，每上升一段时间，就会出现一段时间的调整走势，也就是股价每前进一段距离都会后退一段距离。与此对应，成交量也会随股价的上涨而放大，随股价的下跌而萎缩，这样，成交量走势图上就出现了一个又一个由高低不等的量柱构成的"小山"。山顶对应的就是股价上涨的短期顶部，山谷对应的就是股价调整的低点。

股价的整体走势近似于波浪式前进，由于股价波动的高点与低点之间的距离很近，因此非常不利于短线投资者的波动操作。股价在运行一段时间后，许多投资者会对这样的走势感到失望，于是该股的成交量就会出现萎缩态势，表明市场交易冷淡，多空双方都缺少交易意愿。而此时，往往就是该股即将启动的时机。

该股成交量萎缩到一定程度后，表明许多投资者已经不看好该股的走势了，此时，主力就会趁人不备突然快速拉升该股，使股价出现连续上涨行情。涨停板也会在这一阶段经常出现。

下面来看一下亿晶光电的案例，如图6-2所示。

亿晶光电的股价从2022年4月底开始启动，一路振荡上涨。股价在上涨几个交易日后就会出现一波下跌，如此往复，成交量也随着股价的上涨而放大，随着股价的下跌而萎缩，于是成交量走势图上留下了一个又一个"小山"式的图形。2022年8月初，亿晶光电的股价与成交量双双出现回落，说明该股将要开始一波快速拉升了。2022年8月15日，该股股价被迅速拉升；8月16日，该股股价直接封上了涨停板，且股价向上突破了振荡压力线，这属于典型的龙头股启动信号。

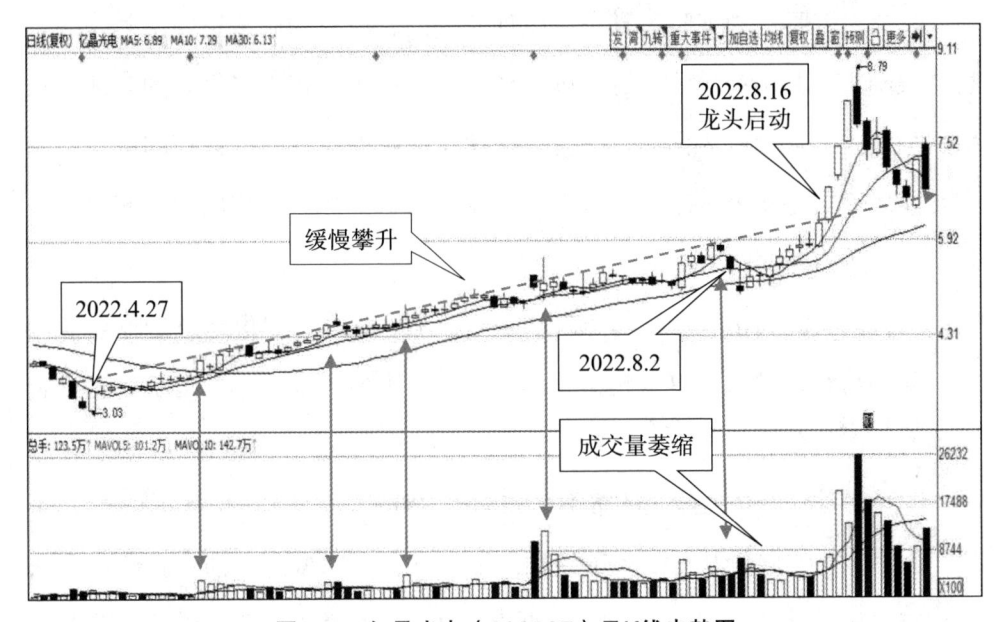

图6-2　亿晶光电（600537）日K线走势图

随后该股股价展开了一波规模较大的上涨行情，且股价在上涨过程中不断收出涨停板。

二、主力与散户的心理博弈

市场上，主力与散户的博弈无处不在。龙头股慢牛提速式启动，本身就是主力在与散户斗法，通过不断消耗散户的情绪，逼迫其放弃手中的筹码。当然，连续的小幅上升肯定不足以让散户交出筹码，因此临近拉升前的突然大幅下挫是必不可少的步骤。主力就是要通过这一步骤让散户心生恐慌，进而放弃手中的筹码。

其操作路线如下。

第一，股价在振荡上涨过程中，不断地出现回调走势，一方面说明主力在不断吸筹，为将来的上涨做准备；另一方面说明主力也在不断清洗"浮筹"，将意志不坚定者洗出局。

第二，该股在创下阶段高点后出现回调时，成交量应该呈现出萎缩的态势，表明主力并没有出货。这也就为该股未来的上涨提供了必要的条件。从散户角度来看，由于先前股价一直呈振荡上升态势，此时的大幅回调，则很有可能属于主力出逃形态，于是很多获利盘会选择兑现利润出逃，而这恰恰就是主力所需要的。

第三，股价的整体运行趋势应该是向上的。如果将股价运行的低点连接出一条趋势线，那么，这条趋势线应该是向右上方倾斜的。这是掌控龙头股启动的关键所在。

下面来看一下合盛硅业的案例，如图6-3所示。

合盛硅业的股价从2021年6月底开始启动，一路振荡上扬。股价在上涨几个交易日后就会出现一波下跌，如此往复，成交量也随着股价的上涨而放大，随着股价的下跌而萎缩，于是成交量走势图上留下了一个又一个"小山"式的图形。

2021年8月初，合盛硅业的股价突然出现大幅下跌，8月2日甚至收出了一个跌停板。对于想要坐等股价拉升的散户来说，这个跌停板不啻于一记闷棍，很多人慌不择路地出逃，造成了当日成交量的高企。相对于普通的回落，成交量一般都会萎缩，而这只股票由于此前已经经过了较长时间的缓慢上升，积累了较多获利盘，此时若还是温和下跌，成交量再缩量，可能很多散户都不会愿意放弃手中的筹码。因此，主力反其道而行之，直接玩了个跌

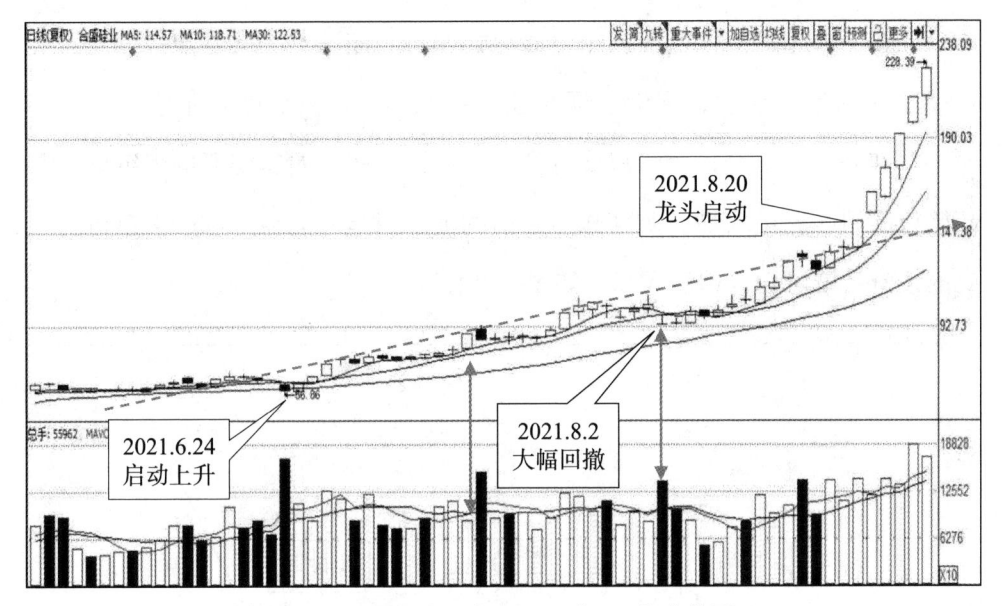

停，很多散户都选择了出逃，主力则趁机大肆吸筹。

图6-3　合盛硅业（603260）日K线走势图

此后，股价经过一波横向振荡后，很快进入了快速拉升区间。2021年8月20日，该股股价直接封上了涨停板，且股价向上突破了振荡压力线，这属于典型的龙头股启动信号。

随后该股股价展开了一波规模较大的上涨行情，且股价在上涨过程中不断收出涨停板。

第二节　慢牛提速经典K线形态

龙头股在缓慢上升过程中，多以小阳线、小阴线报收，很少出现特别经典的K线形态，但在临近启动前的打压环节，可能会出现一些特别恶劣的K线形态，其目的无外乎吓退散户。

一、突破下跌起始位

突破下跌起始位，是识别慢牛提速式龙头股起涨点的关键点位。股价经过一段时间的上涨后，突然出现快速下跌态势，这到底是真下跌还是假回调，其实并不重要。投资者只要盯住股价后期走势，看其能否向上突破下跌起始位即可。若能突破，则意味着之前的下跌只是主力拉升前的洗盘行为，此时投资者就可积极追涨入场，如图6-4所示。

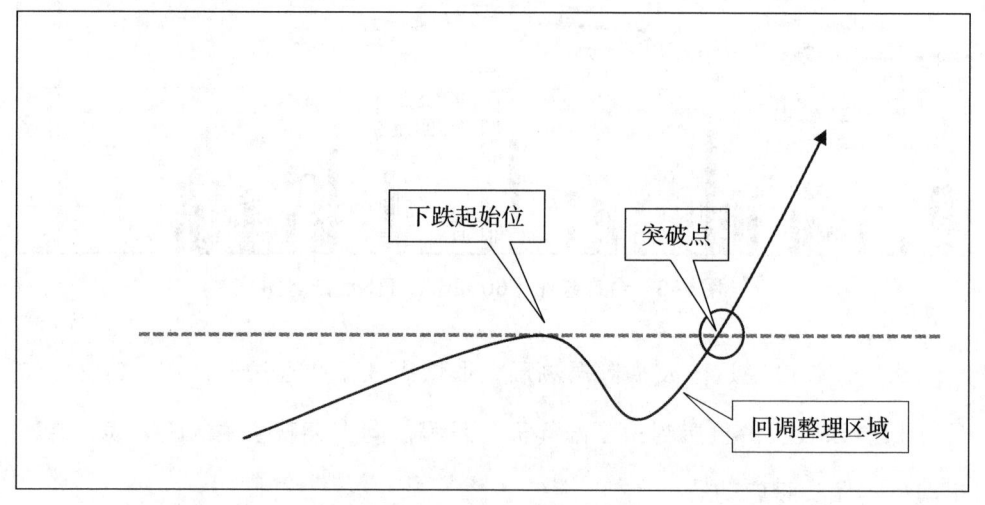

图6-4　突破下跌起始位

突破下跌起始位的操作要点如下。

第一，股价经过一段时间的振荡上升后，某一交易日突然启动下跌，有时甚至会跌破之前振荡的区域，以给投资者带来心理上的压力。

第二，股价下跌的时间一般不会持续太久，成交量可能会先放大后萎缩，一旦成交量萎缩至极低点就意味着调整将要结束了。之后，股价将会迎来上升。

第三，一般来说，股价没有向上突破下跌起始位，都不能算调整完成，此时投资者也不应该入场。

第四，当股价向上突破下跌起始位，则意味着股价短线回调结束，龙头股即将启动上攻。

下面来看一下悦安新材的案例，如图6-5所示。

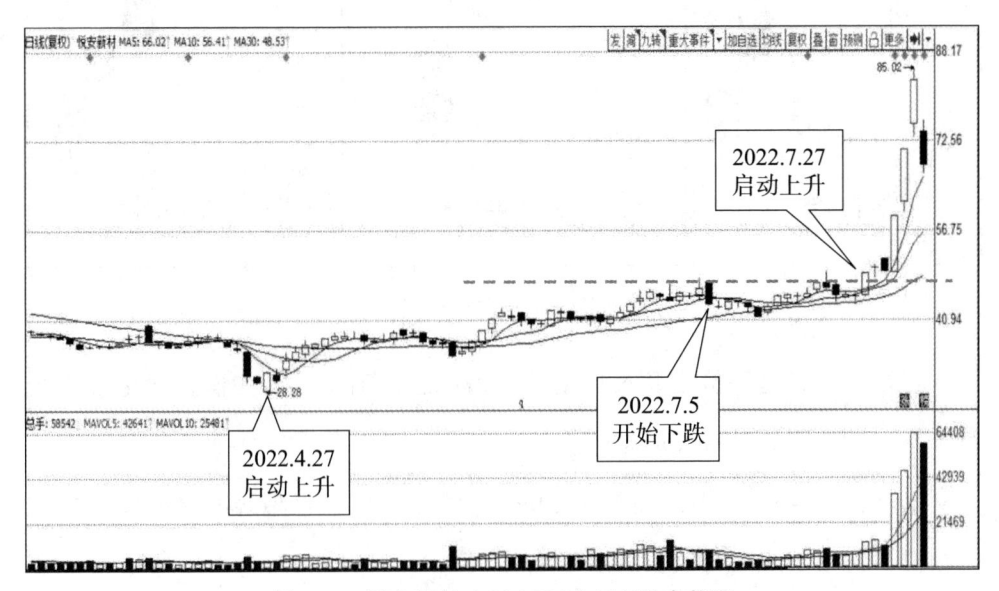

图6-5　悦安新材（688786）日K线走势图

悦安新材的股价从2022年4月底开始经历了一波小幅度上涨。7月5日，股价上涨到阶段高点时K线出现了大幅下跌走势。此后，该股股价经过一波振荡调整行情，投资者很难识别股价的运行方向，可以暂时不入场。

2022年7月27日，该股股价放量向上突破7月5日下跌起始位，说明股价的调整已经宣告结束，龙头即将启动，投资者可积极入场追涨。

此后，该股股价出现了一波大幅上升走势。

二、回挡三五线

回挡三五线是指股价在经过一段时间的上涨后，在接近前期高点或头部区域出现的一波短时间的回调走势。回挡三五线一般由三根、四根或五根阴线构成，其形态如图6-6所示。

回挡三线　　　　　　　回挡四线　　　　　　　回挡五线

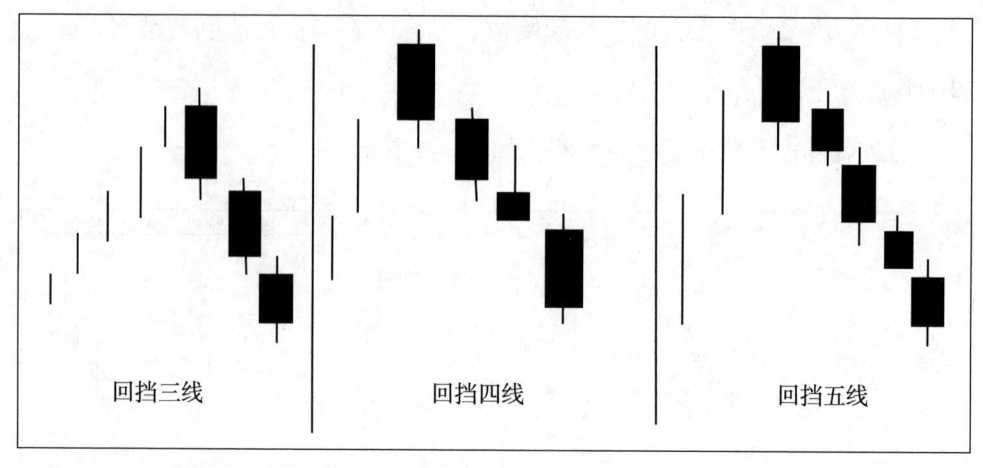

图6-6　回挡三五线

回挡三五线是股价上升过程中的短暂休息，暗示行情在稍做调整后会继续上行，因而是一种持续形态。

第一，回挡三五线中，阴线之间带有跳空缺口，且阴线的最高价一根比一根低，几根阴线都有较长的下影线。

第二，回挡三五线要求阴线的成交量要明显小于之前上涨时，阳线多对应小的成交量，如果成交量呈放大态势，则很有可能是主力在出货。

第三，回挡三五线出现后，投资者要等到股价收复之前的高点之后，才能入场买入股票，切不可提前入场，以免行情转差，深套其中。

第四，在回挡三五线形成过程中，如果出现低开高走的假阳线，且该阳线的最高价仍低于前一交易日阴线的最高价，那么，不影响此形态的成立。

第五，若股价经过一波缓慢上升后，出现回挡三五线形态，其后股价能够止跌反弹，则很可能意味着龙头股启动的时机即将到来。一旦股价重新向上突破下跌起始位，就可以确认上升趋势来临。

下面来看一下汇得科技的案例，如图6-7所示。

汇得科技的股价从2021年7月底开始经历了一波小幅度的上涨。9月23日，股价在上涨到阶段高点时K线出现了回挡三线形态。通过图6-7可以看出，股价在出现回调的同时，成交量并未明显放大，说明庄家并未出货，投资者仍可继续持股。回挡三线形态出现后，股价在底部稍做盘整，之后重新开始了一波上涨趋势。11月3日，当股价突破回挡三线下跌前的价位时，就是投资者加仓的好时机。

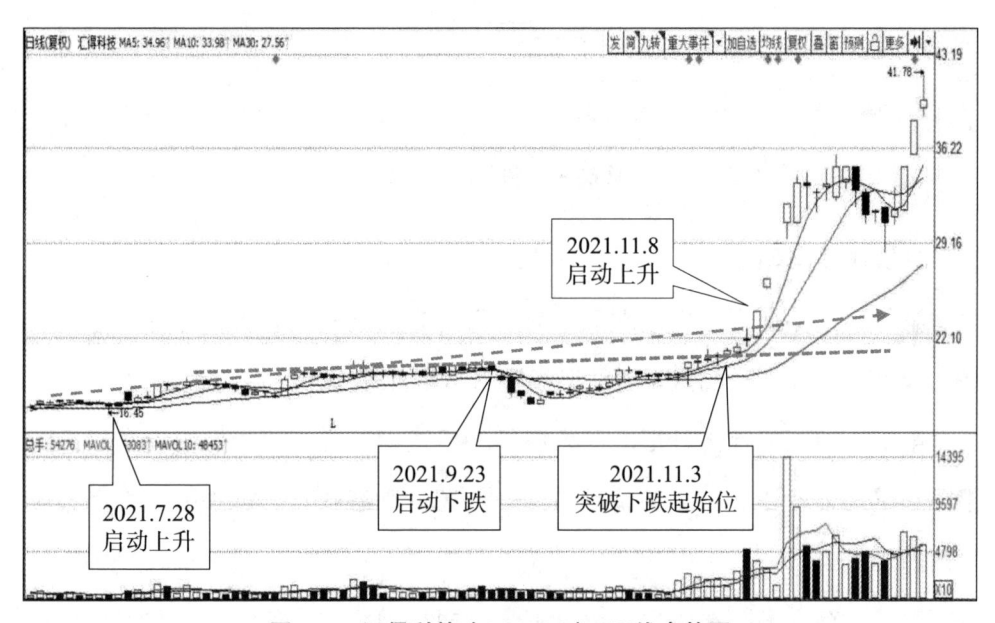

图6-7　汇得科技（603192）日K线走势图

11月8日，该股更是突破了股价之前上升趋势的压力线，这是股价走强的标志。此后，该股龙头属性显现，出现连续大幅上涨态势。

三、徐徐上升

徐徐上升，由处于上涨行情的初始阶段的多根K线组成。其形态表现为：先是连续出现几根小阳线，最后出现一两根实体较大的中阳线或大阳线，如图6-8所示。

徐徐上升形态的出现说明多方力量正逐渐强大起来，股价的整体上升趋势基本确定，后市将呈现一片向好的局面。

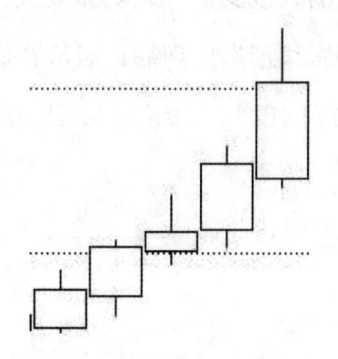

图6-8 徐徐上升形态

其操作要点如下。

第一，徐徐上升形态出现后，后市可能会遇到一些波折，但并不影响众人对股价将持续上升的基本看法。投资者看到此形态后，应该跟进做多。

第二，参照徐徐上升形态买入股票的投资者，应该将止损位设在最后两根阳线的最低价上，如果股价跌破这一位置，则意味着形态失败，投资者应适时斩仓止损。

第三，在众多阳线中可能夹杂着一两根小阴线或十字线，这并不影响其作为徐徐上升形态来进行研判。

第四，如果出现徐徐上升形态的同时，成交量也在逐渐放大，则看涨信号更明显。

第五，徐徐上升形态中最后两根阳线的实体越大，向上突破的力度越大，那么后市上涨的空间就可能越大。

下面来看一下东风汽车的案例，如图6-9所示。

东风汽车的股价经过大幅下跌之后，于2022年4月底进入横盘整理阶段。

此后，该股股价逐渐开始上行，自5月17日开始，东风汽车的股价连续多日收出阳线，且阳线实体的长度逐渐增加，形成了徐徐上升形态。投资者应该在此期间果断买入，等待股价被继续拉升。

之后，该股走出一波较为强劲的上涨行情，甚至连续拉出多个一字板。

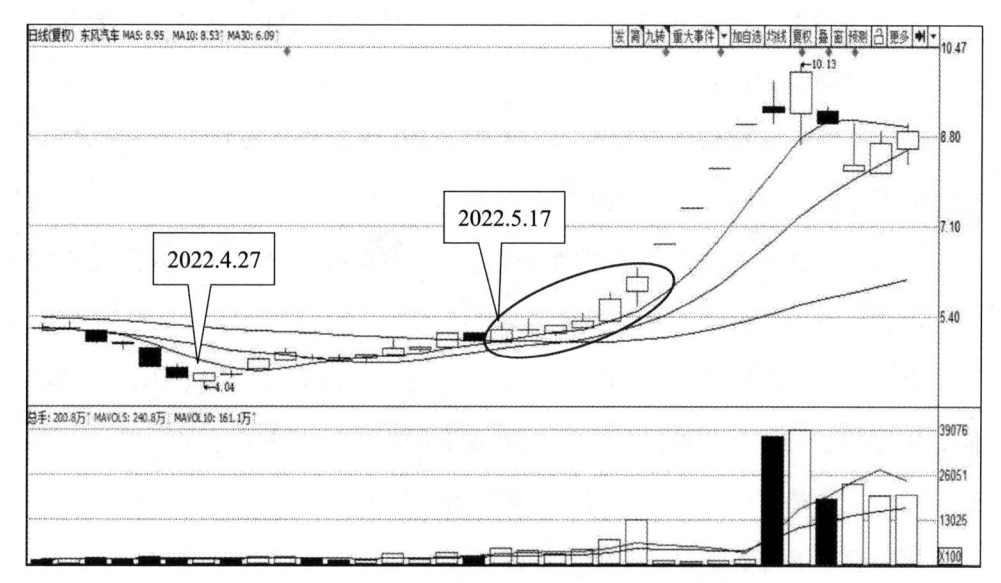

图6-9　东风汽车（600006）日K线走势图

第三节　慢牛提速技术指标异动形态

龙头股慢牛提速式启动，从技术指标角度来看，也会出现一些显著的特征。这些特征在均线、MACD等技术指标上会表现得相对明显一些。

一、中期均线支撑起飞

中期均线反映了一段时间内买入股票的投资者的平均持仓成本。中期均线一方面可以作为短线交易者的参照线，另一方面也可以作为波段或中线交易者的交易基准指标线。20日均线、30日均线、50日均线和60日均线都属于比较经典的中期均线，有些投资者也喜欢使用21日均线、34日均线、55日均线作为中期均线。

相对于短期均线，中期均线的稳定性更高，也更容易成为股价调整的支撑线。龙头股慢牛提速式启动形态出现时，中期均线同样也能成为重要的参照基准，其操作要点如下。

第一，股价在缓慢攀升过程中，一般会围绕5日均线或10日均线运行，偶尔回调也很少跌破20日均线或30日均线。

第二，股价临近拉升前，主力采取打压式洗盘行动时，股价多会跌破10日均线，但一般不会跌破20日均线或30日均线。

第三，当股价K线在中期均线（20日均线或30日均线，股票运行态势不同，中期均线的周期也有所不同）受到足够的支撑，而重新启动上升时，就意味着短期调整可能会结束。投资者可做好入场准备。

再来看一下悦安新材的案例，如图6-10所示。

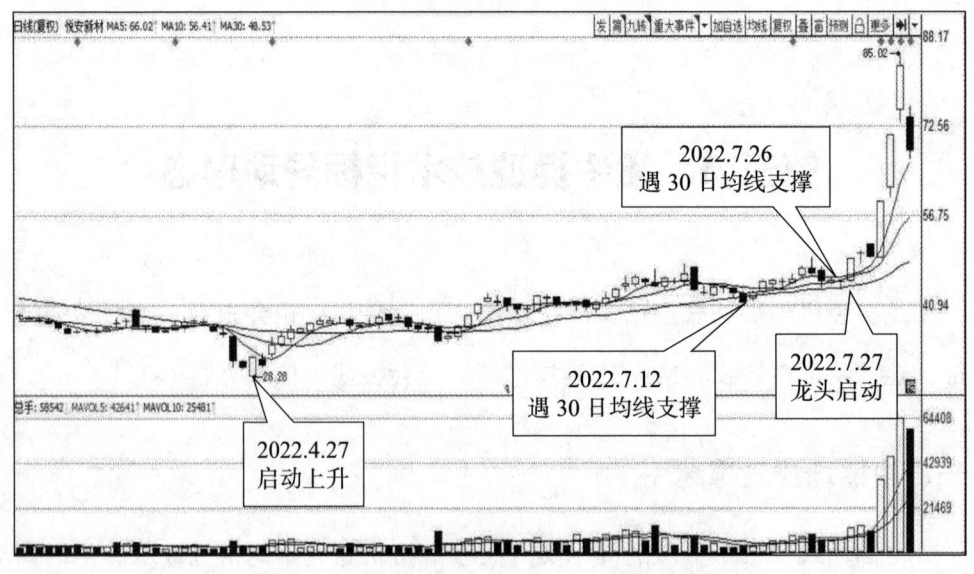

图6-10 悦安新材（688786）日K线走势图

悦安新材的股价从2022年4月底开始了一波小幅度上涨走势。股价在振荡上升过程中，不断调整。不过，股价K线的振荡都是围绕5日均线和10日均线展开的。

2022年7月12日，该股股价出现了较大幅度的回调，且回调至30日均线位置，受中期均线的支撑而重新上扬，由此可见，30日均线就是该股整个上升趋势的重要支撑线和参照基准线。

7月26日，该股股价经过一波回调后，再度回调至30日均线附近，又因中期均线的支撑而启动上升。30日均线的支撑力再度显现，此时，投资者就可以考虑入场了。

7月27日，该股股价大幅放量上攻，突破了之前的回调起始位，这属于典型的看涨信号。此后，该股股价出现了一波大幅上升走势。

二、MACD指标创新高

通常来说，MACD指标金叉或者自下而上突破0轴，都属于明确的多方强势信号。同时，若MACD指标的指标线创出新的高点，也是股价呈强势的一种典型表现。

股价经过长时间的缓慢攀升后，MACD指标自然也会随之上升，但由于股价上攻力度不大，MACD指标可能会呈现出横向运行态势。在龙头股临近拉升前，主力打压洗盘时，MACD指标也会同步下行，有时甚至跌破0轴。当MACD指标重新向上突破0轴或创出新的高点时，意味着股价将掀起新的一轮上升浪潮。

其具体操作要点如下。

第一，若随着股价的回调，MACD指标向下跌破了0轴或出现死叉，那么当MACD指标重新上升，向上突破0轴并出现金叉时，就可以认定股价的调整即将结束，投资者可以做好入场准备。

第二，当MACD指标拐头向上创出新的高点时，就意味着龙头股启动的时机已经到来，短线交易者可积极入场追涨。

下面来看一下中国国贸的案例，如图6-11所示。

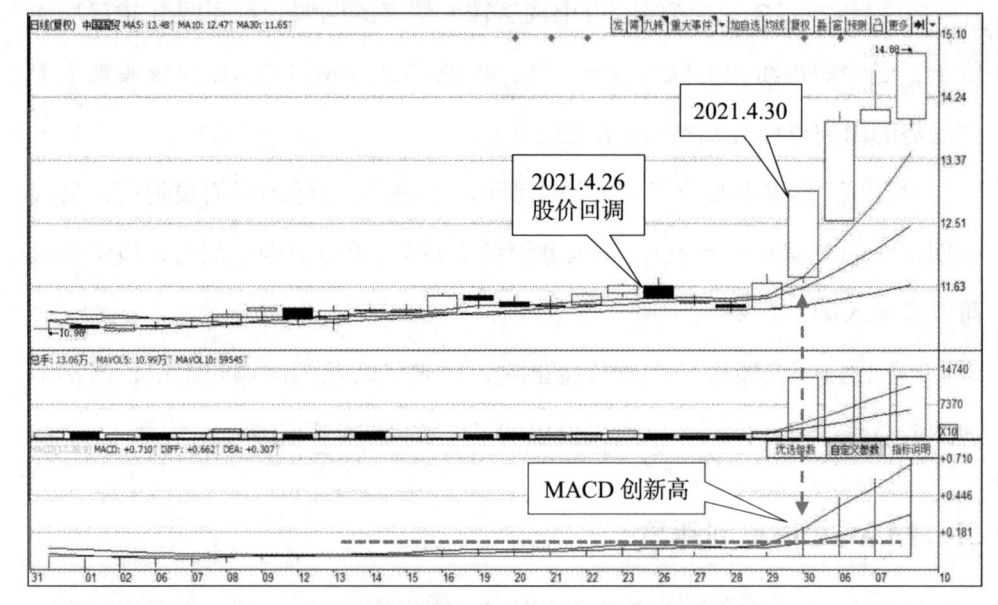

图6-11　中国国贸（600007）日K线走势图

中国国贸的股价从2021年2月初开始经历了一波小幅度的上涨。股价在振荡上升过程中，不断调整。不过，随着股价的振荡上扬，MACD指标却出现了明显的放平态势。

2021年4月26日，该股股价出现了较大幅度的回调，且回调至30日均线位置，与此同时，MACD指标中的快线向下回调至慢线附近。

4月30日，该股股价大幅上攻，MACD指标迅速拐头向上，且创出阶段新高，这意味着股价将迎来一波快速上升行情，龙头股启动时刻来临了。

此后，该股股价出现了一波大幅上升走势。

三、回踩低位筹码峰上行

筹码分布理论，是指根据股票流动性的特点，对标的股或指数的成交情况进行汇总分析，得出某一时段流通中股票的平均持仓成本结构（即各个价位成交股票的数量），从而预判股价未来走势的一种技术分析方法。

通常来说，当股票的筹码形成单峰密集形态时，往往就是股价即将选择新的突破方向的时候。因此，当筹码在底部密集形成一个单峰形态时，股价上升的概率会比较大；反之，若筹码在顶部密集，则股价下跌的概率会比较大。

从股价呈现慢牛提速式的上升过程来看，多是主力仍需要将筹码在底部区域密集，即主力希望高位套牢者能够将手中的筹码卖出，然后在底部构建一个较大的筹码单峰。当底部筹码峰足够大时，也是主力即将拉升的时刻。此时，主力很可能还会向下打压股价，一方面是为了洗盘；另一方面也可以测试底部筹码峰对股价的支撑力度（底部筹码峰的牢固程度）。因此，当股价K线下跌至底部筹码峰位置，并因底部筹码峰的支撑而再度上升时，就可以认定龙头股即将启动了。

下面再看一下悦安新材的案例，如图6-12所示。

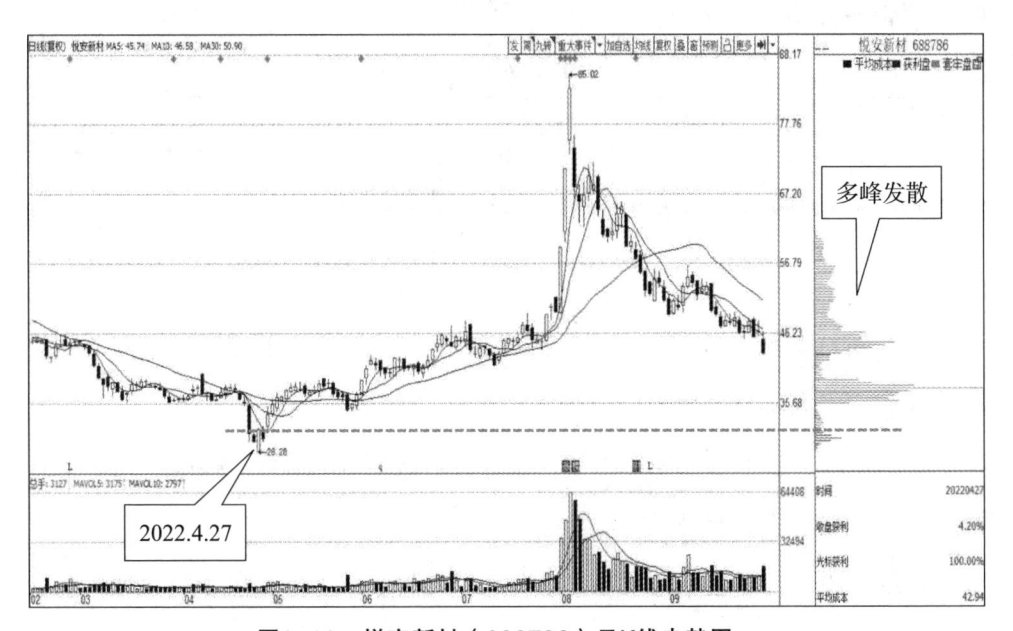

图6-12　悦安新材（688786）日K线走势图一

悦安新材的股价在2022年4月之前经历了一波漫长的下跌。4月27日，该股股价触底反弹，观察此时的筹码分布图可知，该股的筹码呈多峰发散分布，说明有很多高位套牢筹码并未出货。从主力的角度来看，要想拉升股价，则有必要消耗散户的耐心，促其放弃筹码。

此后，主力开始小幅振荡式拉升股价，对于很多投资者来说，这不吝于一种折磨。到了7月下旬，很多高位入场者就基本放弃了手中的筹码，如图6-13所示。

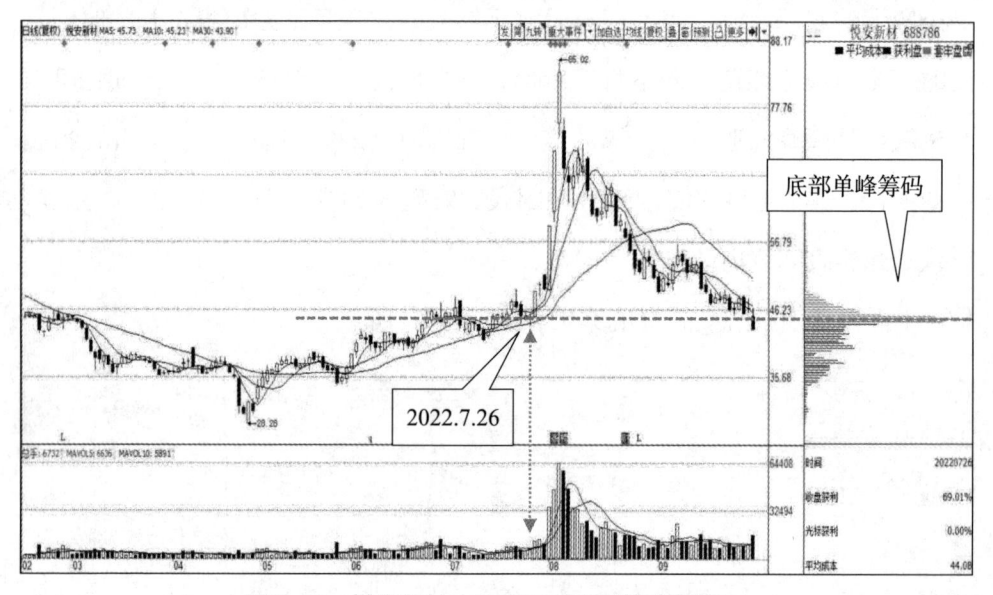

图6-13 悦安新材（688786）日K线走势图二

悦安新材的股价经过三个月的振荡拉升后，筹码逐渐密集。到了7月下旬，筹码已经大部分密集于股价下方了。

7月26日，该股股价回调至30日均线附近时，同时脚踩底部筹码峰上沿，这也是股价即将起涨的一个标志。

此后，股价开启了一波快速上攻之路。

第四节　慢牛提速实战解读

多数龙头股的慢牛提速形态都会有一个明显的回调再起飞的过程，也有少数股票直接由慢转快。本章的重点就是研判龙头股快速上升的启动点。本节选择了两个案例进行综合解读，以供参考。

一、网络概念——日播时尚

直播行业体量迅速成长壮大，跃升为仅次于短视频、综合视频的重要视听领域。2021年，网络直播电商注册企业超过2.2万家，累计直播相关企业超过47万家。

日播时尚，本身作为一家时尚女装设计、研发与生产企业，后来在渠道推广与传媒技术领域逐渐拓展了销售与传播的形势，介入了新零售、网络直播等领域。

日播时尚利用包括抖音平台在内的互联网渠道，实现全域营销，扩大线上销售，随时为消费者提供更符合其需求的产品和服务；该公司电子商务渠道包括天猫、抖音、唯品会等第三方电商旗舰店和短视频平台，结合公司自主开发的移动数字客服店、微直播店铺等，日播时尚成为电商直播概念中的龙头股。

截至2022年3月初，日播时尚的总市值为14.5亿元左右，流通市值不足14亿元，是一只实打实的小盘股。

下面来看一下日播时尚的走势情况，如图6-14所示。

日播时尚的股价自2021年4月下旬开启了一波小幅振荡走势，股价K线基本沿着5日均线与10日均线振荡上行。与此同时，MACD指标一直运行于0轴上方，呈现出放平的态势。

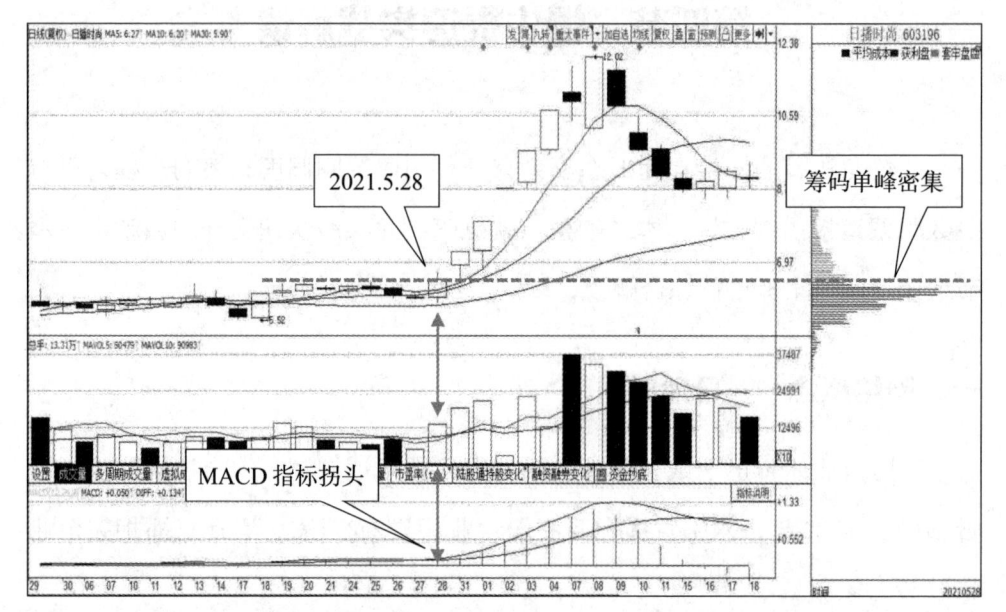

图6-14　日播时尚（603196）日K线走势图

5月下旬，该股股价自短期高点回调至30日均线附近时，同时脚踩底部筹码峰上沿，这也是股价即将起涨的一个标志。

5月28日，该股股价脚踩30日均线上攻，MACD指标同步拐头向上，并很快创出新高，这都意味着龙头股即将启动，投资者可积极入场追涨。

此后，股价开启了一波快速上攻之路。

二、建筑节能概念——诚邦股份

建筑节能，是指在建筑材料生产、房屋建筑和构筑物施工及使用过程中，满足同等需要或达到相同目的的条件下，尽可能降低能耗。

进入2022年后，建筑节能概念成为市场资金热炒的概念之一。

诚邦股份是一家园林景观工程施工、园林景观设计和园林养护的企业。

由于该公司地处杭州，也就具备了杭州亚运会的概念，同时，在相关设计业务中严格按照国家及项目所在地的绿色建筑评价标准、建筑节能标准出具设计方案，因而也具有了建筑节能概念。截至2022年2月，诚邦股份的总市值和流通市值不足15亿元，属于典型的小盘股。

下面来看一下诚邦股份的走势情况，如图6-15所示。

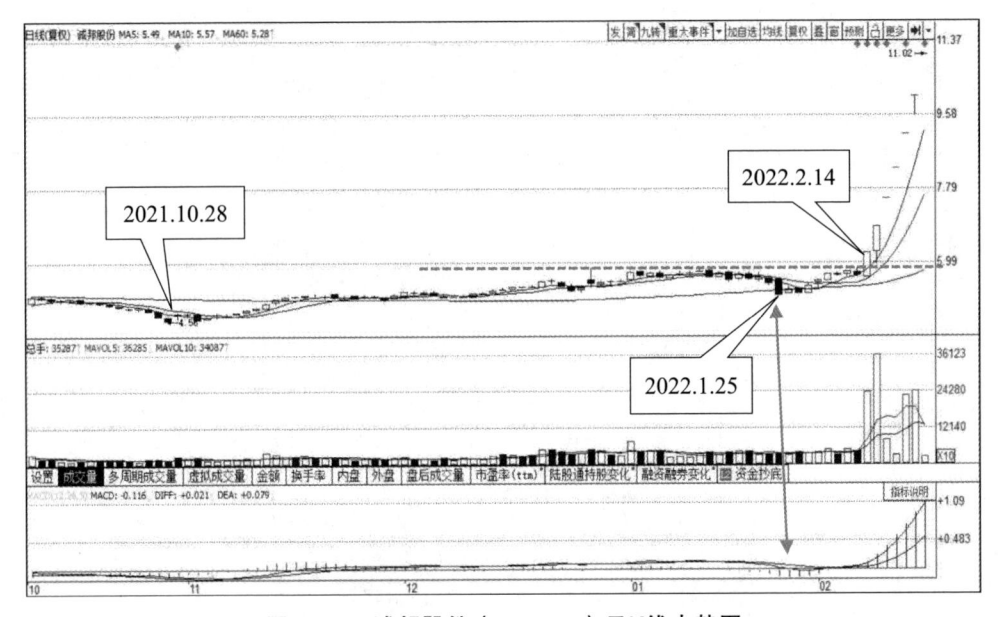

图6-15　诚邦股份（603316）日K线走势图

诚邦股份的股价自2021年10月下旬开启了一波小幅振荡走势，股价K线基本沿着5日均线与10日均线振荡上行。与此同时，MACD指标一直运行于0轴上方，呈现出放平态势。

2022年1月下旬，该股股价自短期高点大幅回落，给人一种股价即将走坏的感觉。且股价跌破了平时大家所看重的30日均线，甚至直接杀到了60日均线，由此可见主力调整的凶狠程度，其目的无外乎逼迫散户交出手中的筹码。不过，观察此时的60日均线可知，均线方向仍旧向右上方倾斜，MACD指标也没有跌破0轴，这都是股价并未走坏的证据。

此后，该股股价经过短暂的整理后，于2月14日突然大幅启动，并突破了前期下跌起始位，MACD指标同步拐头向上创下了新的高点。这都意味着龙头股即将启动，投资者可积极入场追涨。

此后，股价开启了一波快速上攻之路。

第七章
龙头必杀之横盘出击

股市里有句话叫"横有多长，竖有多高"，即股价横向盘整时间越长，未来上涨或下跌的幅度越大。

当股价处于低位，且出现长时间的横向盘整后，一旦进入上攻趋势，股价往往会出现较大的上涨幅度。很多龙头股就是其中的一员。其基本形态如图7-1所示。

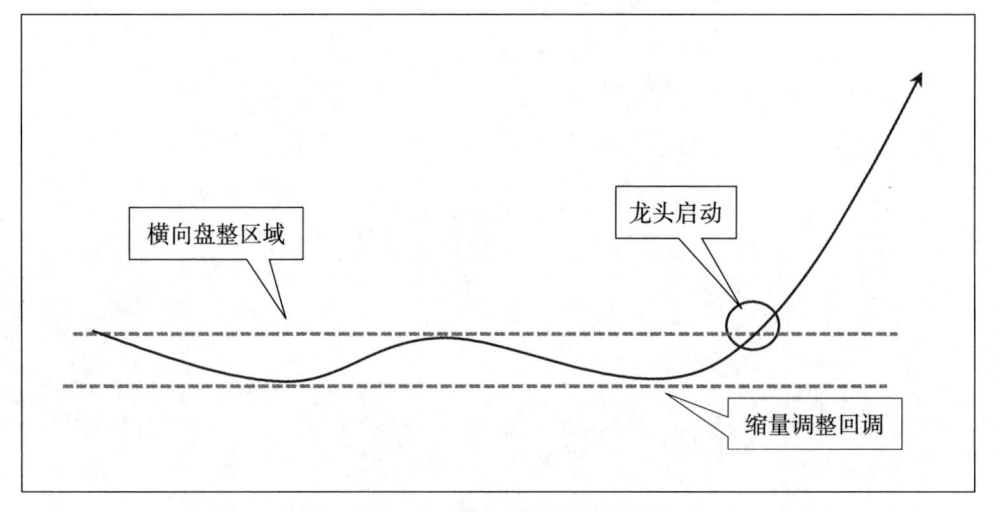

图7-1　横盘出击式启动

股价在底部呈横向振荡盘整时，成交量必然也会随之萎缩。而某一交易日，若股价放量向上突破盘整区域，则意味着龙头股启动的时刻来临了。

第一节　横盘出击的内在逻辑

从股票K线运行态势以及成交量的变动中，可以发现主力资金在操作这类股票时的内在逻辑。

一、从K线走势到成交量变化

市场上大多数投资者，尤其是散户，都是以追求短线收益为主的投机客。因此，当一只股票出现长期的横向盘整（有时也会有一定的振荡波动，但基本都在一定的区域内），很多投资者势必失去交易的热情，于是纷纷卖出手中的股票。从成交量上也会给出明确的反应，即随着股价横向盘整的持续，成交量持续低迷。当成交量萎缩至极点，往往也就意味着股价横向盘整行情即将终结。

该股成交量萎缩到一定程度后，表明许多投资者已经不看好该股的走势了，此时，主力就会趁人不备突然快速拉升股价，使股价出现连续上涨行情。涨停板也会在这一阶段经常出现。

下面来看一下上海谊众的案例，如图7-2所示。

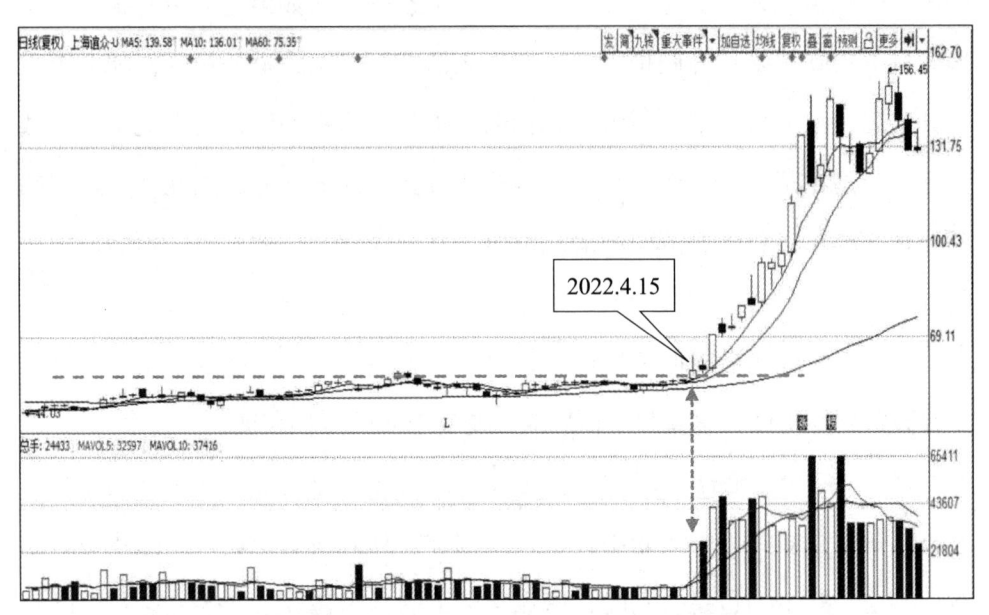

图7-2　上海谊众（688091）日K线走势图

上海谊众的股价自2021年年底开启了一波横盘振荡走势，股价K线基本在一个狭窄的区域内振荡。成交量同步出现萎缩态势，说明市场上的投资者普遍缺少交易意愿。

2022年4月15日，该股股价突然大幅上攻，成交量同步异常放大。尽管盘中被空方打压下来一定的幅度，但股价K线仍突破了之前的盘整区域。

此后，该股股价只进行了一个交易日的盘整后，立即转入大幅上攻模式。

二、主力与散户的心理博弈

与慢牛提速式启动相似，横向盘整从本质上也是主力与散户进行的一场博弈。

通常情况下，当股价进入底部区域后，很多高位入场的投资者并没有卖出手中的股票。对于主力来说，尽管自身并不一定需要这部分筹码，但这部分筹码确实会成为自己拉升的一个阻力。试想一下，如果主力没有将这部分筹码打下来就开始拉升股价，会出现什么情况？当主力稍一拉升，就会有人解套出局，主力拉升幅度越大，解套的人越多。这样的话，主力就不是在做盘了，而是在帮别人解套了。主力当然不会做如此的选择，因此，通过在底部漫长的蹉跎，将散户的耐心消耗殆尽，直至放弃手中的筹码，然后再拉升股价。

第一，股价在横向振荡过程中，也会有规模较小的上涨或下跌，但是成交量会不断地走低，这是整个市场缺乏交易意愿的一种表现。

第二，股价在底部不断的盘整过程中，很多高位入场的散户会选择放弃筹码，一部分被主力收入囊中，也有一部分被其他投资者买入。即使被其他散户买走，对主力也是有利的，毕竟市场上的筹码完成了换手，这对自己后面的拉升是有利的。

第三，通常情况下，高位筹码消耗殆尽，而主力也基本完成吸筹时，就是龙头即将启动的时刻。当然，主力有时候也会在正式拉升前，先发力向下打压股价，促使意志不坚定者出局。

下面来看一下安达智能的案例，如图7-3所示。

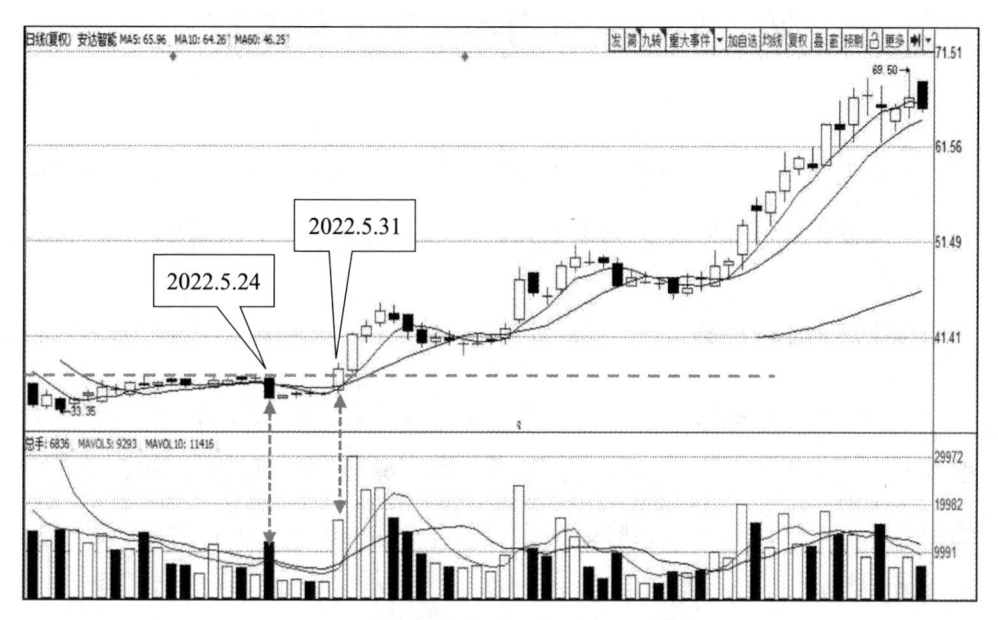

图7-3　安达智能（688125）日K线走势图

安达智能的股价自2022年4月底开启了一波横盘振荡走势，股价K线基本在一个狭窄的区域内振荡。成交量同步出现萎缩态势，这说明市场上的投资者普遍缺少交易意愿。

2022年5月24日，该股股价突然大幅下跌，成交量同步放大。此后，该股股价又开始振荡整理行情，意味着此次下跌很可能是主力最后一次洗盘，目的是逼迫高位入场者放弃手中的筹码。

5月31日，该股股价大幅上攻，成交量同步异常放大，股价K线同步突破了之前的盘整区域。这意味着龙头股启动的时刻来临了。

此后，该股股价立即转入大幅上攻模式。

第二节　横盘出击经典 K 线形态

龙头股在横盘整理过程中，也会出现各类不同的形态（如矩形整理形态），或者在某一趋势线下方运行等。

一、突破横盘趋势线

突破横盘趋势线是识别横盘龙头启动的关键点位。股价经过一段时间的横盘后，突然出现快速上涨态势，并放量向上突破了长期以来压制股价上行的趋势线，往往意味着龙头股即将启动。有时候股价启动前也会出现欲扬先抑的情况，如图7-4所示。

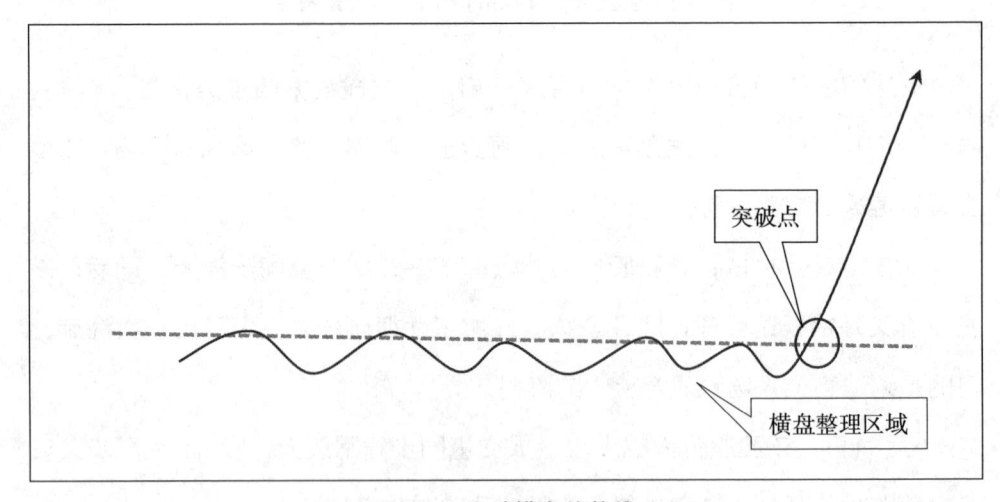

图7-4　突破横盘趋势线

如果一只股票的股价在底部区域盘整较长时间，那么，股价一旦启动上涨将有一波可观的涨幅。通常情况下，股价在底部盘整时间越长，启动上涨后的涨幅越大。不过，投资者在追涨这类股票时需要注意以下几点。

第一，一只股票的股价如果长期处于底部盘整过程中，那么一旦股价出现突破性上涨，涨势必然十分可观，而很多龙头股都在其中。投资者发现这类长期在底部盘整的股票后，就要保持关注，一旦股价启动及时追涨跟进。

第二，股价突破盘整区域启动上涨时，如果成交量也同步出现异常放大，则可增大该股未来上涨的概率。

第三，一般情况下，股价在底部盘整的时间越长，未来股价突破盘整区域后上涨的幅度也会越大。

下面来看一下科远智慧的案例，如图7-5所示。

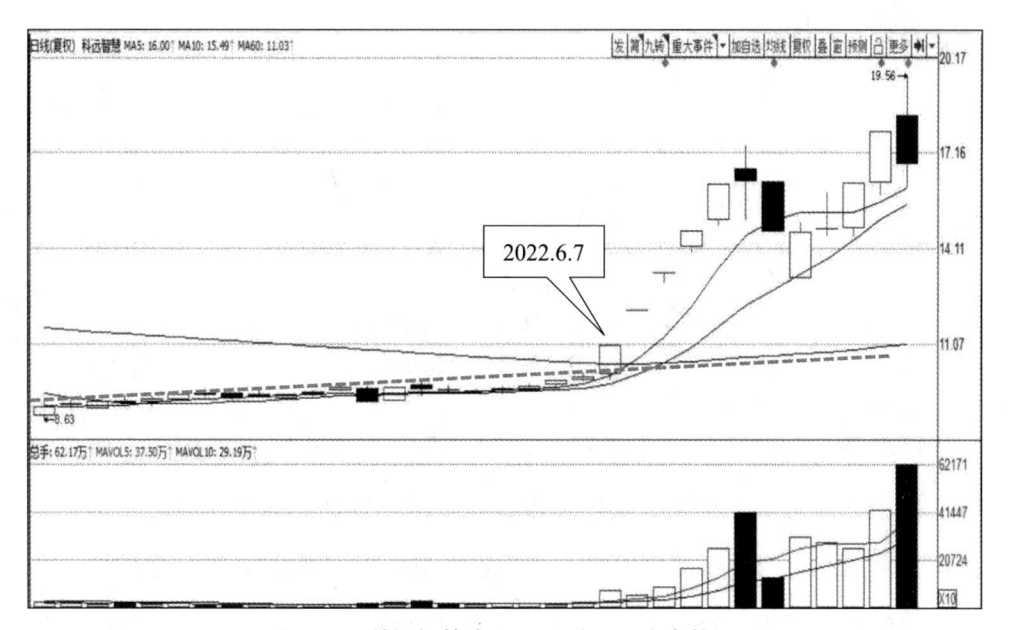

图7-5　科远智慧（002380）日K线走势图

科远智慧的股价自2022年4月底开始了一波横向盘整走势。该股股价在振荡盘整过程中，多以小阳线或小阴线报收，致使很多投资者对该股的走势失去了交易意愿，成交量一直处于萎缩状态。整个股价也一直处于一根向右上方倾斜的趋势线压制之下。

2022年6月7日，科远智慧的股价放量高开高走，并以涨停板报收。此时，股价已经突破了长期盘整的趋势线，且成交量也出现了放大态势。这说明该股马上将启动上涨行情，投资者可于此时追涨买入该股。

此后，该股掀起了一波强势上攻行情。

二、突破矩形上边线

矩形整理形态也是股价横向盘整过程中经常出现的一种K线形态。从理论上来说，它可以出现在任何行情中，该形态表现为：股价在一定的价位区间内上下波动，将上涨的高点和下跌的低点分别相连，就形成了两条平行的水平直线，如图7-6所示。

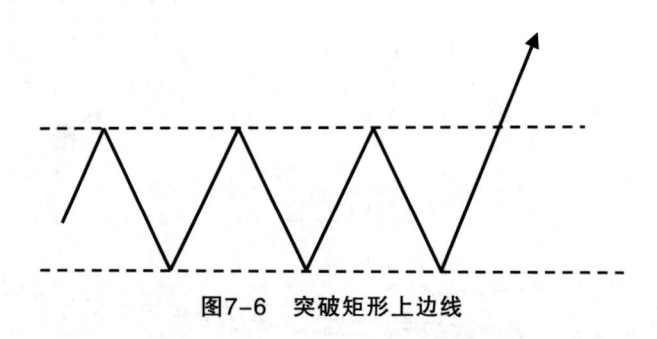

图7-6 突破矩形上边线

矩形是一种冲突均衡整理形态，显示多空双方虽然互不相让、你争我夺，但由于双方实力相当，所以基本在这一范围内达到了均衡状态。当然，出现这种形态有时也可能是庄家为了吸筹或出货在有意控制波动幅度。

矩形的上边线是股价的阻力线，下边线是股价的支撑线，一旦股价有效突破了其中的任何一条线，都标志着矩形形态构筑完成。龙头股的起涨，往往是从突破矩形上边线开始的。因此，这里主要研判股价突破矩形上边线的情况。

其操作要点如下。

第一，矩形整理常常是在庄家强行洗盘下形成的，上边的阻力线是庄家预定的洗盘位置，下方的支撑线是护盘底线。因而，该形态出现在上涨途中的概率较高，也是极具价值的。

第二，当矩形整理形态出现在深跌之后的低价位区域，通常表现为反转形态，是潜伏底的变形。

第三，经过一段时间的横向整理后，当股价向上有效突破矩形的上边线时，表示多方开始占据优势，投资者可以考虑买入股票，并将止损位设在矩形的上边线。

第四，股价形成有效突破的标准是，股价突破边界线后的涨幅或跌幅不小于3%，或者股价连续三天没有重新回到矩形区域之内。

第五，在矩形整理形成的过程中，成交量应该不断减少。特别是从高点回落时，成交量必须呈现逐渐萎缩态势。股价向上突破矩形的上边线时，必须是伴随成交量的放大才有意义。

第六，矩形作为中继形态出现，股价在突破后可能会有一个回抽动作，如果在回抽过程中，股价没有回到原来的矩形整理区间，则是投资者第二个买入或卖出机会，如图7-7所示。不过，这一回抽动作有时候并不会出现，所以投资者不能把它作为唯一的买卖点。

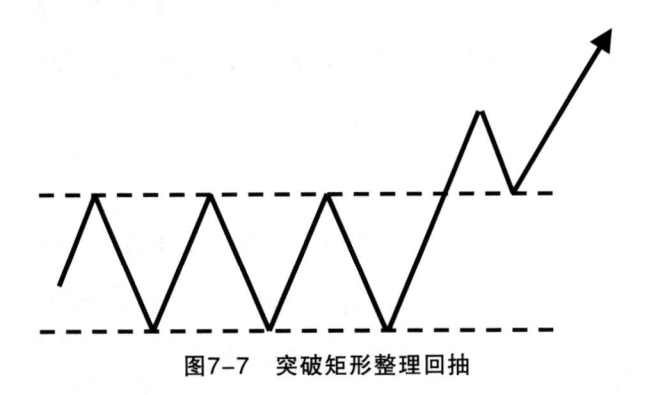

图7-7　突破矩形整理回抽

第七，根据经典理论，矩形整理完成之后，股价的上升或下跌空间至少应该等于矩形的高度，但实战操作中会有一定的出入。不过，可以确信的是，这一高度越高，后面的上涨或下跌空间越大。

下面看一下地铁设计的案例，如图7-8所示。

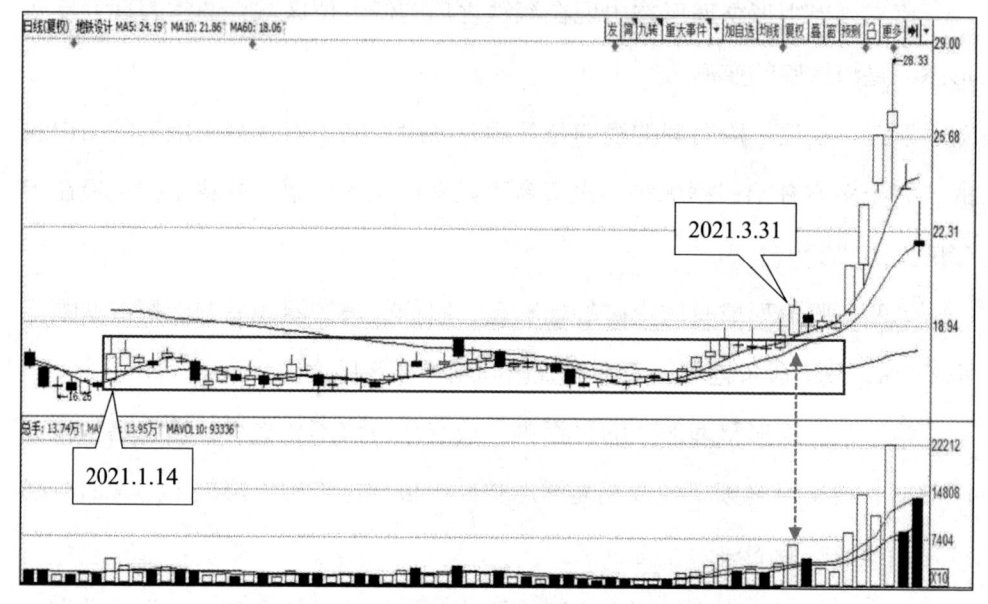

图7-8　地铁设计（003013）日K线走势图

2021年1月到3月，地铁设计的日K线图上出现了矩形整理形态。

2020年12月底，地铁设计下跌走势加速。2021年1月14日，该股收出一根上影线很长的中阳线，这天的最高价也成为短期内的一个高点。之后该股股价一直运行于一个箱体之内。股价回调一波后就会转入反弹，而当股价反弹至2021年1月14日高点附近时，又会重新回调，如此反复，形成了一个矩形整理形态。

2021年3月31日，该股放量突破矩形上边线。此时，投资者可以买入股票，持股待涨。此后，该股股价出现了一波调整走势，不过，股价K线遇矩形上边线获得支撑后，正式开启了强势上攻之路。

三、出水芙蓉

出水芙蓉，是指股价K线在盘整过程中，各条均线出现黏合状，某日股价大幅上涨，拉出一根大阳线，且此阳线一举突破多条均线。该形态属于强烈的看涨形态，很多强势股在上涨启动时都出现过此种形态，如图7-9所示。

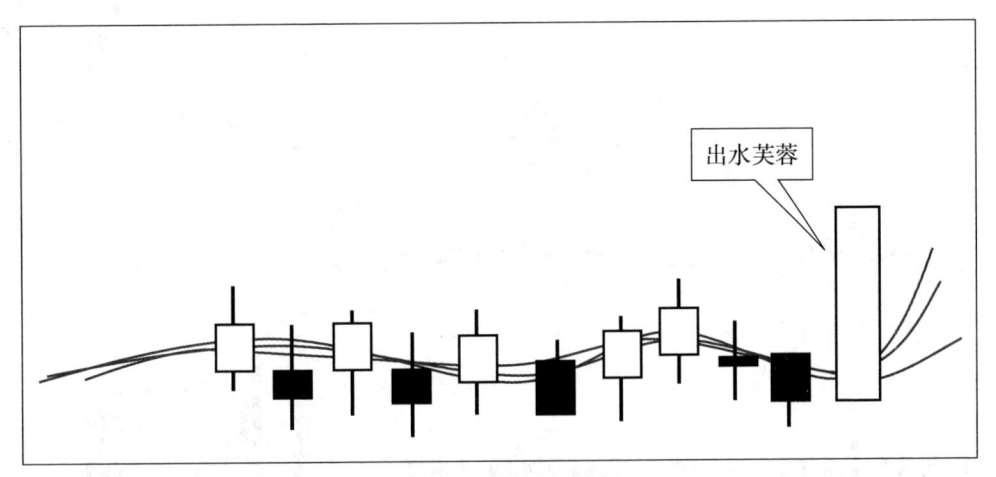

图7-9　出水芙蓉

通常情况下，股价长期处于横盘状态，各条均线出现黏合状态，成交量维持在较低水平。此时，若出水芙蓉形态出现，则意味着龙头股即将进入上攻模式，其操作要点如下。

第一，某一日股价低开高走，并一举突破多条均线。

第二，股价突破均线当日常常以涨停报收。

第三，股价突破之后，各条均线由黏合状变为发散状，且方向向上。

第四，股价突破各条均线当日，成交量出现了放大态势。当股价突破各条均线，并位于各条均线之上时，就是买入该股的一个较好时机。

下面来看一下英杰电气的案例，如图7-10所示。

2021年2月，英杰电气在阶段性底部进行盘整。2021年6月18日，该股放量上涨，股价连续突破5日、10日和30日均线，收出一根光头大阳线。看到这种情况，投资者可考虑积极买入。

此后，该股进入了快速上升通道。

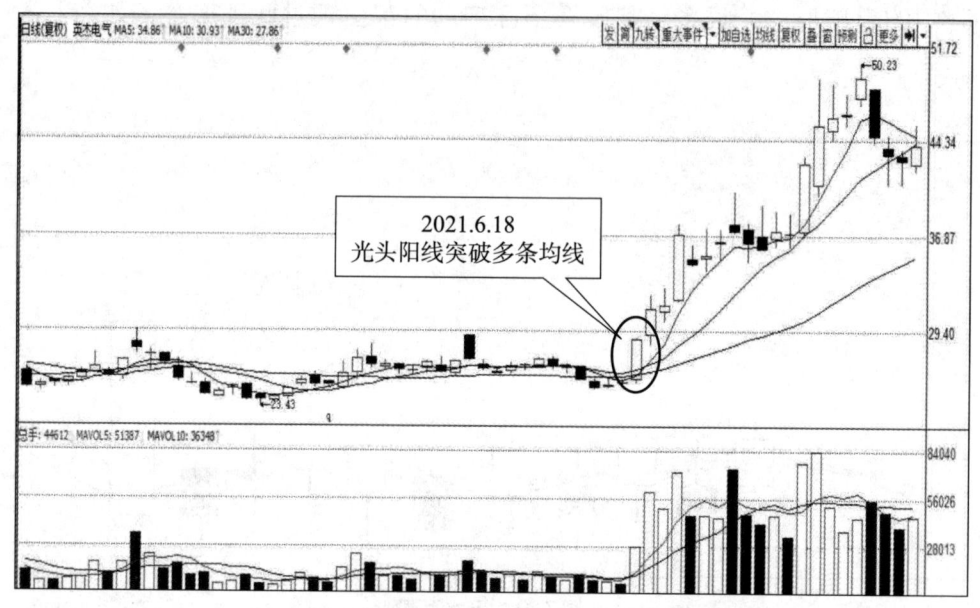

图7-10 英杰电气（300820）日K线走势图

第三节 横盘出击技术指标异动形态

龙头股横盘出击启动，从技术指标角度来看，也会出现一些显著的特征。这些特征在均线、MACD等技术指标上会表现得相对明显一些。

一、均线低位黏合到发散

股价经过一波快速下跌之后，进入相对低位区间。此后，股价开始横向振荡，各条均线会随着股价的横向盘整逐渐黏合在一处，如图7-11所示。

投资者在根据均线低位黏合进行操作时，应该注意以下几点。

第一，股价经过长时间下跌后，在企稳的前提下，均线才会出现黏合，这说明股价正在选择突破方向。

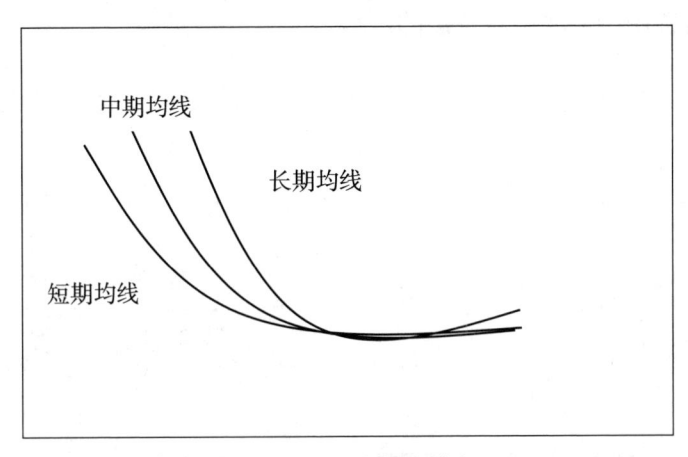

图7-11 均线低位黏合

第二，一般来说，底部黏合的时间长短对股价未来走势有一定的影响。短时间的黏合，存在无法完全消化上方套牢盘的情况，因而未来股价下跌，各条均线呈现空头发散排列形态的概率较高；反之，若股价盘整时间较长，均线经过了长时间的黏合，套牢盘已经被消化完了，那么未来股价上行，各条均线呈多头发散排列的概率较高。

第三，股价黏合期间，成交量可能会出现持续的缩量状态；而当均线即将从黏合状态转为发散状态时，成交量会温和放大，这也是股价即将启动的一个典型迹象。

第四，均线低位黏合后上涨的可能性较大，但并不意味着黏合之后股价一定会上涨，投资者还要防备主力的诱多或诱空等行为。

第五，通常情况下，均线黏合的时间越长，未来上涨或下跌的幅度也越大。

下面来看一下佛燃能源的案例，如图7-12所示。

佛燃能源的股价自2022年4月下旬触底后出现了小幅振荡反弹走势。6月中旬启动了一波回调走势，并很快进入低位盘整区域。该股股价在横向振荡盘整时，各条均线逐渐靠拢，形成黏合状态，说明该股股价正在选择突破方向，投资者宜密切关注该股其后的走势。

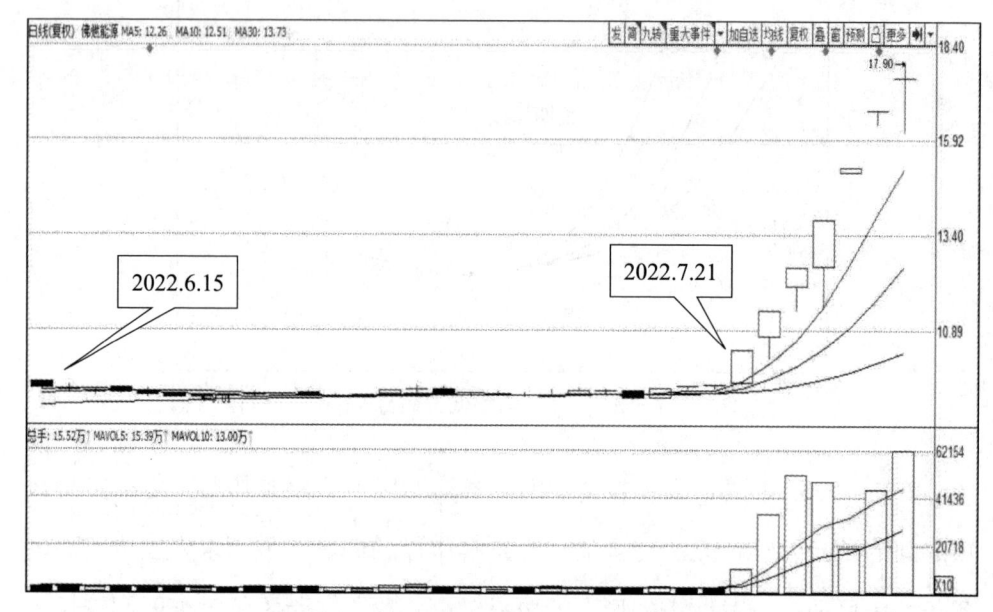

图7-12　佛燃能源（002911）日K线走势图

2022年7月21日，该股股价向上突破整理区域，各条均线开始呈多头发散排列，说明股价上涨空间已经打开，投资者宜追涨买入该股。

此后，该股龙头风采尽显。

二、MACD指标0轴起飞

股价出现了长时间的振荡整理行情，而MACD指标在股价振荡时（特别是股价呈横向盘整时），一直在0轴上方波动，从来没有跌破0轴，那么，股价一旦启动，则意味着将会有一波幅度较大的上涨行情。

MACD指标0轴起飞形态的具体要求如下。

第一，MACD指标突破0轴后，一直运行于0轴上方，无论股价如何波动、MACD指标如何波动，都没有跌破0轴。

第二，随着股价的波动，MACD指标始终在0轴上方附近位置，不能出现太大的波动，若波动过大，则未来股价上涨的可能性会降低，甚至出现下跌走势。

第三，MACD指标持续在0轴上方附近运行的时间越长（一般要求在三个月以上），未来股价上涨的空间和幅度也越大。此时，往往也属于股价横盘振荡或小幅慢涨阶段，从股价运行的角度来说，未来股价也存在由慢牛变为快牛的可能。

第四，MACD指标振荡回调过程中，成交量应该呈现萎缩状态，而当MACD指标重新上扬时，成交量应该出现明显的放大。

下面来看一下亚世光电的案例，如图7-13所示。

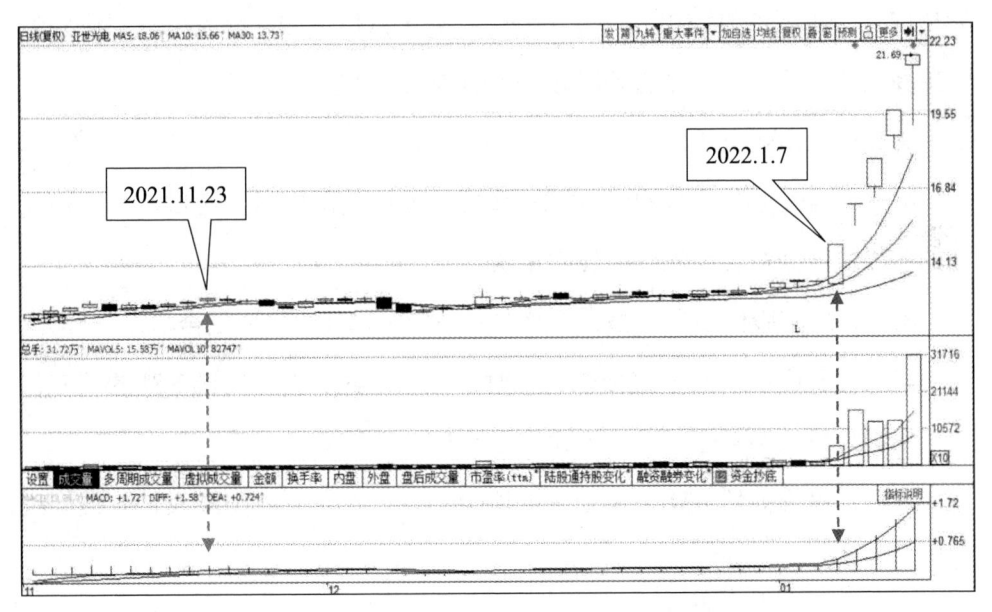

图7-13 亚世光电（002952）MACD指标走势图

亚世光电的股价自2021年10月底触底后出现振荡反弹。11月下旬，该股股价在反弹至短期高点后出现横向盘整走势，与此同时，MACD指标在2021年11月23日向上突破0轴后，一直运行于0轴上方，这属于典型的看涨形态。在接下来近一个多月的时间内，尽管MACD指标随着股价的波动出现了振荡，其间还数次出现金叉与死叉形态，但MACD指标始终运行于0轴上方，投资者可以持股不动。

2022年1月7日，该股股价放量大幅上攻，MACD指标拐头向上，说明该股股价进入了加速上升区间，投资者可积极入场加仓该股。

三、低位筹码单峰启动

股价进入长时间的横向整理状况，此时筹码也必然会向横盘区域集中。从主力的角度来看，这也是他们希望见到的，即通过不断地横向振荡，逼迫高位入场投资者交出手中的筹码，而一旦高位筹码全部释放，在横盘区域就会形成一个主要的筹码单峰。若单峰位置处于低位区域，而股价一旦脚踩低位单峰放量上攻，则意味着该股起涨的时刻来临了。

其具体操作要点如下。

第一，随着股价横向盘整时间的增加，筹码逐渐向横盘区域密集，由此前的多峰发散分布转为低位单峰密集状态。

第二，随着股价横向盘整，该股的各条均线也开始呈现黏合状。

第三，股价在低位盘整接近尾声时，可能会突然出现无量下跌的情况，但很快又会重新回到整理区间（此信号有时不会出现）。

第四，股价突然开始大幅上涨或快速上攻，成交量同步放大，各条均线开始呈多头发散排列。

下面来看一下上海谊众的案例，如图7-14所示。

上海谊众的股价自2021年年底开启了一波横盘振荡走势，股价K线基本在一个狭窄的区域振荡，成交量同步出现萎缩态势。观察此时的筹码分布图可知，此时该股筹码逐渐向振荡区域集中，并形成了一个低位筹码单峰。

2022年4月15日，该股股价K线依托低位筹码单峰突然启动，大幅上攻，成交量同步异常放大，且股价K线突破了之前的盘整区域。这是一个典型的股价起涨信号。

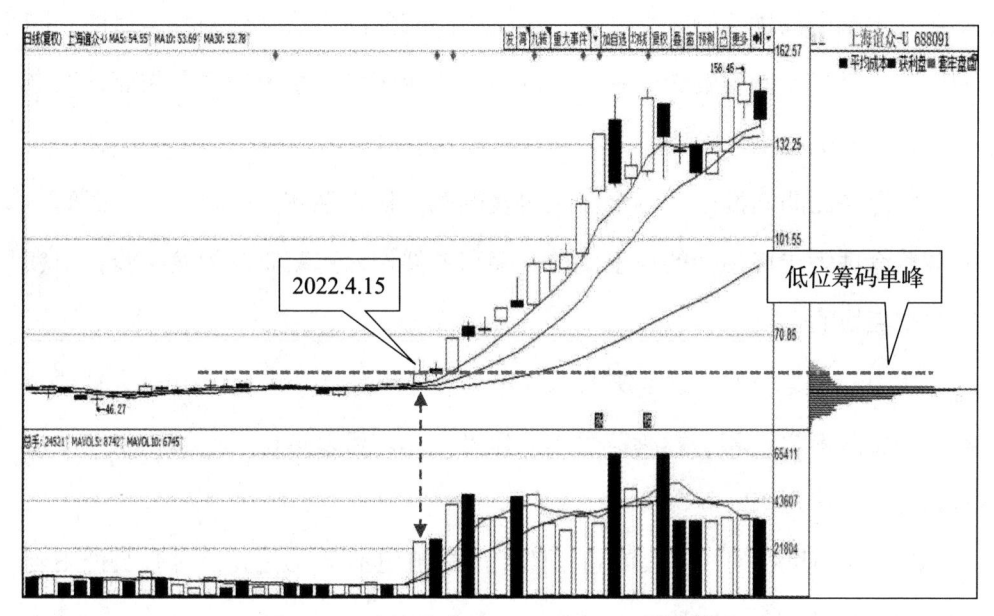

图7-14　上海谊众（688091）日K线走势图

此后，该股股价只进行了一个交易日的盘整后，立即转入大幅上攻模式。

第四节　横盘出击实战解读

多数龙头股的横盘出击形态从成交量上来看，都会呈现明显的逐渐萎缩态势，但到了临近起飞的时刻，成交量往往会出现异动，这是主力加大流入的迹象。本节选择了两个案例进行综合解读，以供参考。

一、鸿蒙概念——润和软件

自2017年特朗普上台后，美国政府就将全方位打压中国列为其首选任务，中美贸易摩擦随即爆发。尽管中美贸易摩擦涉及方方面面，很多生产厂商的产品都受到了波及，不过，最为核心的领域仍是高科技领域。高新科技产业是美国最具优势的一个领域，也是中国明显落后的一个领域。目前，国内电脑、手机所使用的操作系统仍以美国企业研发的系统为主，因而，国产操作系统的研发迫在眉睫。

华为在此期间推出了完全自主研发的国产操作系统——鸿蒙。一时间，鸿蒙概念成为市场热炒的一个概念。润和软件作为鸿蒙概念的龙头股，引领了整个板块的上攻。

润和软件是华为鸿蒙系统的深度参与者，也是OpenHarmony（开源鸿蒙）的发起者之一和华为鸿蒙生态共建者之一。可以这样说，润和软件就是最为纯正的华为鸿蒙概念股。

2021年5月中旬，该股的总市值和流通市值不足80亿元，每股股价不到10元，属于典型的小盘股。

该股基本面尚可，盘子不大，这是资金青睐的原因。自2021年5月，受华为鸿蒙概念的影响，润和软件曾经出现了几波上攻的浪潮，如图7-15所示。

从图7-15中可以看出，自2021年5月初鸿蒙概念横空出世后，作为鸿蒙概念龙头股的润和软件就出现了一波大涨走势。

润和软件的股价自2021年2月触底反弹后立即转入了低位横盘振荡模式。该股股价在横向盘整过程中，各条均线开始呈黏合状态，而MACD指标在0轴上方紧贴0轴运行，筹码也同步向低位集中，并逐渐形成了一个底部筹码单峰。

2021年4月19日，该股股价出现异动上攻，成交量也出现了放大。很多投资者可能会将其看成股价启动点位而追涨买入。不过，还快股价又出现了调整。当然，这个调整空间非常有限，即股价回调至先前的横盘位后就立即企稳了。由此可见，此时的上升很可能是主力的一个试盘动作，也存在概念尚需确认，等待市场热度的发酵等因素。

　　投资者若跟涨买入了，只需将止损位设置在横盘区域的下方，即只有股价跌破横盘区域，才能认为股价走坏，否则尽量不要卖出股票。

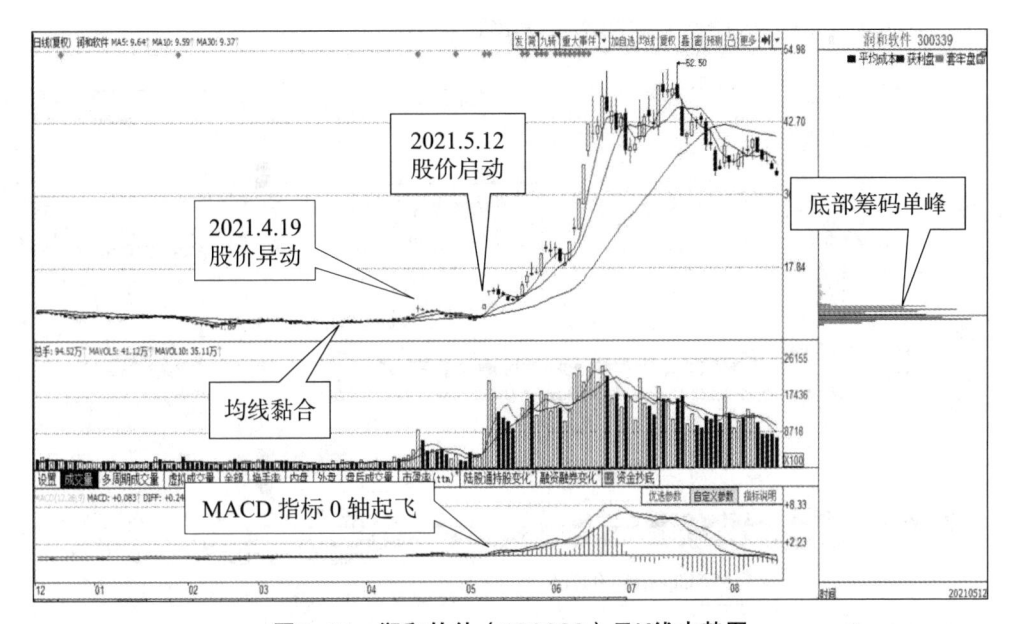

图7-15　润和软件（300339）日K线走势图

　　2021年5月12日，该股股价在10元下方脚踩底部筹码峰启动上升，均线由黏合状况转为发散，而MACD指标也同步在0轴起飞，这是典型的龙头启动信号，投资者可放心买入。

二、辉瑞概念——瑞康医药

　　自全球新冠疫情发生以来，世界各国在疾病的预防与治疗方面都投入了巨大的人力、物力和财力。很多制药公司都推出了各自的研究成果。其中，美国辉瑞公司推出了一款针对新冠的口服药。一时间，市场上很多与辉瑞制药关联企业的股票都受到了热炒，瑞康医药就是其中的一只龙头股。

　　瑞康医药是一家医药销售企业，在医药和医疗器械配送方面具有较为明显的优势，是辉瑞药品的配送商，因此具有了辉瑞概念。

截至2022年7月初，瑞康医药的总市值不足60亿元，流通市值45亿元，属于典型的小盘股，因而更容易获得游资的青睐。

下面来看一下瑞康医药的案例，如图7-16所示。

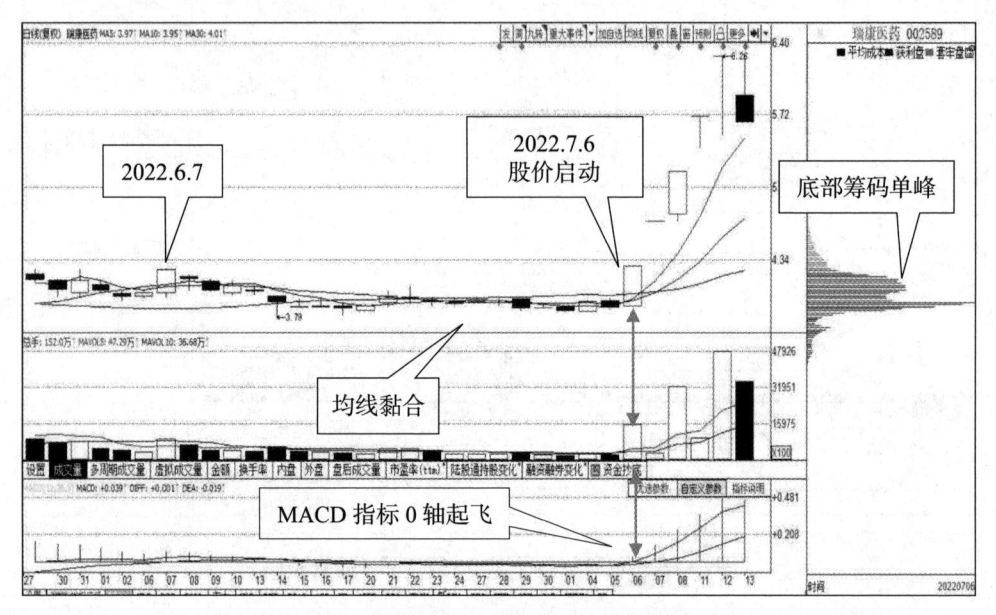

图7-16 瑞康医药（002589）日K线走势图

从图7-16中可以看出，自2022年6月初开始，瑞康医药的股价就进入了横向盘整趋势。该股股价波动幅度越来越小，成交量也呈现持续萎缩态势；观察此时的MACD指标可知，此时MACD指标基本处于0轴上方附近，且呈现出了明显的放平迹象；而筹码峰也逐渐在低位区域集中，逐渐形成了低位筹码单峰；该股的各条均线逐渐呈现出明显的黏合状态，这都是股价选择突破方向的迹象，投资者可密切关注该股其后的走势。

2022年7月6日，该股股价突然放量拉升，走出了出水芙蓉形态，一举突破多条均线，且各条均线由黏合转为多头发散排列。MACD指标同步出现拐头向上形态，这都是典型的龙头股启动信号，投资者可积极入场追涨。

第八章
龙头必杀之跳空缺口

缺口，意味着股票在交易过程中存在着价格的空白地带。缺口的形成，是股价直接跳过了某个价格区域，没有在这个区域产生过交易。缺口一般由以下两个原因造成：一是交易双方都极度缺乏交易意愿，这种情形往往发生在市场的横盘振荡区间，此时市场未来的运行方向并不明朗，多空双方都处于观望之中，缺乏入场交易意愿；二是市场交易中的一方极度缺乏交易意愿，这样价格就会按照另一方的意愿前进，这一情形表明市场将按照缺口的方向发展。

向上跳空缺口表明空方极度缺乏交易意愿，股票价格完全被多方所控制，这时股价很可能会持续上涨行情。

很多龙头股的启动都是从跳空缺口开始的，其基本形态如图8-1所示。

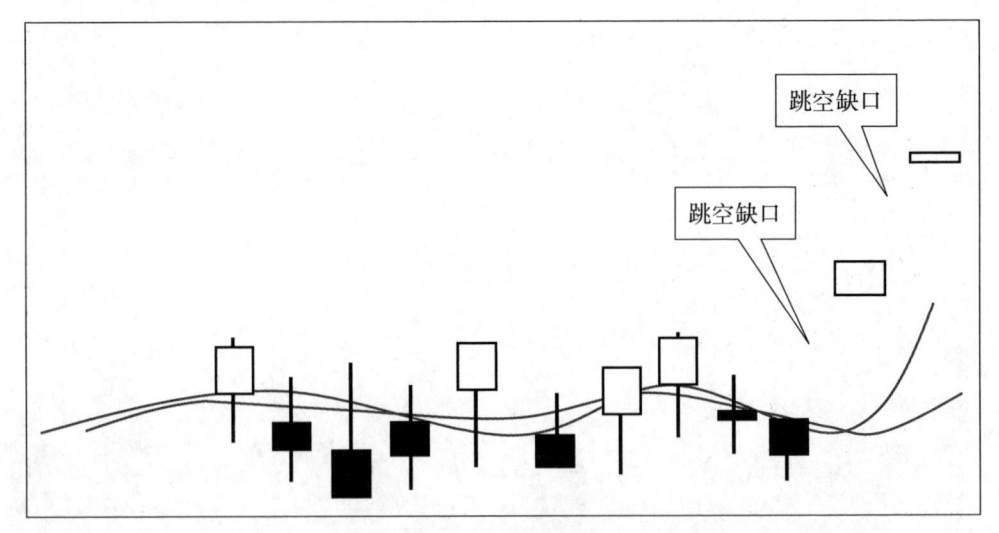

图8-1 跳空缺口

股价在向上跳空前，已经出现了某些异动或蓄势动作，而后在外围利好消息的影响下，发力向上出现跳空缺口，意味着龙头股启动的时刻来临了。

第一节 跳空缺口的内在逻辑

从股票K线运行态势以及成交量的变动中，可以发现主力资金在操作这类股票时的内在逻辑。

一、从K线走势到成交量变化

股价运行不可避免地会反映某种趋势，如上升趋势、下降趋势或横向盘整趋势。其沿着当前趋势运行往往会比较容易，若趋势发生转向则不然，必然要有相应的成交量变动作为支撑。其背后更是需要外围环境提供某种支持，即市场上多数投资者都认为股价应该获得更高或更低的估值。若受利好消息影响，市场上卖出股票者少，买入者多，买入股票者为了能够优先成交，就不得不将买入价格调高。此时，股价就会在K线图上留下一些空白地带，即向上跳空缺口。

与向上跳空缺口一同出现的，还有缺口下方大量的未成交买盘。这些买盘也能够支撑股价继续上升趋势。其间一旦股价出现调整，当其调整至缺口位置时，这些买盘就会成交，从而推动股价继续上升。

下面来看一下德尔未来的案例，如图8-2所示。

德尔未来的股价自2021年年中时段出现了一波横盘振荡走势，股价K线基本在一个狭窄的区域内振荡。成交量同步出现萎缩态势，说明市场上的投资者普遍缺少交易意愿。

进入2021年8月后，该股股价的波动开始加大，成交量相比之前也有了明显放大，这是主力即将采取行动的一个信号。

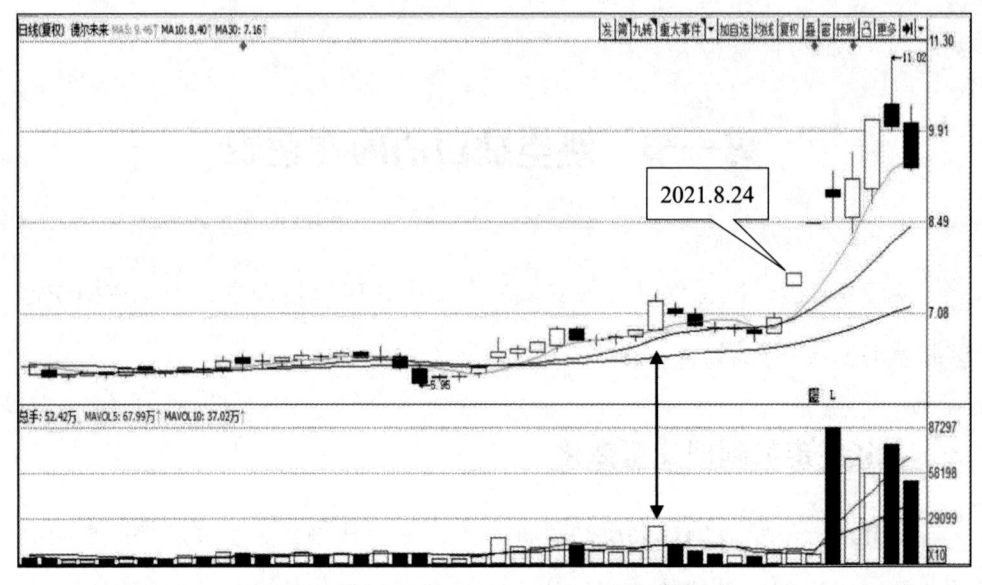

图8-2 德尔未来（002631）日K线走势图

8月24日，石墨烯概念爆发热炒狂潮，德尔未来的股价突然跳空大幅上攻，由于该股股价高开后很快封上涨停板，成交量并未出现放大，这说明市场惜售心理较强，未来看涨意愿较强。

此后，该股股价进入连续上攻模式。

二、主力资金介入的考量

对于市场上突然出现的利好消息，有时候主力尤其是市场游资也并不知情，这也就意味着这些游资没有事先进行建仓准备。此时，面对突然而至的利好消息，很多游资就会选择高位入场抢筹，快速完成建仓。

对于这些游资来说，这种建仓方式成本相对较高，但也有一定的好处：其一，通过高位抢筹建仓，可以大幅提升股价并将股价拉升至涨停板，这就能够吸引市场上的跟风盘入场，从而成为市场热门股；其二，股票的换手率高，这样大资金出货就会比较容易。

对于这些大资金或者游资来说，股价的高低并不是问题，价格买高了也没有问题，只要能够以更高的价格卖出即可。而要卖出股票就必须保证这只股票的流动性较佳，不能想卖而卖不出去。

下面来看一下龙洲股份的案例，如图8-3所示。

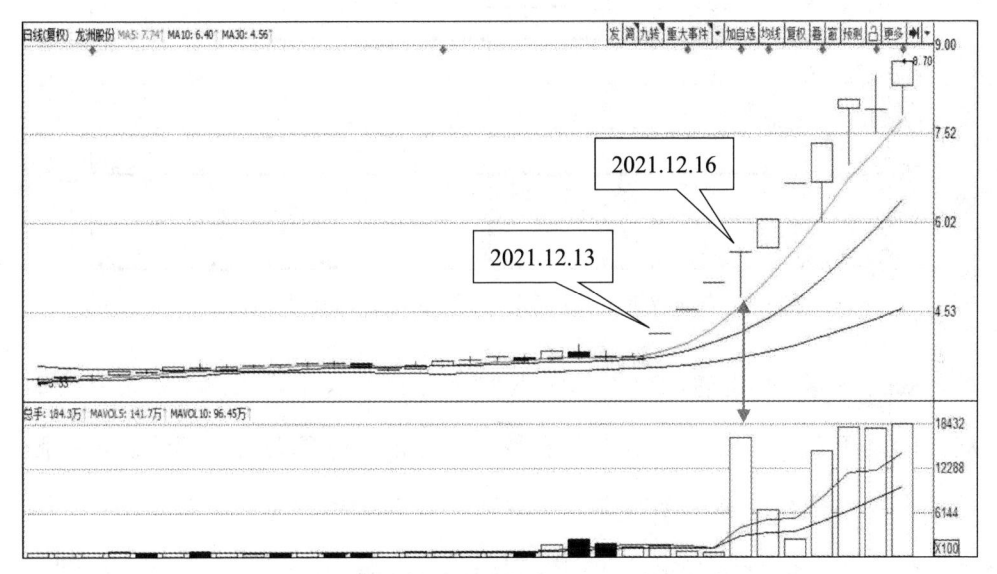

图8-3　龙洲股份（002682）日K线走势图

龙洲股份的基本面非常一般，市场交易清淡，其股价自2021年下半年一直呈横盘振荡走势，股价K线在一个狭窄的区域内振荡。成交量萎缩严重，说明市场上的投资者普遍缺少交易意愿。

12月13日，市场上开始疯传该股具有冷链物流概念，而此时冷链物流正是市场热炒概念。因此，各路资金争相入场抢筹，该股股价直接跳空一字封板。

此后，该股又连续两个一字板，这不仅充分调动了市场情绪，也让先前入场的投资者大赚了一笔。因此，在12月16日，该股股价高开后出现了大幅振荡，很多先前入场的资金离场，不过鉴于该股热度很高，追涨跟风盘众多，此后，股价又很快回封了涨停板，如图8-4所示。

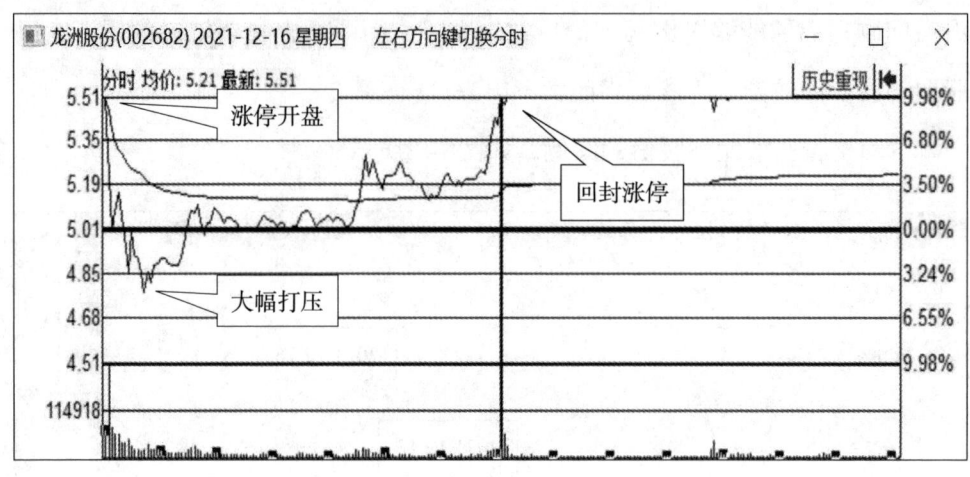

图8-4 龙洲股份（002682）分时走势图（2021.12.16）

从成交量上也能看出12月16日振荡的激烈程度（这是巨量资金流入与流出的结果）。其实，当日也是很多股票后市走势重要的分界线。一些股票在大幅振荡后能够再创新高，则意味着新的龙头诞生了（有强势主力资金入场），但很多股票也会在这天之后出现反转下跌走势（先前入场的主力资金离场，而后市没有强势主力资金入场），这样的股票也就不值得买入了。

总之，对于这类有跳空缺口的股票，在缺口产生后，股价能否延续上升势头是核心的研判方向。若股价不涨反跌，甚至将整个缺口回补了，那就更不值得入场了。

第二节 跳空缺口经典 K 线形态

龙头股出现向上跳空缺口前后，在K线图上会呈现各种不同的形态。通过这些形态，可以很好地帮助投资者识别龙头股的起涨位置。

一、跳空过左锋

所谓左锋，多为股价前期上攻或反弹形成的高点。这些高点位置多聚集了大量套牢盘，并对后市股价的走势产生较大的阻力作用。若股价来到前期高点附近时，直接以跳空方式越过，则说明主力做多态度非常坚决，属于典型的后市看涨形态，如图8-5所示。

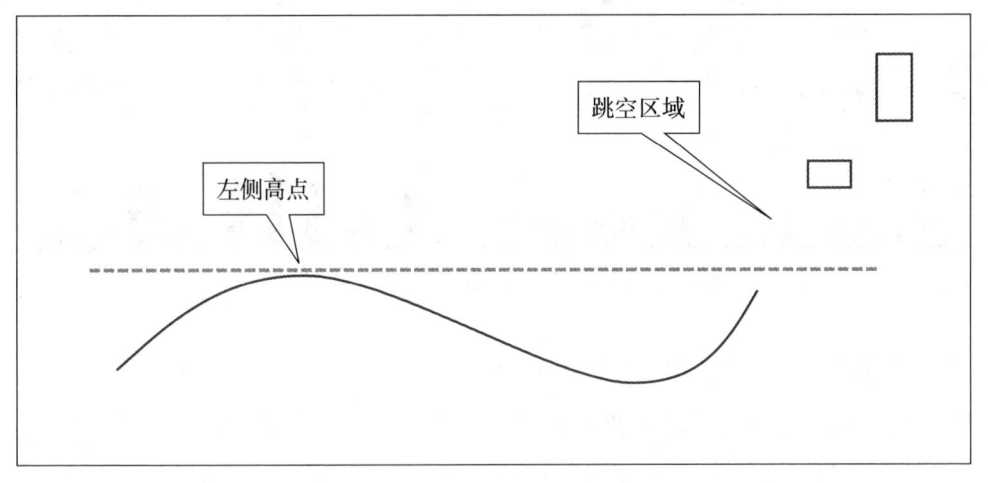

图8-5　跳空过左锋

投资者在追涨这类股票时需要注意以下几点。

第一，龙头股的启动往往都是从发力突破前期的某些阻力位开始的。毕竟这些位置对股价运行的阻力较大，因此，股价若能以跳空方式越过这些阻力位，则意味着主力做多意愿非常坚决，未来股价上涨的动力较足。

第二，股票在前期创下新高后出现回落态势，若其后数次来到高点附近，均因受到阻力而下跌，那么，当股价重新向上跳空越过该区域，则意味着股价将迎来一波大幅上升走势。

第三，一般情况下，股价遇前期高点回调的次数越多，未来越过该高点后，上涨的力度会越强，上涨的空间可能也会更大。

下面来看一下国轩高科的案例，如图8-6所示。

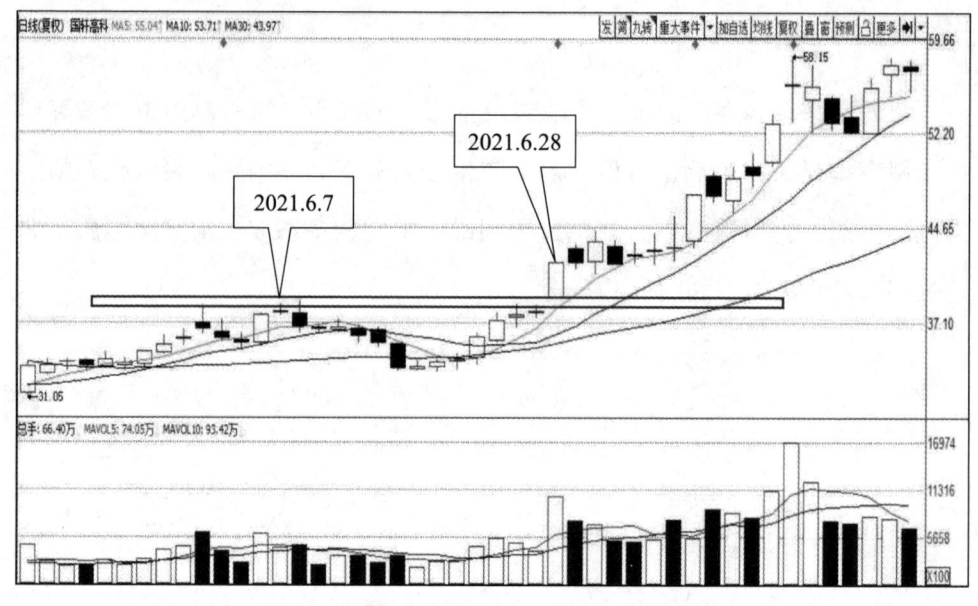

图8-6 国轩高科（002074）日K线走势图

国轩高科的股价从2021年5月中旬开始自低位反弹向上。6月7日，该股股价创下阶段高点后出现回调走势。

6月下旬，该股股价重新来到了6月7日高点附近，并感受到了明显的阻力。该股股价连续收出十字线。6月28日，该股股价受锂电池概念刺激高开高走，并最终封上了涨停板。这个强势跳空过左锋的涨停板，预示着股价将进入新一波的上升趋势，龙头股的上升空间完全打开，投资者可积极入场追涨。

二、蛤蟆跳空

从本质上来说，蛤蟆跳空形态也可以看成跳空过左锋形态的一种衍生形态，两者之间存在诸多相似之处。

蛤蟆跳空形态，是指股价某一日放量跳空突破前期高点连线，并且收于趋势线之上，表明股价上涨势头较猛，如图8-7所示。

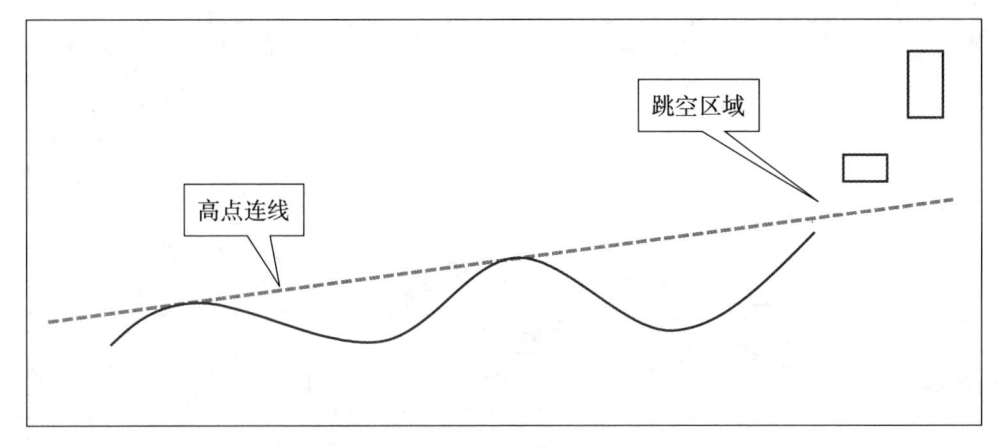

图8-7 蛤蟆跳空

该形态的操作要点如下。

第一，各条均线呈向右上方倾斜态势。

第二，股价已经连续创下两个高点，且后一个高点要高于前一个高点，这两个高点可以用一根趋势线连接。

第三，某一日股价放量跳空上涨，并且直接越过前期高点趋势线；股价跳空当日，收盘价位于趋势线之上，且成交量放大数倍。

第四，当股价放量跳空越过趋势线，并且肯定收于趋势线之上时，投资者可考虑买入该股。

下面来看一下川恒股份的案例，如图8-8所示。

川恒股份的股价在2021年7月到9月期间，走出了蛤蟆跳空形态，说明该股未来趋于强势。

2021年7月12日，川恒股份的股价创下一个短期高点后开始下跌，该股调整一段时间后再度上涨，并于8月16日来到前期高点之后再度下跌。投资者可以将两个高点用直线连接，如果股价突破这一趋势线就可买入该股。

2021年8月30日，该股跳空高开高走，并封上涨停板，此时蛤蟆跳空形态正式形成，说明股价走势较强，未来还将继续上涨。

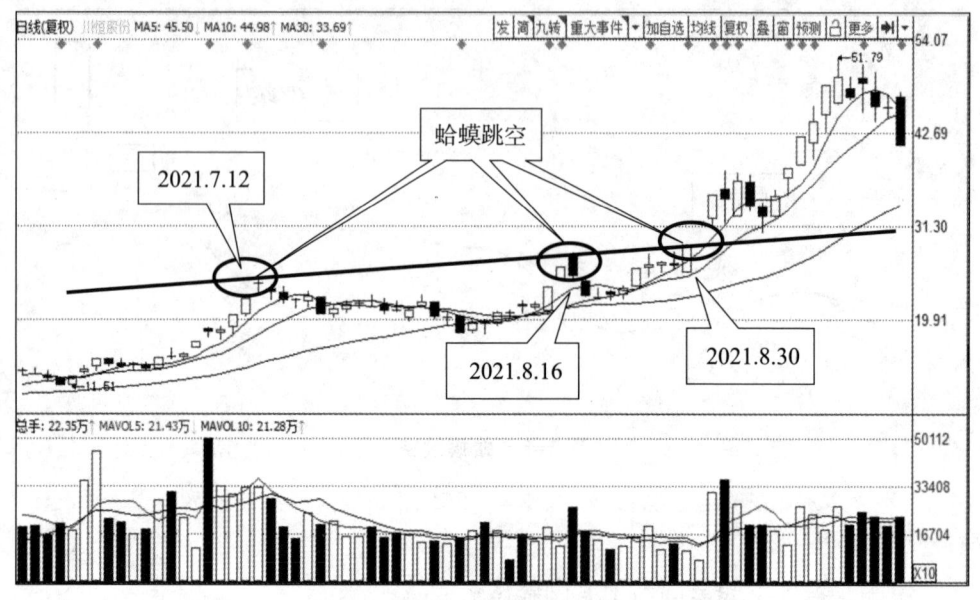

图8-8　川恒股份（002895）日K线走势图

三、鱼跃龙门

鱼跃龙门形态也是股价启动上涨的一个信号，该信号与均线金叉组合将大大加强上涨信号的准确性，如图8-9所示。

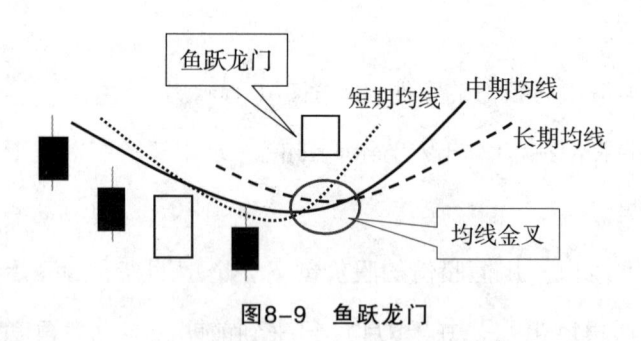

图8-9　鱼跃龙门

投资者在根据鱼跃龙门形态进行操作时，应该注意以下几点。

第一，30日均线由下跌状态转为上涨状态或放平状态，且5日均线、10日均线与30日均线可能会出现缠绕现象。

第二，某一日股价放量跳空上涨，且直接越过30日均线，收于30日均线之上。

第三，股价跳空上涨当日，成交量放大数倍。

第四，股价跳空上涨时，短期均线上穿中期均线形成黄金交叉形态。

第五，当股价跳空上涨并收于30日均线之上时，就是该股第一个买点。当股价突破重要阻力位时，就是加仓该股的好时机。

下面来看一下*ST美尚的案例，如图8-10所示。

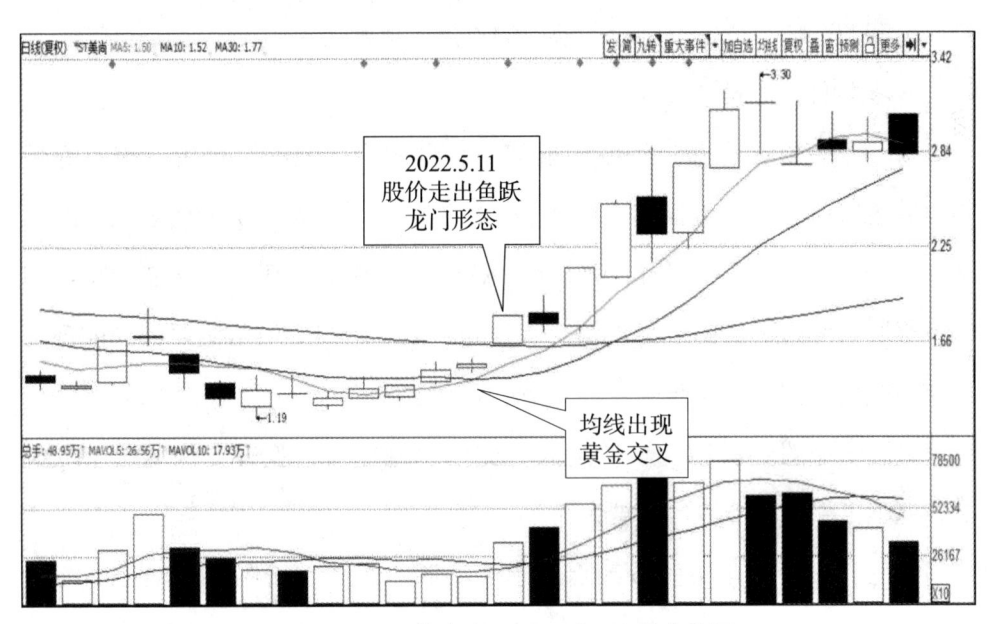

图8-10　*ST美尚（300495）日K线走势图

*ST美尚的股价经过一波下跌与振荡调整后，在2022年5月中旬走出了鱼跃龙门形态，预示股价将企稳上涨。

自2021年12月底以后，*ST美尚的股价一直在30日均线下方运行，30日均线由下跌状态逐渐转变为放平状态，这说明股价走势将要企稳。

2022年5月11日，*ST美尚的股价越过30日均线跳空高开并收出一根20%涨停的跳空高位阳线，在K线走势图上留下了一个缺口，这说明鱼跃龙门形态形成，投资者可买入该股。投资者观察此时的均线指标可知：此时5日均线上穿10日均线和30日均线形成黄金交叉形态，这也预示着股价将出现一波上涨行情。

此后，该股股价出现了一波快速上攻走势。

四、缺口支撑

股价上攻过程中若产生缺口，该缺口就会对股价产生一定的支撑作用。若股价回调至缺口位置，则会因缺口的支撑而再度上攻。

该形态的操作要点如下。

第一，股价在上涨过程中出现缺口，说明市场上的投资者普遍看好后市，并愿意以较高的价格买入股票，而缺口的上沿就是投资者比较认可的一个买入价格，于是，在此位置就会有相当多的投资者设下买盘等待股价回调。当股价经过一段时间的上涨后，重新下跌到缺口上沿位置时，先前预设的买单就会成交，从而促使股价发动新一轮上涨。

第二，一般情况下，缺口越大，支撑力就越强，股价下跌到缺口位置时，遇阻上涨的可能性也就越大。

第三，股票在创下阶段高点后出现回调时，成交量应该呈现出萎缩态势，表明主力并没有出货。这也为该股未来的上涨提供了必要的条件。

下面来看一下大金重工的案例，如图8-11所示。

2021年9月，大金重工的股价出现了回落遇缺口支撑而重新上涨的情况，预示股价将有一波上涨行情。

大金重工的股价从2021年8月下旬经过整理后开始被大幅拉升。9月3日，该股以一字线涨停报收，在K线图上出现了一个巨大的缺口。其后，该股股价经过一波上升后开始回调。

2021年9月10日，该股股价在缺口区域获得支撑，此后重新上攻，并于

9月13日重新站稳5日均线。这属于典型的买入信号，投资者可在9月13日执行买入操作。

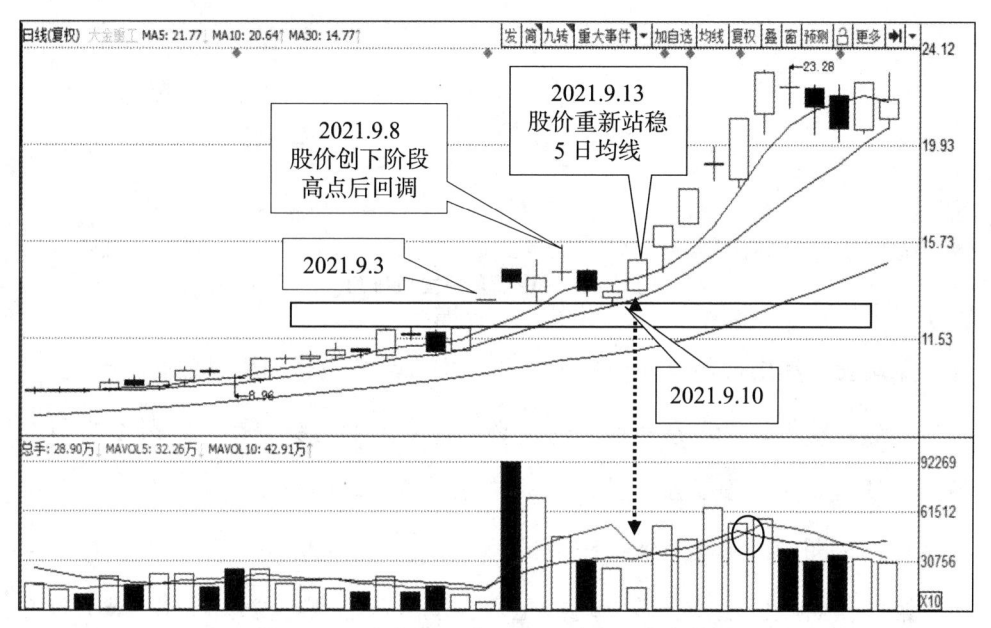

图8-11　大金重工（002487）日K线走势图

第三节　跳空缺口技术指标异动形态

相对而言，龙头股以跳空缺口式启动，更多的是因为外部环境变化或出现利好消息所致，但技术指标系统也会同步呈现出一些典型的特征。

一、均线多头发散排列

多头发散排列，是指短期均线、中期均线和长期均线按照自上而下的顺序排列，三根均线向上倾斜，如图8-12所示。均线的多头排列，表示多方力量强大，股价进入了一个稳定的上升期，通常是中线进场的机会。

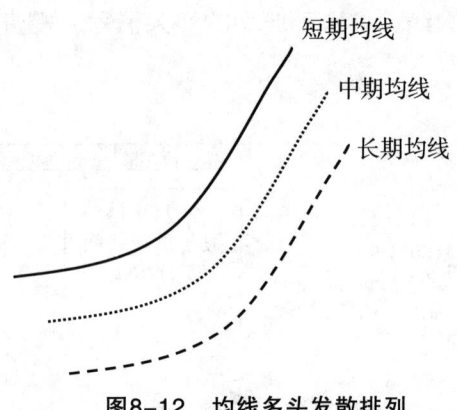

图8-12　均线多头发散排列

龙头股突然出现跳空缺口式上攻，其均线系统也会同步呈现如下特征。

第一，股价K线的跳空式上扬，必然带动短期均线上扬，若跳空当日，各条均线开始呈现多头发散排列，则未来继续上攻的概率更大。反之，若跳空当日，短期均线未能有效突破中长期均线，则宜观望。

第二，当股价连续上攻，均线呈多头发散且距离越拉越大时，谨防股价回落风险。

第三，均线如呈多头排列，股价往往会位于短期均线之上运行，如果股价回落，并在某条均线附近获得支撑再度上涨，投资者仍可适量买入。

再来看一下德尔未来的案例，如图8-13所示。

德尔未来的股价自2021年年中开始了一波横盘振荡走势，股价K线基本在一个狭窄的区域内波动。成交量同步出现萎缩态势，与此同时，各条均线开始呈现出了明显的黏合状态。

进入2021年8月，该股股价的波动开始加大，股价K线整体处于30日均线上方，5日均线与10日均线还处于黏合状态。这是股价趋于强势的一种表现。

8月24日，石墨烯概念被热炒，德尔未来的股价跳空大幅上攻，该股股价高开后很快封上了涨停板。与此同时，该股的5日均线、10日均线和30日均线开始呈现多头发散排列，这也是股价进入强势上行趋势的明确信号。

此后，该股股价开始了连续上攻模式。

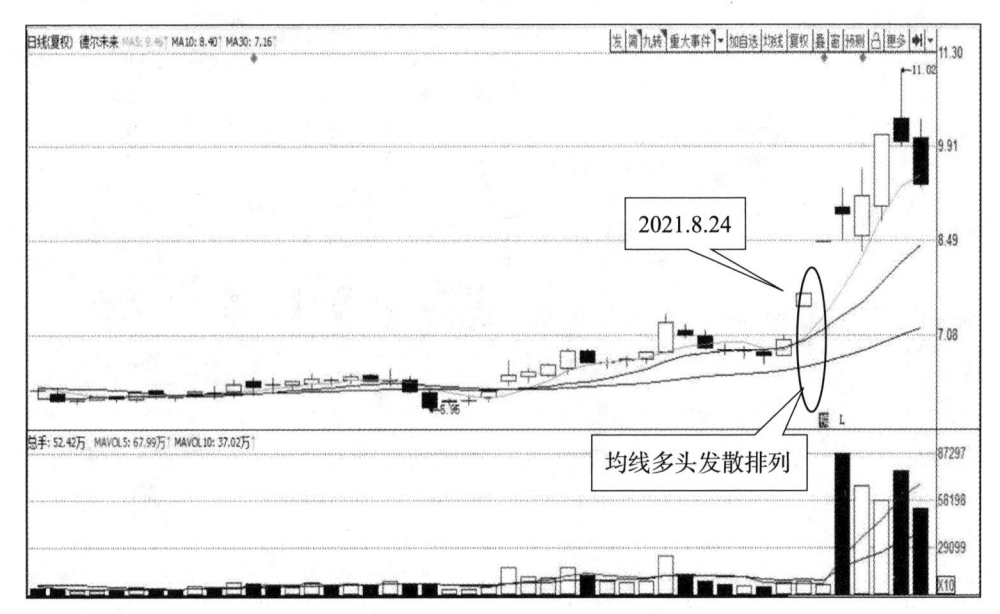

图8-13　德尔未来（002631）日K线走势图

二、KDJ指标快速超买

在所有技术指标中，KDJ指标是灵敏度最高的一个。当股价出现跳空式上扬时，KDJ指标同步也会给出最为激烈的一个反应，即快速进入超买区域，曲线J更是可能直接达到100线。

下面来看一下国轩高科的案例，如图8-14所示。

国轩高科的股价从2021年5月中旬开始自低位反弹向上。6月7日，该股股价创下阶段高点后出现回调走势。

6月下旬，该股股价重新来到了6月7日高点附近，并感受到了明显的阻力。与此同时，KDJ指标却进入了超买区域，这说明该股买方力量已经趋于强势。

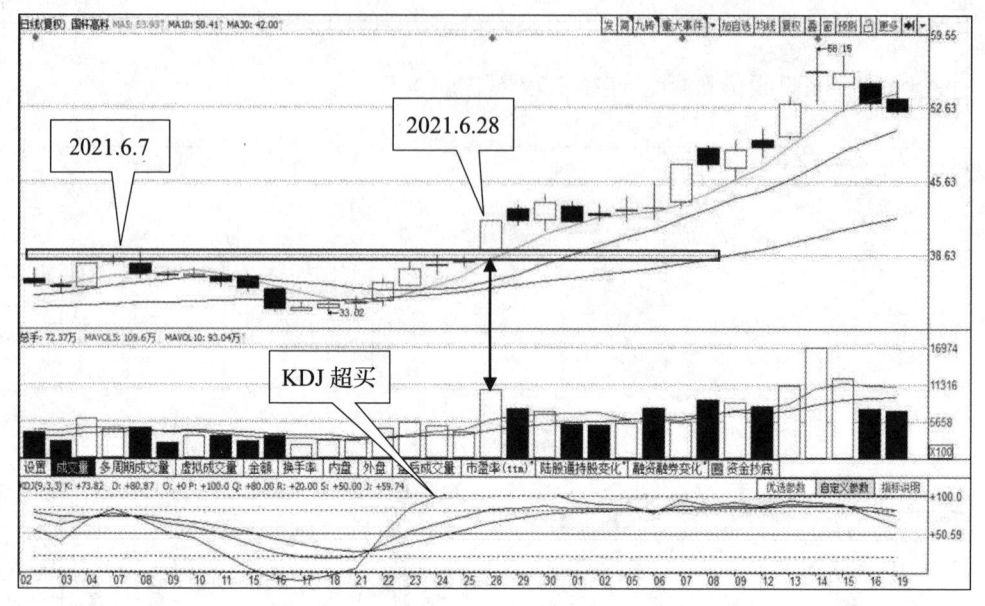

图8-14 国轩高科（002074）日K线走势图

6月28日，该股股价受锂电池概念刺激高开高走，并最终封上了涨停板，这是一个强势跳空过左锋的涨停板。与此同时，KDJ指标全线超买，曲线J更是达到了100线，这属于典型的强势信号。

此后，该股股价开启了一波快速上升走势。

三、MACD指标创新高

通常来说，MACD指标金叉或者自下而上突破0轴，都属于明确的多方强势信号。同时，若MACD指标的指标线创出新的高点，也是股价呈强势的一种典型表现。

股价经过长时间的缓慢攀升后，MACD指标自然也会随之上升，但由于股价上攻力度不大，MACD指标可能会呈现横向运行态势。在龙头股出现跳空缺口时，MACD指标也会同步向上突破0轴或创出新的高点，这意味着股价将掀起新的一轮上升浪潮。

该指标具体操作要点如下。

第一，若随着股价的回调，MACD指标向下跌破了0轴或出现死叉，那么当股价出现跳空缺口时，MACD指标重新上升，向上突破0轴并出现金叉时，就可以认定股价的调整即将结束，投资者可以做好入场准备。

第二，当MACD指标拐头向上创出新的高点时，就意味着龙头股启动的时机已经到来，短线交易者可积极入场追涨。

下面来看一下川恒股份的案例，如图8-15所示。

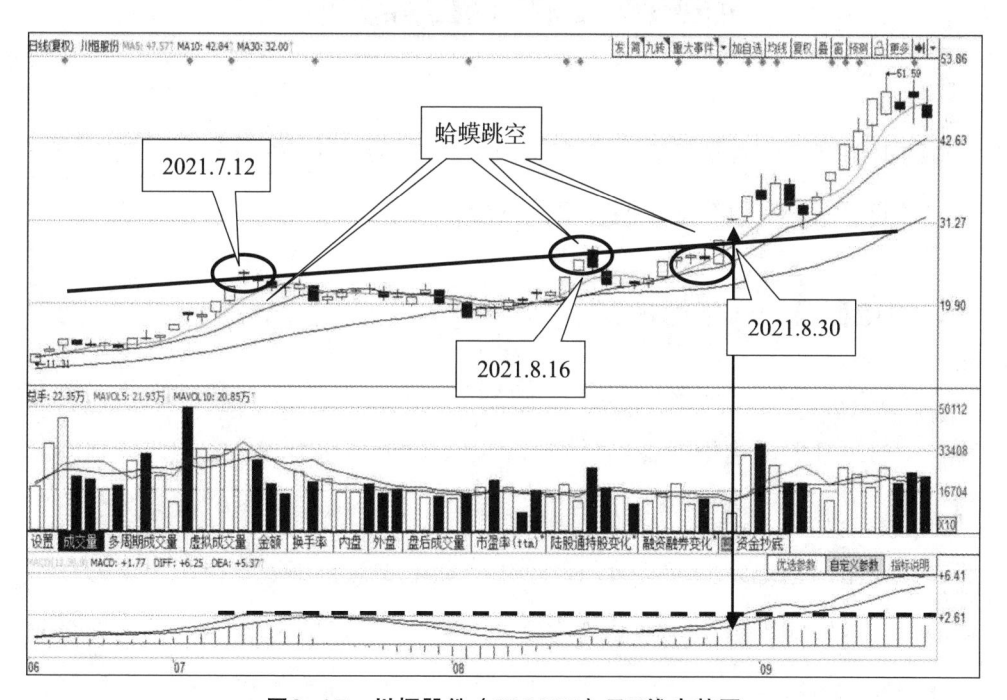

图8-15　川恒股份（002895）日K线走势图

川恒股份的股价在2021年7月到9月走出了蛤蟆跳空形态，说明该股未来趋于强势。

2021年7月12日，川恒股份的股价创下一个短期高点后重新开始下跌，MACD指标同步出现了回落。该股调整一段时间后再度上涨，并于8月16日来到前期高点之后再度下跌。投资者可以将两个高点用直线连接，如果股价突破这一趋势线就可买入该股。不过，观察此时的MACD指标可知，该指标一直运行于0轴上方，说明在股价回调过程中，多方仍占据优势地位。

2021年8月30日，该股跳空高开高走，并封上涨停板，此时蛤蟆跳空形态正式形成，与此同时，MACD指标大幅上扬，并创出了新的高点。这说明股价已经进入快速上升通道，投资者可积极入场买入股票。

第四节　跳空缺口实战解读

向上跳空缺口的形成，本质上是做多动能聚集的一种反应，也是市场多头力量的集结。本节选择了两个案例进行综合解读，以供参考。

一、绿电概念——华西能源

根据国家发展改革委、国家能源局批复的《绿色电力交易试点工作方案》，通过开展绿色电力交易，将有意愿承担更多社会责任的一部分用户区分出来，与风电、光伏发电项目直接交易，以市场化方式引导绿色电力消费，体现出绿色电力的环境价值，产生的绿电收益将用于支持绿色电力发展和消纳，更好促进新型电力系统建设。国家相关部门频繁出台有关电力企业节能降耗的新标准、新举措，促使电力企业加快节能降耗的步伐，实现低碳绿色发展，标志着电力行业进入了一个节能降耗的新阶段。

绿色电力成为2022年上半年市场炒作的一个热点概念。

华西能源是一家专注于新能源、环保产业、清洁电站的设计制造及投资运营业务的企业。该公司于2022年5月签订老挝南潘2×330MW超临界清洁能源电站项目，主要负责项目全部设备的设计、采购、制造、供货。从此以后，正式获得"绿色电力"概念标签。该股也一度成为绿色电力概念和超临界清洁能源概念的龙头股。

华西能源的基本面一般，截至2022年5月下旬，总市值不到24亿元，流通市值不足20亿元，属于典型的小盘股。

下面来看一下华西能源的股价走势情况，如图8-16所示。

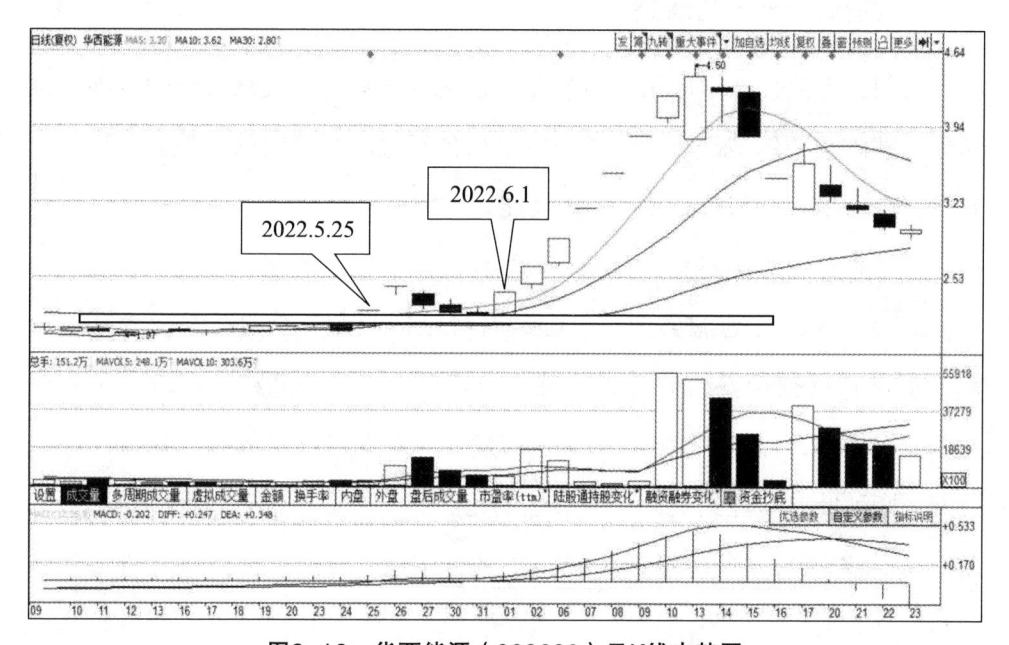

图8-16　华西能源（002630）日K线走势图

2022年5月以前，由于华西能源的基本面一般，因此没有多少资金去炒作该股。该股股价一直在低位徘徊。

2022年5月24日晚，华西能源发布公告，宣布签下了总金额为27.58亿元的清洁能源项目订单，即与老挝企业签订了超临界清洁能源电站项目订单。5月25日开盘后引发资金抢筹浪潮，该股股价直接跳空涨停，全天以一字板报收。

不过，由于该股利好消息市场没有提前预知，因此在拉出两个涨停板后，又出现了一波调整走势，5月31日，该股股价回调至前期跳空缺口位置时，因受缺口支撑而反弹。6月1日，该股股价重新冲击涨停板。此时，各条均线开始呈多头发散排列，MACD指标同步创出了阶段新高，这都是典型的看涨信号。

此后，该股股价掀起了一波大幅上涨狂潮。

二、信创概念——竞业达

信创，即信息技术应用创新产业，它是数据安全、网络安全的基础，也是新基建的重要组成部分。信息技术应用创新发展是目前的一项国家战略，也是当今形势下国家经济发展的新动能。

信创概念成为2022年下半年市场炒作的一个热点概念。

竞业达是IT信息服务业、全国教育考试行业龙头企业，主营教育信息化、城市轨道交通安防信息化。该公司正在进行部分系统应用软件（信创版）开发工作，目前智慧招考业务已研发了"网上巡查产品-信创系列"。

正因如此，竞业达成为信创概念的龙头股。竞业达的基本面尚可，截至2022年9月下旬，总市值不到24亿元，流通市值不足8.5亿元，属于典型的小盘股。

下面来看一下竞业达的股价走势情况，如图8-17所示。

2022年9月下旬以前，竞业达的股价一直呈振荡走低态势。

2022年9月28日盘中时段，信创概念成为资金热炒的重点对象。竞业达成为资金青睐的重点对象，股价被直线拉升至涨停板。

9月29日，该股股价跳空高开高走并再度封上涨停。此时各条均线呈黄金交叉，形成鱼跃龙门形态，KDJ指标同步进入超买区域，曲线J更是达到了100线，这都是典型的看涨信号。

此后，该股股价掀起了一波大幅上涨狂潮。

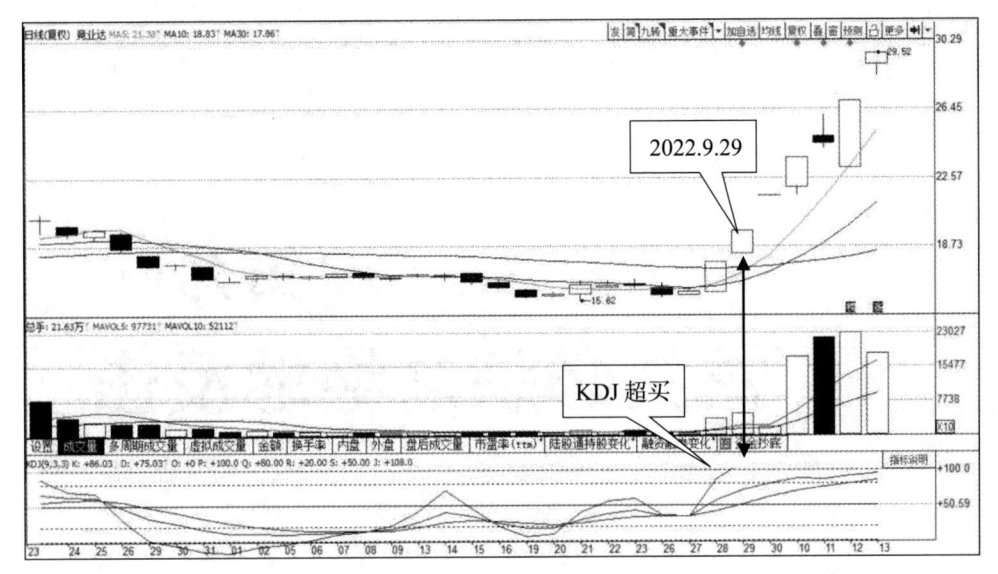

图8-17 竞业达（003005）日K线走势图

第九章
龙头必杀之绝地反击

股票经过一波幅度较大的下跌后，股价已经到达极低（相对股票本身价值来说）的位置，已经到了跌无可跌的地步。在某一时间点，股价就可能迎来真正意义上的绝地反击，而且其中一些股票还可能成为某些板块的龙头领涨股，如图9-1所示。

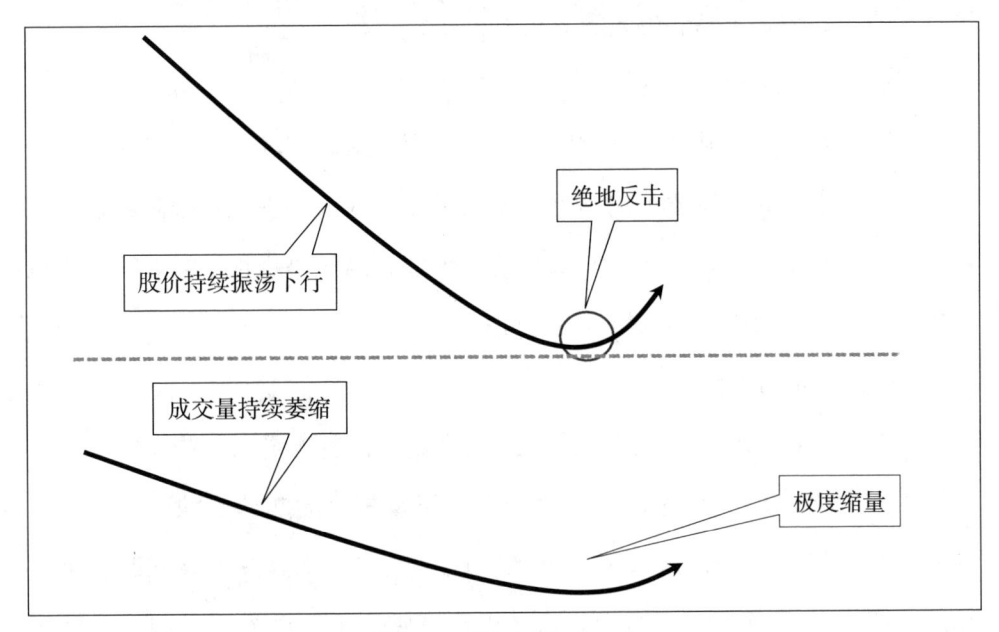

图9-1　绝地反击式启动

绝地反击机会的把握有一定难度。熊市中，投资者是很难准确预测到股价绝对低点的，更不用说成功预测绝地反击的点位了。在实战操作过程中，绝地反击式龙头股的出现一般属于内部条件与外部环境共振的一个结果。具体说来，主要包括以下几个因素。

第一，大盘环境的好转。

尽管龙头股不惧大盘涨跌，但若大盘环境过于恶劣，还是会对投资者的信心产生较大的影响。因此，相对平和而友好的环境，肯定更容易诞生龙头股。

第二，外部利好因素。

大环境的改变或者可能的改变，是龙头股成为龙头的关键。比如，2022年上半年的地产基建行情中产生了诸多龙头股，而这与各地房产限购松动的外部环境直接相关；2020年到2021年的新能源行情中，也是在新能源政策利好的大环境下产生的。总之，龙头股的产生必然离不开外部环境。大的政策、大的利好因素容易催生大的龙头股。

第三，内部因素。

这里的内部因素并非是简单的企业基本面因素。市场行情的龙头与价值投资不同，它不要求基本面有多好，但盘子不能太大。股权越分散越好，而且大股东最好不要减持。至于与概念的契合度，当然是越正宗越好，至少也要挂边。这样容易给市场以想象的空间。

第四，技术方面因素。

从股价K线走势与成交量、技术指标等方面，也能看出一些端倪。在股价下跌过程中，成交量先逐步萎缩，后又随着股价的加速下跌而出现放大的情形。当然，有时候股价的最低点与成交量的最低点并不会同时到来。最后，成交量趋于稳定，而股价再次出现下跌，且下跌到极点时，往往意味着股价很可能会出现报复性上涨。也就是说，此时出现涨停板的概率较大。

第一节 绝地反击的内在逻辑

从股票K线运行态势以及成交量的变动中，可以发现主力资金在操作这类股票时的内在逻辑。

一、从K线走势到成交量变化

物极必反，盛极而衰。当股价持续下行时，市场上多数投资者都失去了交易兴趣。而这种状况势必不会永远进行下去。当股价低至极点时，必然会走向反面，即大幅上升。整个股市都是按照这一逻辑和规律运行，无一例外。

随着股价的下行，成交量会同步萎缩。不过，当成交量萎缩至极点时，就无法继续萎缩，而此时若股价继续下行，就会形成一定的量价底背离。从量价关系来看，这也是一种不可持续的形态，这就是未来股价起涨的一个基础。

下面来看一下阳光城的案例，如图9-2所示。

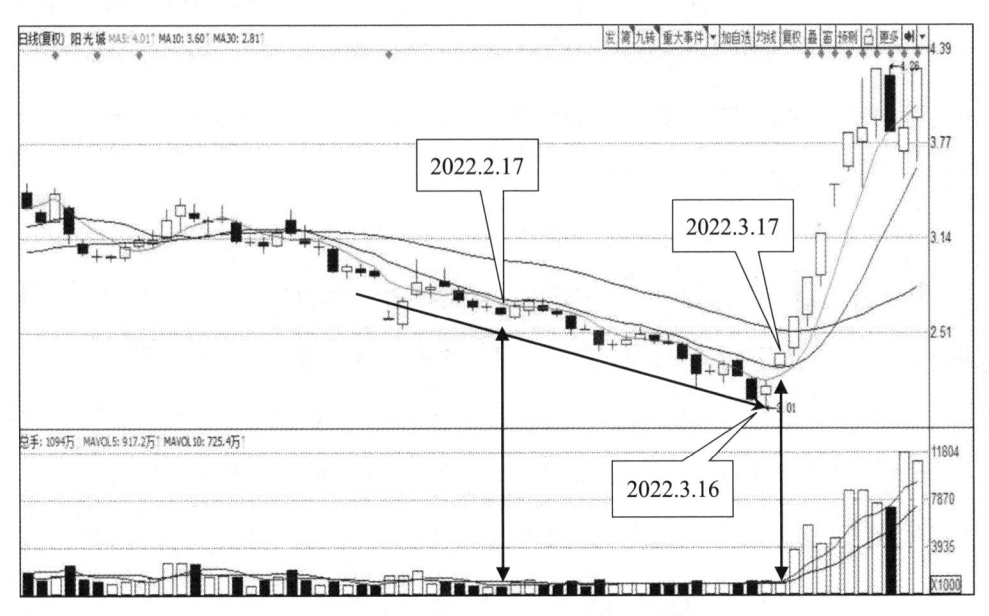

图9-2 阳光城（000671）日K线走势图

阳光城的股价自2020年下半年开始进入了振荡下行通道。到了2022年2月，该股股价已经进入下跌尾声。

2022年2月17日，该股股价在下跌途中创出了一段时间以来的最低成交量。此后，该股股价继续下行，到了3月16日，该股股价又创出了一段时间以来的最低点，而此时，成交量并未创出新低，这就意味着股价与成交量形成了明显的底背离。预示股价将会启动反攻。

2022年3月中旬，各地房产销售面积与价格同步下行，很多城市开始对房产限售政策进行调整。市场上对房地产销售开始有了新的预期，于是房产基建类股票开始异动。

3月17日，阳光城一马当先启动了反攻，高开高走并封上涨停板。此后，该股股价更是连续涨停，成了该波行情中的龙头股。

二、主力与散户的心理博弈

股市中，主力与散户的博弈无处不在。当股价进入下跌趋势初期，很多被套牢的散户其实并不愿意承认这一点，因此股价下跌一定幅度出现反弹时，很多散户都会选择加仓，以降低持仓成本。主力则趁机再度出货，而后进一步向下打压股价。

股价下行一定幅度后，很多高位入场者已经被深度套牢，愿意止损和割肉的已经离场，很多人被迫选择了"躺平"，此时股价的波动开始变小，交易也变得清淡起来，整个市场都缺乏交易意愿。通常来说，股价的底部就要来临了。

量价同步走低一段时间后，主力为了让剩余的高位持仓者割肉离场，往往会加大股价振荡幅度。很多投资者禁不住这种振荡而离场。这也是此时股价创出新低而成交量反向走高的原因。

下面来看一下中欣氟材的案例，如图9-3所示。

中欣氟材的股价自2021年12月开始了振荡下行走势。到了2022年2月，该股股价已经进入下跌的尾声。

2022年2月7日，该股股价在下跌途中创出了一段时间以来的最低成交量。此后，该股股价继续下行，到了3月16日，该股股价又创出了一段时间以来的最低点，而此时，成交量并未创出新低，这就意味着股价与成交量形成了明显的底背离，预示股价将会启动反攻。

2022年3月中旬，受益于锂电池需求的增长，PVDF概念股获得市场热捧。中欣氟材作为PVDF概念龙头股率先在3月17日封上了涨停板。

此后，该股股价更是连续涨停，成了该波行情中的龙头股。

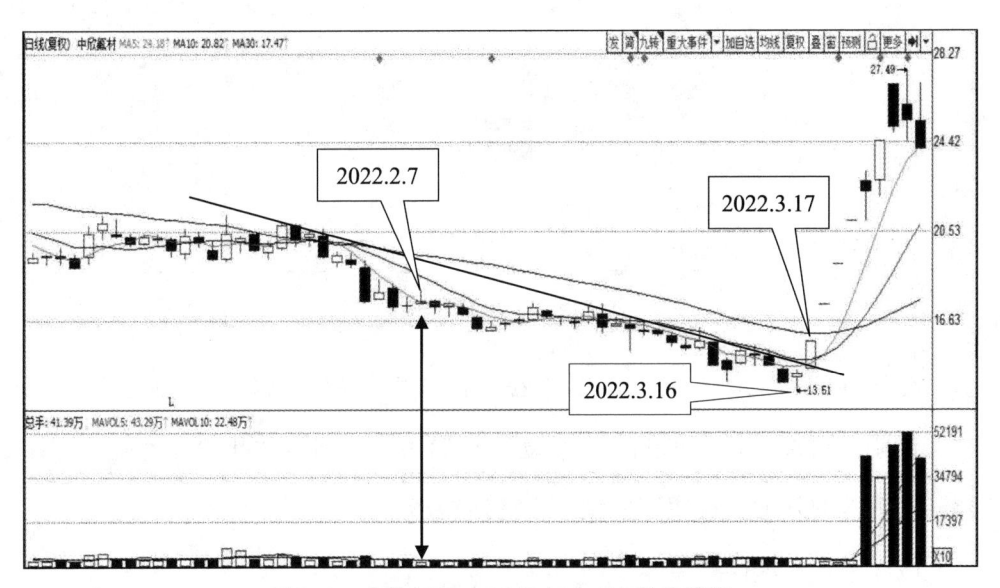

图9-3　中欣氟材（002915）日K线走势图

第二节　绝地反击经典K线形态

龙头股绝地反击时，在K线图上会呈现各种不同的形态。通过这些形态，可以很好地帮助投资者识别龙头股的起涨位置。

一、金针探海

金针探海，是指股价在下跌过程中形成带有长下影线的一根小实体K线。这根K线的实体可以是阳线，也可以是阴线，如图9-4所示。未来，股价上涨的概率非常大。

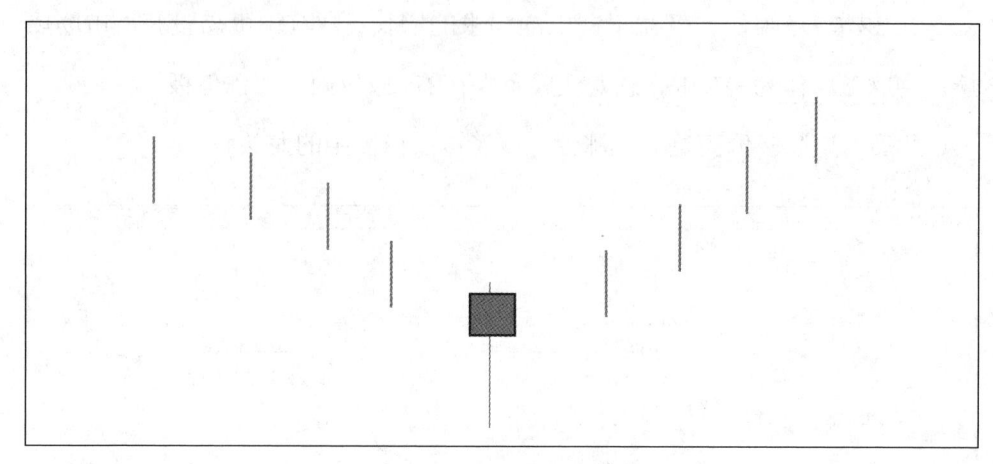

图9-4　金针探海

金针探海形态中，长长的下影线是该形态的典型特征。长下影线的形成，说明空方在股价下行的末期发动了最后一攻，而多方此后发动反击，并赢回了大多数阵地。这属于典型的行情逆转形态。

该形态主要操作要点如下。

第一，股价在短期内接连走出了明显的下跌态势，说明下跌动能得到了充分的释放。

第二，股价K线在出现金针探海当日，下影线越长，说明多方反攻的力度越大，未来股价反弹的幅度也越大。

第三，金针探海形态的最低点，若在某一重要支撑位附近，那么，未来股价企稳反弹的概率更大。

第四，股价走出金针探海形态后的次日，如果股价发动上攻，就是买入该股的一个较好时机。

第五，金针探海形态中，下影线的最低点就是投资者入场的止损位，一旦股价跌破该位置，则说明该形态失效，投资者可清仓卖出。

下面来看一下永新光学的案例，如图9-5所示。

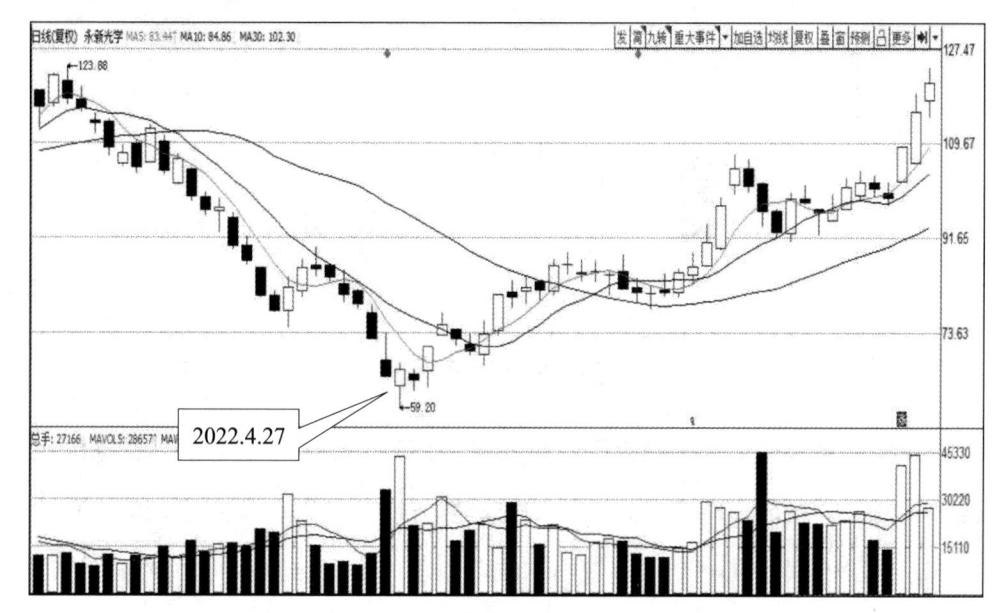

图9-5　永新光学（603297）日K线走势图

自2022年3月中旬开始，永新光学的股价下跌速度明显加快。进入4月中旬后，下跌速度进一步加快。从另一方面来看，此时股价就存在加速赶底的意味了。

2022年4月27日，永新光学的股价大幅跳空低开低走，一度创出59.20元的低点，此后多方发力反击，收复了一定的失地，在K线图上留下了一根带长下影线的阳线。

至此，金针探海形态正式形成，投资者可在次日入场买入该股。此后，该股股价开始进入强势上升通道。

二、早晨之星

早晨之星是一种被实战反复检验过的，非常有效的看涨反转形态。

早晨之星又称晨星、启明星、希望之星，通常由大阴线、星线和大阳线三根K线组成，其形态如图9-6所示。

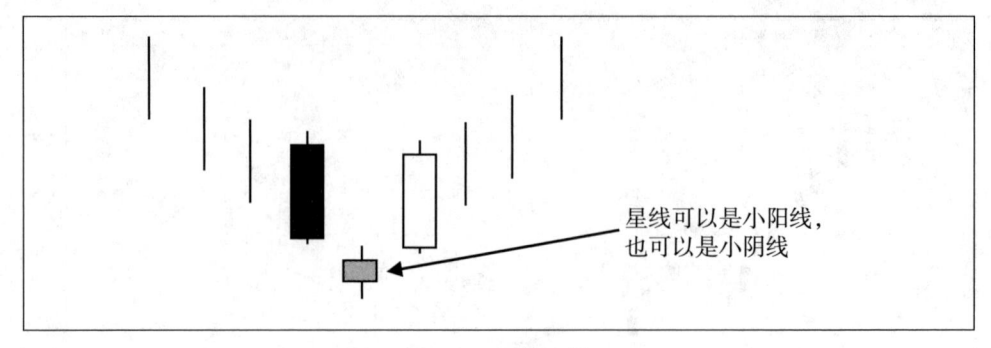

图9-6　早晨之星

（星线可以是小阳线，也可以是小阴线）

早晨之星形态中第一根大阴线承接了之前的下跌走势，同时下跌动能也得到了充分的释放；跳空低开的星线在延续下跌趋势时，多方已经能够开始反击，将股价锁定在一个相对较小的波动幅度内，即空方没有力量再加大向下打压的力度；第三根阳线的出现，则是多方在与空方的争夺中取得优势的体现。

该形态的交易含义如下。

第一，从形态构成上来看，早晨之星形态本身就是多空转换的典型形态，特别是低位跳空大阳线的出现，更是多方发力上攻的信号。

第二，早晨之星形态中间的星线（星线也可以是锤头线、倒锤头线、十字线、T字线、倒T字线等）实体越小，与阴线之间的跳空距离越大，则未来股价反弹向上的概率越大。

第三，从K线形态上来看，早晨之星带有明显的转折意味，若成交量也相应地出现由缩量到放量的转变，则更可增强买入信号的有效性，即星线出现时，成交量萎缩；大阳线出现时，成交量出现明显的放大。

第四，大阳线最后的点位也有重要的参照意义。若大阳线直接突破了早晨之星形态大阴线的最高价，则可以在大阳线出现的次日买入股票；若没有完成突破，投资者可等待股价完成对大阴线最高价突破后再入场。

第五，早晨之星形态属于经典的转折形态，其星线的最低价也是一个非常重要的参照位置。投资者按照早晨之星形态买入股票后，若股价不涨反跌，则可在股价跌破星线最低点时执行卖出止损操作。

下面来看一下国脉科技的案例，如图9-7所示。

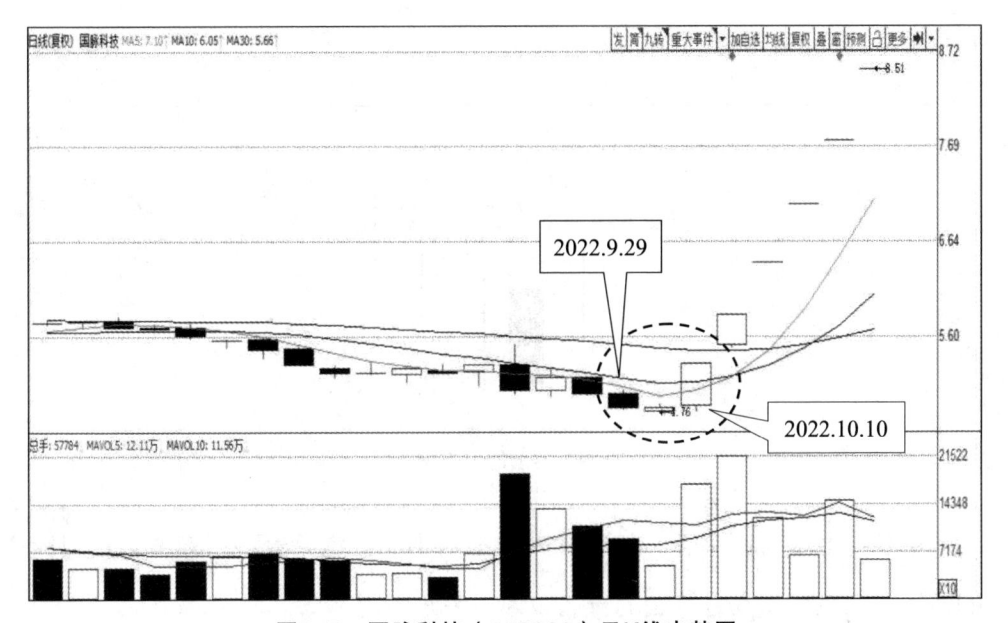

图9-7 国脉科技（002093）日K线走势图

国脉科技在下跌行情末期的2022年9月29日、9月30日和10月10日这三个连续的交易日里形成了早晨之星形态。

2022年9月29日，国脉科技收出一根中阴线。

2022年9月30日，该股跳空低开，收出一根十字星。这表明多空双方你争我夺，行情具有不确定性。

2022年10月10日（国庆假期之后），该股高开高走，收出一根涨停大阳线，龙头风范尽显，说明市场已经进入了多头状态。与此同时，当日的大阳线还突破了9月29日大阴线的最高价，反攻形态正式成立。

此后，该股进入快速上攻通道。

三、旭日东升

旭日东升，由一阴一阳两根K线组成，其最显著的特征是，后一根阳线的开盘价高于前一根阴线的收盘价，后一根阳线的收盘价高于前一根阴线的开盘价，如图9-8所示。

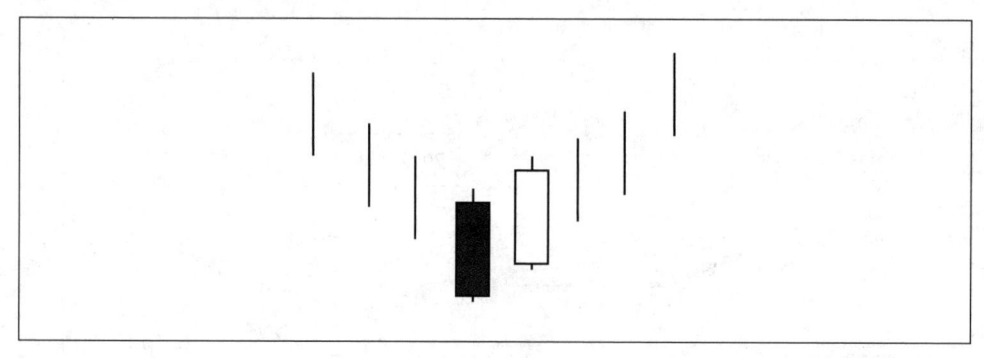

图9-8 旭日东升

从多空力量对比来看，旭日东升形态的出现，意味着多空双方力量对比的逆转，即完全由空方控制的行情转为由多方控制。

其具体的交易含义如下。

第一，旭日东升的阳线收盘价已经完全覆盖了阴线的开盘价，这是取得明显优势的特征。

第二，旭日东升形态中，阳线实体越长，看涨意味越浓。从龙头股操作角度来看，光头大阳线、涨停板大阳线更佳。

第三，旭日东升形态中，阳线出现的同时，成交量若能同步放大，则股价反转的概率更高。

第四，旭日东升形态出现的次日，若股价不涨反跌，且跌破了阴线的最低价，则说明此形态失败，投资者宜执行止损操作。

下面来看一下航发控制的案例，如图9-9所示。

经过一段时间的振荡下跌与调整后，在2022年4月26日和4月27日，航发控制的日K线图上出现了旭日东升形态。

2022年4月26日，航发控制低开低走，收出一根大阴线。4月27日，该股高开高走，当天收出一根涨停大阳线。这根阳线的收盘价高于前一根阴线的开盘价，两者共同组成了旭日东升形态，预示着行情有回暖的迹象。

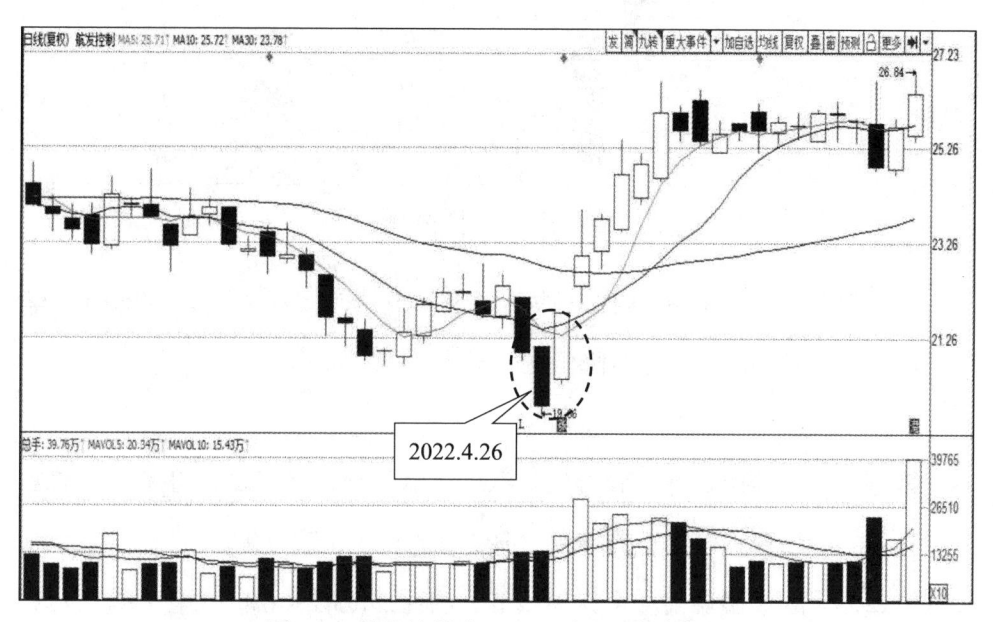

图9-9　航发控制（000738）日K线走势图

此时，投资者应将看空思维转换成看多思维。次日，该股股价更是跳空上扬，强者风采已经开始显现。

四、底部穿云箭

底部穿云箭，是指处于加速下跌趋势中的股价，突然出现一根低位涨停大阳线，且这根大阳线不仅收复了前一根大阴线的跌幅，还同步向上突破了多条近期均线，如图9-10所示。

该形态的出现多是由于主力游资借势吸筹后，在利好消息刺激下，行情逆转而形成的。

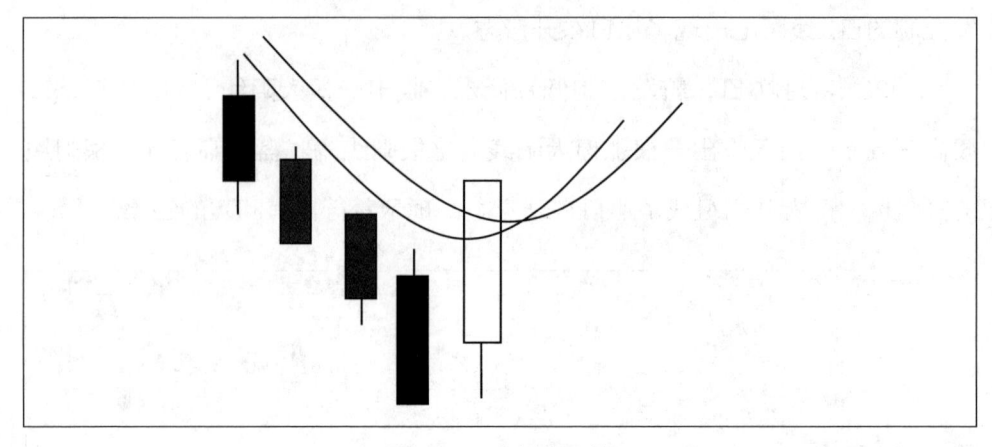

图9-10　底部穿云箭

正常情况下，若是能够在下跌时段吸筹，肯定是主力最喜欢的事。毕竟，能够吸到筹的同时，还能降低持仓成本。

该形态的典型特征如下。

第一，大阳线出现前，股价处于深度下跌趋势，且下跌趋势还有加速态势，这是要给投资者以绝望的感觉，迫使其抛出手中的筹码。

第二，大阳线出现前一个交易日的大阴线形成时，若成交量出现了大幅放量，则更可印证存在资金入场的可能。

第三，大阳线出现当日，K线同步向上突破多条均线，则说明主力已经开启拉升模式。

下面来看一下宇环数控的案例，如图9-11所示。

宇环数控的股价在2022年4月初呈现了明显的振荡下跌走势。到了4月11日，该股股价下跌趋势加速，在K线图上留下了一根大阴线。成交量相比前一个交易日略有放大。

次日，即4月12日，该股股价在工业母机概念热炒的背景下，高开高走，强势涨停。

工业母机概念在当时并非新概念，而4月11日的下跌，也不过是主力游资提前入场采用的打压式建仓而已。其后，有多路游资入场抢筹宇环数控（包括顶级游资赵老哥），该股股价也在短期内出现了大幅上攻走势。

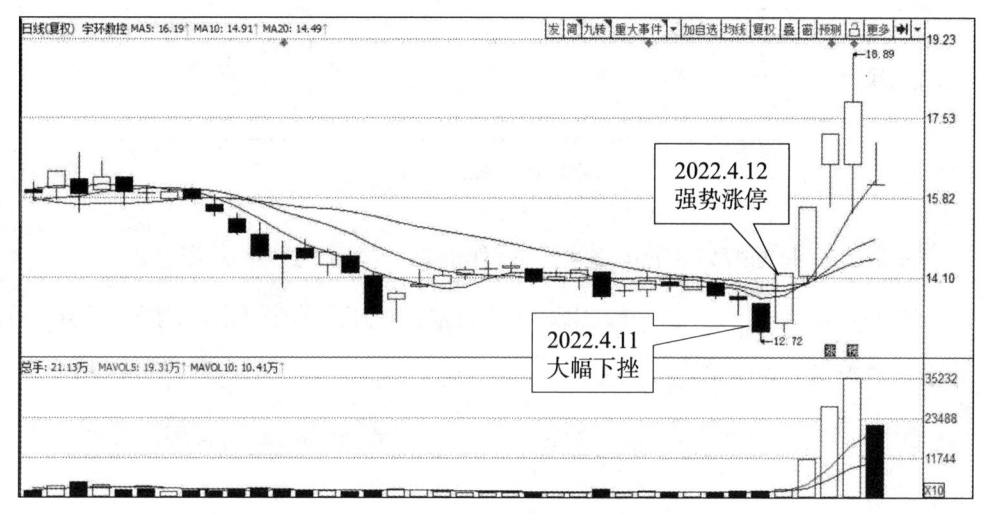

图9-11　宇环数控（002903）日K线走势图

第三节　绝地反击技术指标异动形态

相对而言，龙头股绝地反击式启动，更多的是因外部环境变化或出现利好消息所致，但技术指标系统也会同步呈现出一些典型的特征。

一、蛟龙出海

蛟龙出海，又称一阳破多线，是指一根拔地而起的大阳线向上连续突破短期、中期和长期均线，收盘价位于这些均线之上，如图9-12所示。蛟龙出海，是一种明显的上攻信号，暗喻股价像一条久卧海中的蛟龙，突然腾空而起、一飞冲天。

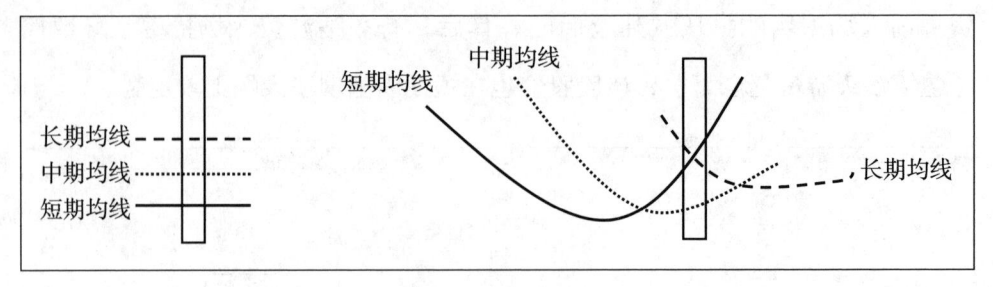

图9-12 蛟龙出海

投资者在根据蛟龙出海形态进行操作时，应该注意以下几点。

第一，蛟龙出海形态一般出现在下跌末期或低价位区间，前期股价走势为横盘整理或小幅振荡。

第二，蛟龙出海表示多方突然发力上攻，是强烈的看涨信号，投资者不宜继续看空。

第三，蛟龙出海形态出现后，激进的投资者可以大胆跟进，而稳健的投资者可以再观察几日，等到股价站稳均线上时再买进不迟。

第四，大阳线的实体越长，收盘价距离均线的位置越高，看涨信号越强烈。

第五，在形成蛟龙出海形态的同时应该有成交量的放量相配合，如成交量没有同步放大，则信号的可信度会差一些。

第六，蛟龙出海形成时，均线可能是多头排列，也可能是空头排列，亦有可能形成金叉。

第七，在周K线或月K线图上出现蛟龙出海这种技术形态，看涨信号更为强烈，投资者可重仓买入。

下面来看一下竞业达的案例，如图9-13所示。

自2022年8月下旬开始，处于下行盘整趋势的竞业达再度出现加速下跌走势。

到了2022年9月下旬，该股下跌趋势有所减缓。2022年9月28日，该股放量上涨，股价连续突破5日、10日和30日均线，收出一根涨停光头光脚大阳线。

此后，该股成为信创概念龙头股，并一路引领信创概念上扬。

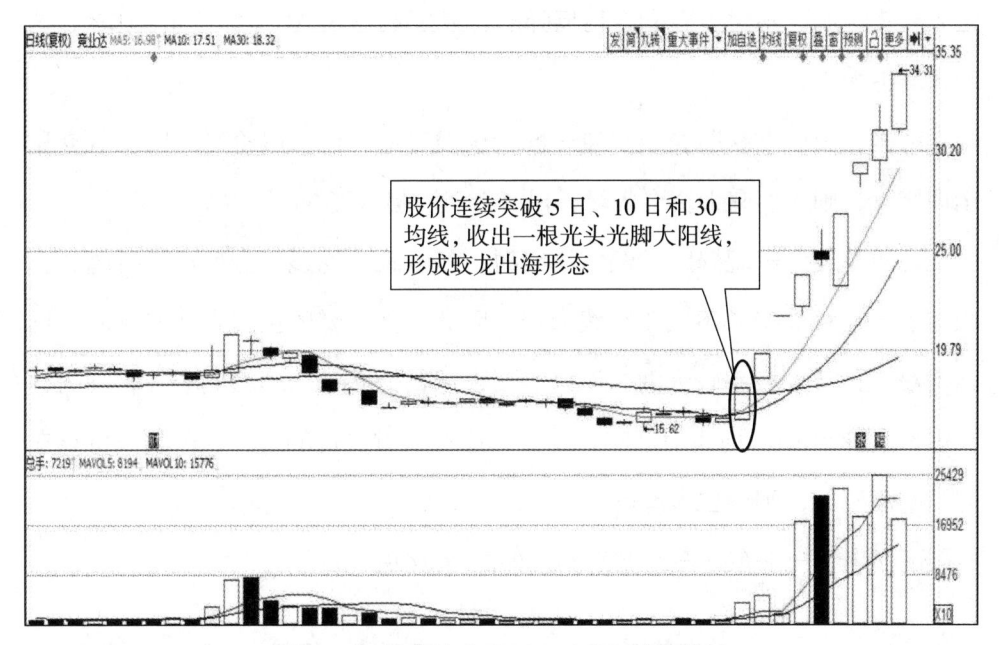

图9-13　竞业达（003005）日K线走势图

二、乖离过大，暴跌反弹

在短线交易领域，顺势交易永远都是主流，但也存在着一些逆势交易行为，比如抢反弹就是很多投资者喜欢的一种短线交易方法。

通常情况下，随着股价的下行，各条均线也会随之下行，这就说明股价处于空头行情，投资者是不应该入场交易的。不过，若股价短期出现了较大幅度的下跌，且短期内势头较猛，股票的乖离率（BIAS）为负值且数值较大时，则意味着股价短线存在反弹的需求。这也是很多投资者抢反弹的良机。

投资者抢反弹时，选择股票的标准如下。

第一，股价乖离一般以30日均线为主要参照标准，即当股价暴跌，且距离30日均线较远时，股价必然会存在反弹需求。

第二，一般情况下，24日BIAS指标的乖离率低于-9%就可以认为股价进入超卖区间。不过，我们在抢反弹时，最好24日BIAS指标低于-15%，这时入场把握更大。

第三，股价下跌时，成交量一般会出现萎缩，但如股价触底时，成交量出现增大，则说明有大资金入场，投资者可积极入场。

第四，股价出现暴跌并远离均线时，各条长期均线仍会处于下行趋势，原则上，这种环境并不利于短线操作。因此，抢反弹的投资者在看到股价远离均线，并且乖离率较大时，可以少量入场，但必须合理控制仓位，同时，在股价反弹至30日均线附近时，还要考虑均线对股价的阻力，一旦股价存在遇阻回落迹象，则应立即离场。

下面来看一下东方日升的案例，如图9-14所示。

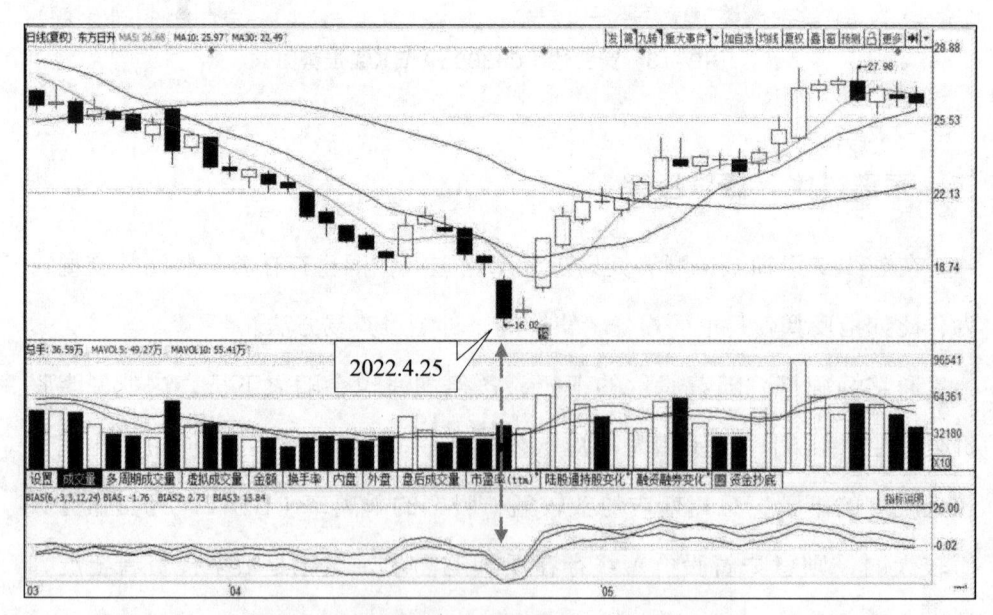

图9-14 东方日升（300118）日K线走势图

东方日升的股价自2021年11月下旬出现了一波暴跌走势。随着股价下跌速度加快，导致该股的乖离率不断增大。2022年4月25日，该股股价创下回调新低，6日、12日和24日BIAS指标值均低于−26.65%，特别是24日相对强弱指标（Relative Strength Index，RSI）值达到了−16%，说明该股已经严重超卖。短线投资者可以尝试买入，抢反弹。

其后，该股企稳回升，出现了一波反弹行情。

三、KDJ指标超跌反弹

股价在短期内出现了大幅走低形态（以中到大阴线的出现为显著标志），KDJ指标同步大幅下行，曲线J更是到达了0线，此后，股价出现反弹，且曲线J拐头向上，曲线K在20线下方完成对曲线D的穿越，形成了低位金叉。

KDJ指标超跌反弹的具体操作要点如下。

第一，股价经过一段时间的下跌后，股价K线连续收出大阴线，说明空方在做最后一搏，曲线J同步进入0线以外。这种情形，一方面说明空方实力较强，另一方面也说明这是一种不可持续的情形，未来股价反弹的概率很大。

第二，随着股价的反弹，曲线K迅速拐头向上与曲线D形成低位黄金交叉，且交叉点在20线下方。

第三，股价K线经历急跌后，特别是放量大跌，则未来企稳反弹的概率相对更高。

下面来看一下西藏矿业的案例，如图9-15所示。

西藏矿业的股价经过一波大幅下行后，在2022年4月25再度收出一根大阴线，与此同时，曲线J进入了0线以外。这表明空方实力到达极强状态，这也意味着这种状态很难持续太长时间。

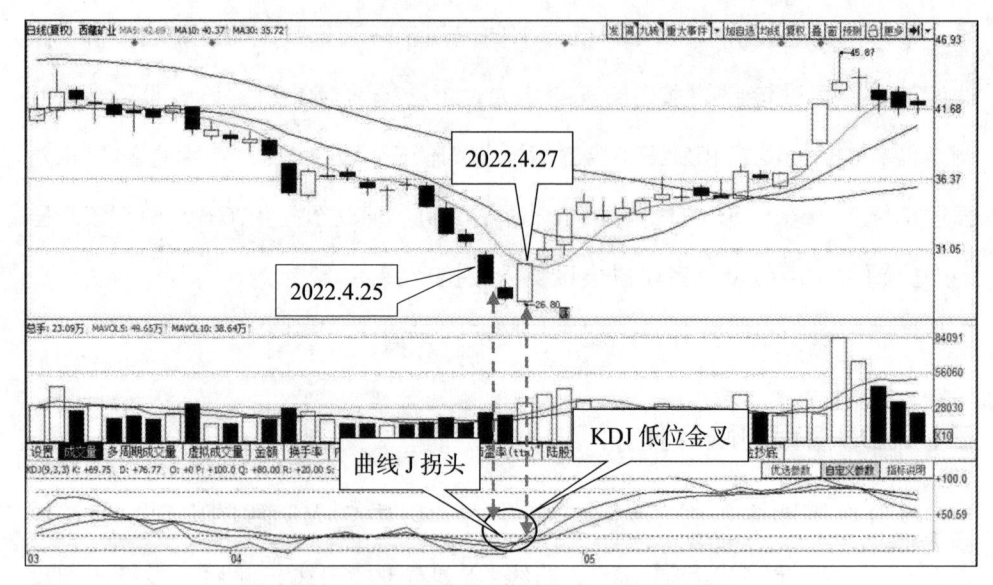

图9-15 西藏矿业（000762）日K线走势图

4月26日，该股股价再度收出阴线，不过该阴线的实体相比前一个交易日小了很多，说明空方力度有所不足，反转的时机即将到来。

4月27日，该股股价低开后大幅反攻，并以涨停大阳线报收，且此时曲线J已经自0线外拐头向上，KDJ指标则在20线附近形成低位金叉，这属于典型的看涨信号。

此后，该股股价进入快速上攻通道。

四、MACD指标低位金叉

MACD指标是判断股价变化趋势的重要指标。当MACD指标方向向上时，表示股价将延续上涨行情；当MACD指标方向向下时，表示股价将出现下跌行情。当MACD指标方向由向下转为向上时，表明股价将由下跌转为上涨。

因此，当股价创下阶段高点回落后，MACD指标必然也会随之回落。股价在振荡走低过程中，MACD指标也随之振荡走低。当股价企稳，成交量极度萎缩时，MACD指标也会放缓下跌，并出现拐头向上的迹象，如果此时MACD指标能在底部形成黄金交叉将增大出现涨停板的概率。

再来看一下中欣氟材的案例，如图9-16所示。

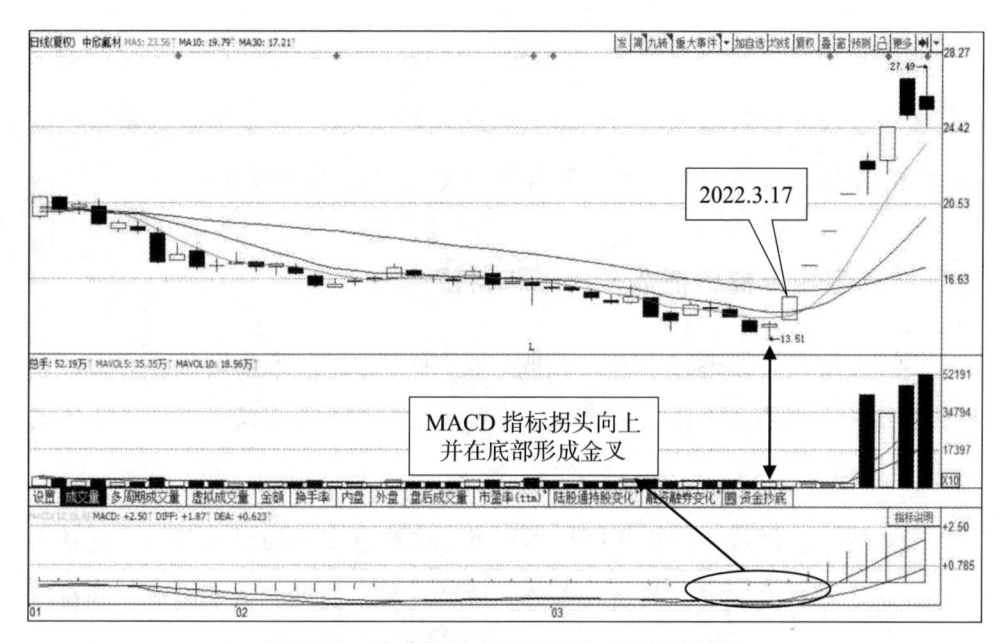

图9-16 中欣氟材（002915）日K线走势图

中欣氟材的股价从2021年12月开始一路下跌，成交量也随着股价的下跌而不断萎缩，MACD指标也随之不断走低。在下跌的最后阶段，股价突然加速下行，成交量却并未放大，3月16日，该股股价逐渐企稳，成交量持续萎缩，MACD指标却停止了下跌，且出现拐头向上的迹象。

2022年3月17日，该股股价跳空高开高走，成交量同步放大，并以涨停报收。此时，MACD指标出现底部黄金交叉，预示股价将迅速反攻。

其后，该股股价进入连续大幅上攻通道。

第四节 绝地反击实战解读

绝地反击形态的形成，本质上是做多动能聚集的一种反应，也是市场多头力量的集结。本节选择了两个案例进行综合解读，以供参考。

一、信创与医疗器械概念——国脉科技

信创，即信息技术应用创新产业，它是数据安全、网络安全的基础，也是新基建的重要组成部分。信创概念成为2022年下半年市场炒作的一个热点概念。

国脉科技主营业务为物联网技术服务、物联网咨询与设计服务、物联网科学园运营与开发服务、教育服务等。该公司具有典型的数字经济、教育、信创等概念。

该公司参股公司福建国脉生物科技有限公司以计算生物为核心，致力于推动慢性疾病预警（全基因组关联研究）、氧化应激与氧化损伤监控（线粒体）、慢性炎症监控（免疫调控与细胞因子）、慢性疾病干预（肠道微生物）、病原体感染检测的生物医学数据分析公司。公司开展第一类、第二类医疗器械的销售等业务，这就使得该公司还具有医疗器械概念。

正因如此，国脉科技成为信创概念与医疗器械概念的双料龙头股。国脉科技的基本面尚可，截至2022年9月下旬，总市值和流通市值在50亿元左右，属于典型的小盘股。

下面来看一下国脉科技的股价走势情况，如图9-17所示。

国脉科技的股价在2022年9月前经历了一波时间较长的下跌走势。该股

股价屡创新低。9月26日，该股股价大幅走低，成交量同步大幅放大，这意味着股价未来可能会迎来一波反弹的良机。MACD指标同步加速走低。

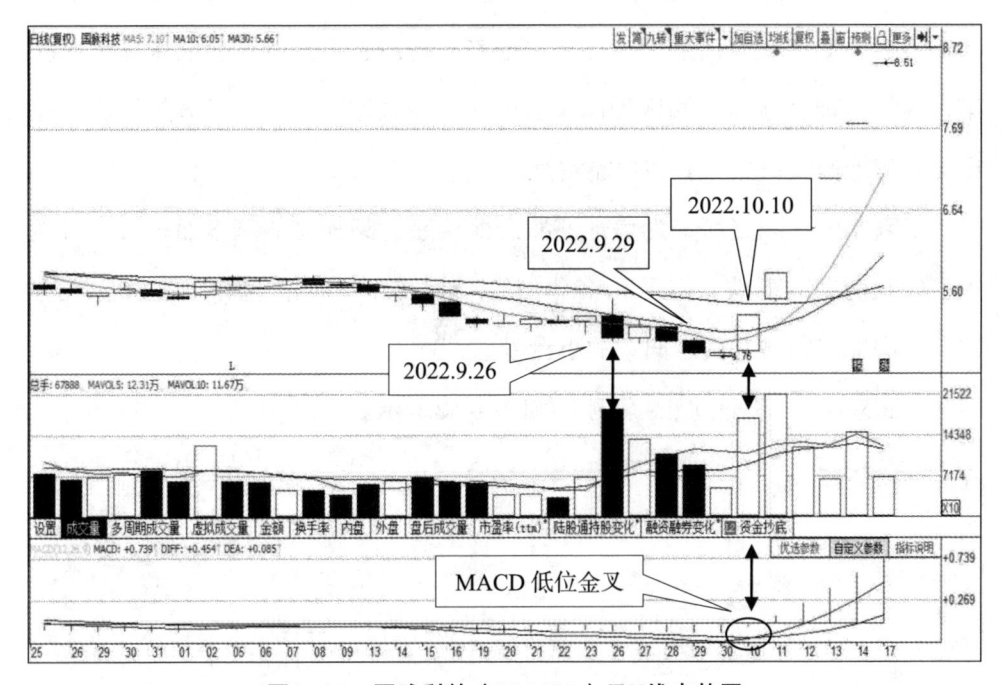

图9-17　国脉科技（002093）日K线走势图

2022年9月29日，国脉科技收出一根中阴线，股价到达较低位置，不过成交量相比之前出现了明显的萎缩。MACD指标也出现了触底迹象。

2022年9月30日，该股跳空低开，收出一根十字星。这表明多空双方你争我夺，行情具有不确定性。

2022年10月10日（国庆假期之后），该股在信创和医疗器械等热门概念的加持下高开高走，收出一根涨停大阳线。MACD指标同步拐头向上，形成低位金叉，且该日K线实体一举向上突破了5日均线和10日均线，强势尽显。

此后，该股进入快速上攻期，成为市场上绝对的龙头股。

二、地产概念——阳光城

在2021年的中央经济工作会议上，针对房地产领域的调控提出了一些新的表述，即"支持商品房市场更好地满足购房者合理的购房需求，因城施策，促进房地产业良性循环和健康发展"。一些城市提出了具体的措施，让市场对房地产业产生了一些想象空间。

正因如此，阳光城成为房地产概念龙头股。阳光城的基本面一般，且经历了较长时间的下跌。截至2022年3月中旬，总市值和流通市值在80亿元左右，在房地产领域，属于典型的小盘股。

下面来看一下阳光城的案例，如图9-18所示。

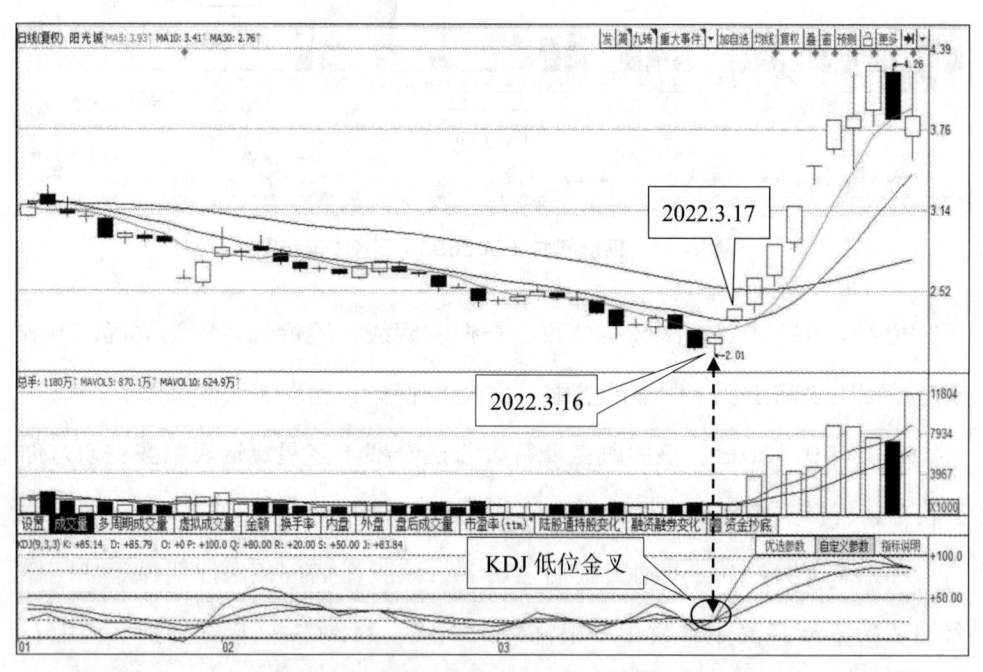

图9-18 阳光城（000671）日K线走势图

阳光城的股价自2020年下半年开始进入振荡下行通道。到了2022年2月，该股股价接近下跌尾声。股价K线一直位于5日均线下方且沿着均线下行。KDJ指标进入20线下方，位于低位超卖区域。

2022年3月中旬，各地房产销售面积与价格同步下行，很多城市开始对房产限售政策进行调整。市场上对房地产销售有了新的预期，于是，房产基建类股票开始异动。

2022年3月16日，该股股价触底反弹。3月17日，阳光城一马当先启动了反攻，高开高走并封上涨停板。与此同时，KDJ指标低位反弹向上，形成低位金叉形态。

此后，该股股价连续涨停，成为该波行情中的龙头股。

第十章
龙头必杀之二次启动

真正的大龙头都会有二次启动的机会。在第一波上升浪结束后，股价会呈现高位振荡调整走势；调整到位后，又会启动第二波上升浪潮，如图10-1所示。事实上，很多大龙头二次启动后的涨幅比第一波涨幅还要大。

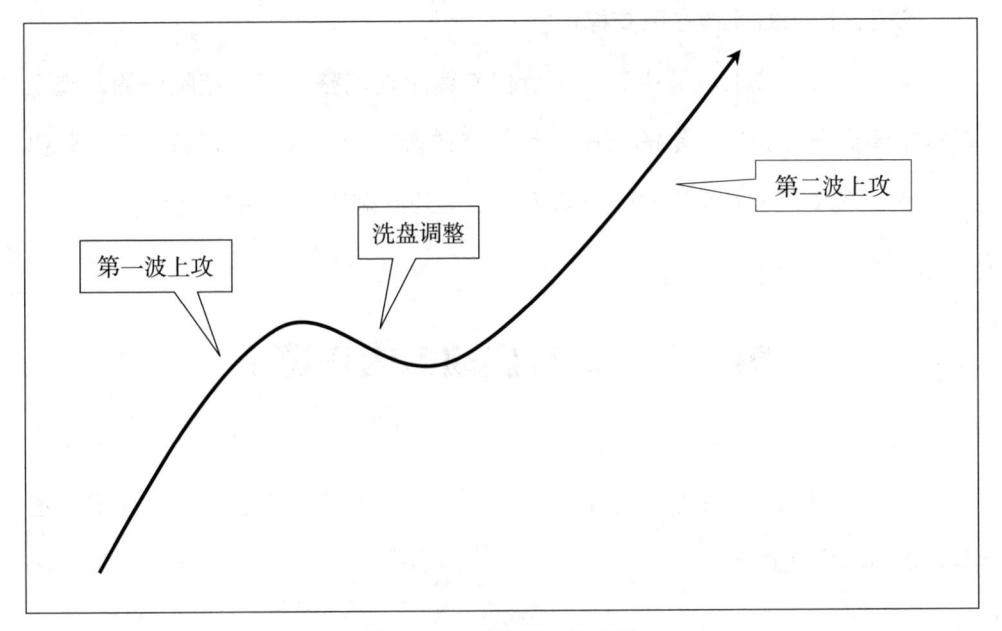

图10-1　龙头股二次启动

龙头股二次启动机会的把握有一定难度，毕竟龙头股经过一波拉升后，股价已经进入较高的位置，很多资金都已经获利了结。但有时还是会有很多新的资金入场，掀起第二波炒作浪潮。总之，能够二次启动的龙头股多是内部因素和外部因素共同作用的结果。

龙头股二次启动所需的条件包括如下几点。

第一，大盘环境。

龙头是引领行情的，不是追随行情的。因此，龙头股二次启动的时刻，肯定不是大盘涨势最好的阶段。若整个大盘都处于上升周期，那么，市场的热点会比较多，资金也很难集中于先前炒作过的股票。因此，一些弱势调整行情或者横盘调整行情，往往是龙头股二次启动所需的较佳环境。

第二，外部利好因素。

外部利好因素仍在持续释放。这是龙头股二次启动所需的基础性条件。若利好因素消失，也就没有资金敢于炒作第二波行情了。

第三，技术方面存在强支撑位。

龙头股第一波上攻结束后，股价自然会出现调整走势。若股价的调整在某些重要支撑位获得足够的支撑，且成交量保持较高水平，则意味着场外仍有资金在流入。这类股票后市发动第二波上升浪潮的概率往往较大。

第一节　二次启动的内在逻辑

从股票K线运行态势以及成交量的变动中，可以发现主力资金在操作这类股票时的内在逻辑。

一、从K线走势到成交量变化

从股价走势来看，龙头股经过了第一波的大幅拉升后，持仓者普遍获利较为丰厚。那么，兑现利润就是这些资金的第一需要。因此，股价开始回落也是必然的选择。不过，这只是从持仓者的角度来看待高位龙头股，而市场上还有一些先前看好该只股票却没有机会入场的投资者。他们在看到股价出现回落时，很可能会将其看成较佳的入场机会，于是纷纷入场接盘。巨量的卖盘对应了巨量的承接盘，成交量必然异常放大。反之，若随着龙头股的回调，成交量萎缩严重，那就说明市场上没有多少承接盘。场内资金想要出货必须加大向下打压的力度，但这更可能伤害到市场情绪，更加会推动股价下滑，更没有人愿意入场接盘。

下面来看一下浙江建投的案例，如图10-2所示。

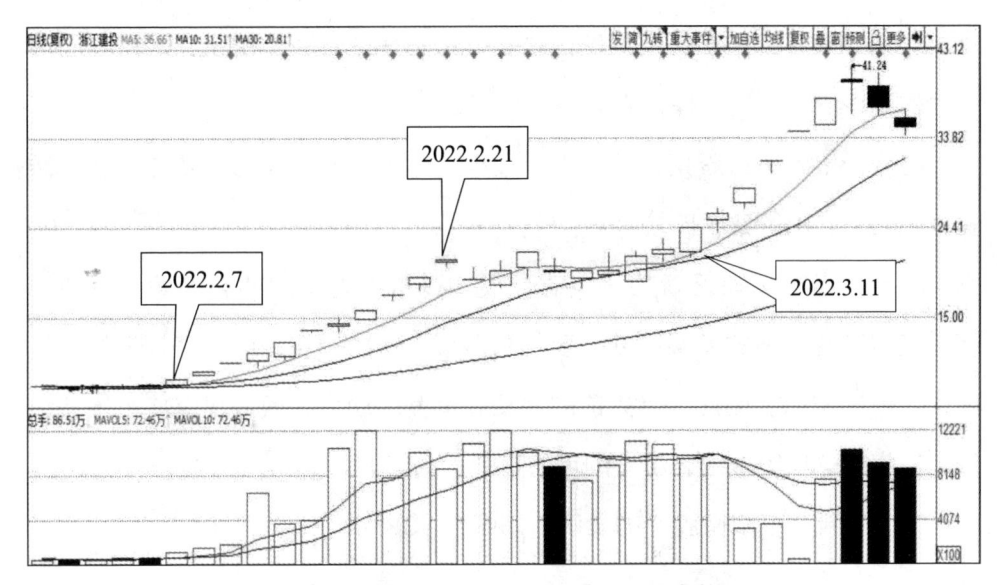

图10-2　浙江建投（002761）日K线走势图

在2022年2月初启动的基建地产行情中，浙江建投一马当先于2022年2月7日率先涨停，此后更是连续拉出数个涨停板，成为整个基建地产行情的龙头股。

2月21日，第一波最后一个涨停板出现后，股价进入调整区间。由于该股股价短期涨幅很大，积累了大量的获利盘，因此，想要出局的投资者众多。

不过，此时基建地产行情仍未结束，且整个大盘表现并不理想，市场上没有太多可以持续炒作的行情。加之浙江建投仍有较好的散户基础，因此先前没有入场的资金此时趁机入场。这也使得该股股价在调整时，成交量很高，但股价并未出现太大幅度的下跌。

2022年3月11日，该股股价在调整结束后，直接发动了第二波上升浪潮。

二、市场情绪的再度发酵

短线龙头的产生与游资的炒作密不可分。游资炒作股票更多的是围绕引导市场情绪展开的。市场关注的热点在某些板块或某只个股上,游资就会考虑炒作这些股票。这样操作有如下几个好处。

第一,市场热点股票,关注人气较高,愿意入场跟风的投资者也多,游资入场后,卖出股票会比较容易。

第二,当市场缺乏新的热点时,很多投资者更愿意期待老龙头重新崛起。只有这些先前的龙头股才会更容易聚集人气,毕竟先前的涨幅已经给了大家足够的震撼。因此,当先前的龙头股再度启动后,很容易就将市场情绪重新聚集在这只股票上,游资的目的也就达到了。

下面来看一下翠微股份的案例,如图10-3所示。

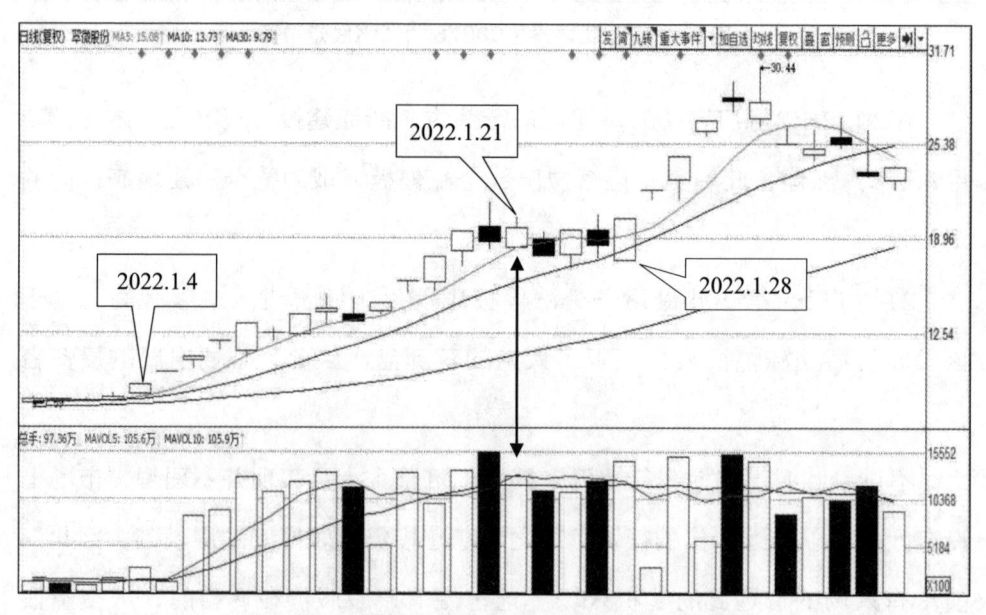

图10-3 翠微股份(603123)日K线走势图

2022年年初,移动支付概念成为市场的炒作热点,翠微股份作为移动支付概念的龙头股被热炒。

翠微股份的股价自2022年1月4日开始拉出第一个涨停板后，进入快速上攻通道，其间又收出多个涨停板，一时风光无两。1月21日，该股股价冲高回落，在K线图上留下一根带长上影线的阴线。此后，该股股价进入横向盘整趋势。

1月21日的股价相比1月4日前已经有了较大的涨幅，但股价在调整过程中，并未出现明显下跌，成交量持续居高不下。在横向调整期间，该股股价还曾出现涨停板，特别是1月28日的涨停板，引来了各路游资抢筹，如图10-4所示。

翠微股份龙虎榜数据 2022-01-28					
日期：2022-01-28 总成交金额：286916.75万元，总成交量：14396.47万股					
排序	营业部名称	买入金额/万	占总成交比例	卖出金额/万	占总成交比例	净额/万
买入金额最大的前5名　买入总计 27262.60 万元，占总成交比例 9.50%					
1	国泰君安证券股份有限公司上海分公司	6881.59	2.40%	0.00	0.00%	6881.59
2	华鑫证券有限责任公司宁波分公司	6706.77	2.34%	0.00	0.00%	6706.77
3	华鑫证券有限责任公司上海分公司	5003.75	1.74%	0.00	0.00%	5003.75
4	华泰证券股份有限公司上海牡丹江路证券营业部	4428.20	1.54%	0.00	0.00%	4428.20
5	中信证券股份有限公司上海溧阳路证券营业部	4242.29	1.48%	0.00	0.00%	4242.29
卖出金额最大的前5名　卖出总计 57499.09 万元，占总成交比例 20.04%					
1	国泰君安证券股份有限公司北京知春路证券营业部	0.00	0.00%	27017.00	9.42%	-27017.00
2	广发证券股份有限公司上海东方路营业部	0.00	0.00%	17722.00	6.18%	-17722.00
3	东方财富证券股份有限公司拉萨东环路第一证券营业部	0.00	0.00%	4875.52	1.70%	-4875.52
4	东方财富证券股份有限公司拉萨东环路第二证券营业部	0.00	0.00%	4090.06	1.43%	-4090.06
5	国金证券股份有限公司深圳分公司	0.00	0.00%	3794.57	1.32%	-3794.57
买卖净差：-30236.49万元					

图10-4　翠微股份龙虎榜（2022.1.28）

从图10-4中可以看出，在1月28日的翠微股份龙虎榜上，多路资金入场抢筹，如国泰君安上海分公司、华鑫证券宁波分公司、华鑫证券上海分公司、华泰证券上海牡丹江路证券营业部、中信证券上海溧阳路证券营业部。

由此可知，各路游资已经开始入场抢筹了。这是市场情绪重新发酵的一个明确信号，投资者也可以积极入场追涨。

第二节　二次启动经典 K 线形态

龙头股经过一波拉升，重新调整后进入上升通道，其间会在K线图留下一些经典的走势形态。

一、回踩支撑位

通常来说，龙头股经过一波拉升后，积累了足够大的涨幅，必然有强烈的调整需求。不过，若股价在回调至某个位置获得足够的支撑时，就意味着很多场外资金将该位置看成了较佳的入场位。这不可能是散户的行为，一般都是有大资金入场。因此，当股价重新启动上升时，特别是出现涨停板时，则意味着龙头股二次启动时机可能到来了，如图10-5所示。

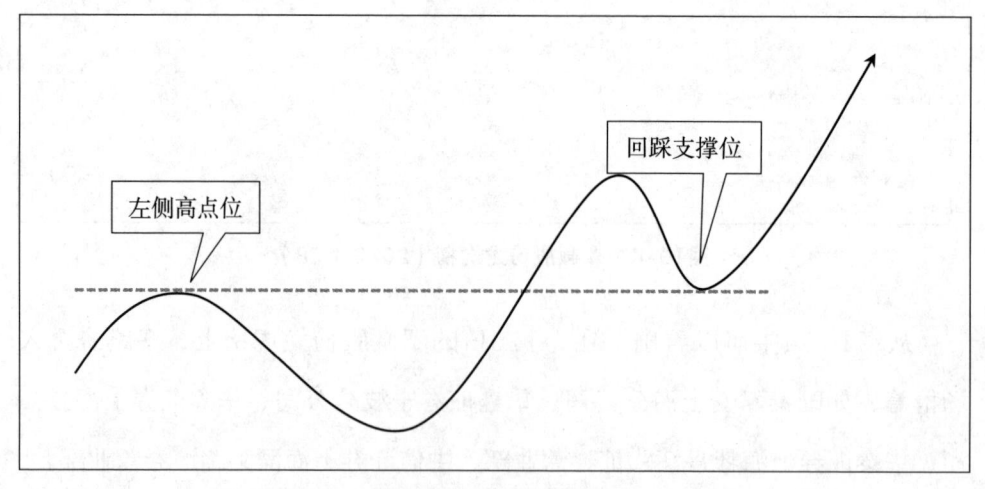

图10-5　回踩支撑位

一般来说，能够成为龙头股调整支撑位的点位都应该是具有强支撑力的点位，包括但不限于以下几个。

第一，成交量高点。股价在出现涨停后，一般在涨停当天或下一个交易日会形成一个短期的成交量高点。股价完成了对成交量高点的突破后，这个前期成交量高点位置就会形成一定的支撑力，当股价再度回调至该位置时，可能获得支撑而上扬。

第二，前期高点位。龙头股第一波上升都会突破前期高点位，这些前期高点位就会转变为支撑位。当股价自高位回落至前期高点位附近时，就会有资金将其看成较佳的买点，从而推动股价上升。

第三，中短期均线位。中短期均线位也会成为龙头股回调的重要支撑位。

第四，龙头股上冲过程中，某个涨停交易日形成的最低点、最高点等也可能成为股价回落的支撑位。

下面来看一下中青宝的案例，如图10-6所示。

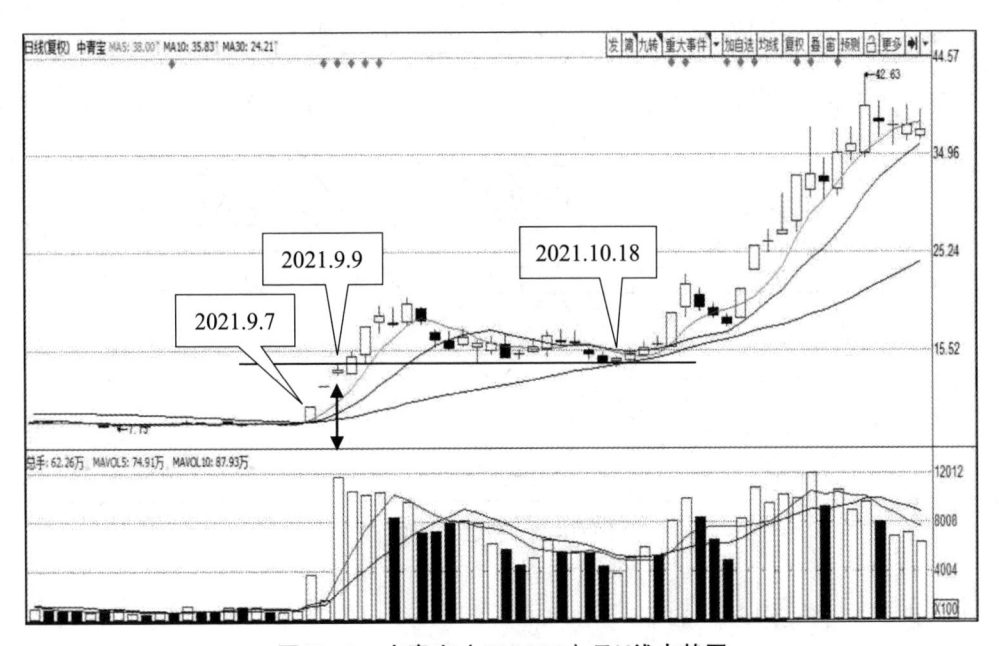

图10-6　中青宝（300052）日K线走势图

在元宇宙概念的推动下，2021年9月7日中青宝的股价封上了涨停板。次日，该股股价再度封上涨停板。

9月9日,该股跳空高开高走,最高点到达14.10元后出现回调,在K线图上留下了一根跳空十字星,成交量创出阶段高点。

此后,该股股价再度上攻一段时间后,转入回调行情。到了10月18日,该股股价回调至9月9日高点位置附近时,因遇到强力支撑而出现止跌迹象。

经过几个交易日的小幅上升后,股价重新进入快速上升通道,这意味着元宇宙龙头股中青宝二次启动的时机已经到来。

二、高位小双底

龙头股经过一波拉升后,在高位区域出现振荡时形成了两个相对低点,这两个低点几乎在一条直线上。此后,该股股价又突破了小双底的颈线位,这意味着龙头股即将出现二次上攻走势,如图10-7所示。

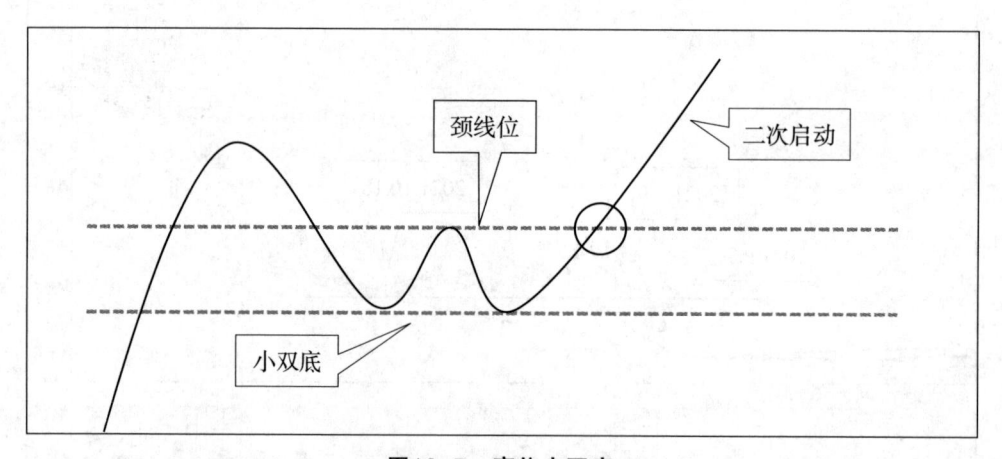

图10-7 高位小双底

该形态的操作要点如下。

第一,龙头股自高位回落后(幅度不是很大),股价已经开始企稳,成交量维持在较高的位置。

第二,股价已经连续创下两个回调低点,两个低点大致在同一条直线上,该点位正好处于某一重要支撑位则更佳。

第三,两个高位之间反弹高点就是小双底的颈线位。若其后股价能够放量突破该位置,则意味着股价将要进入二次启动周期。

下面来看一下浙江建投的案例,如图10-8所示。

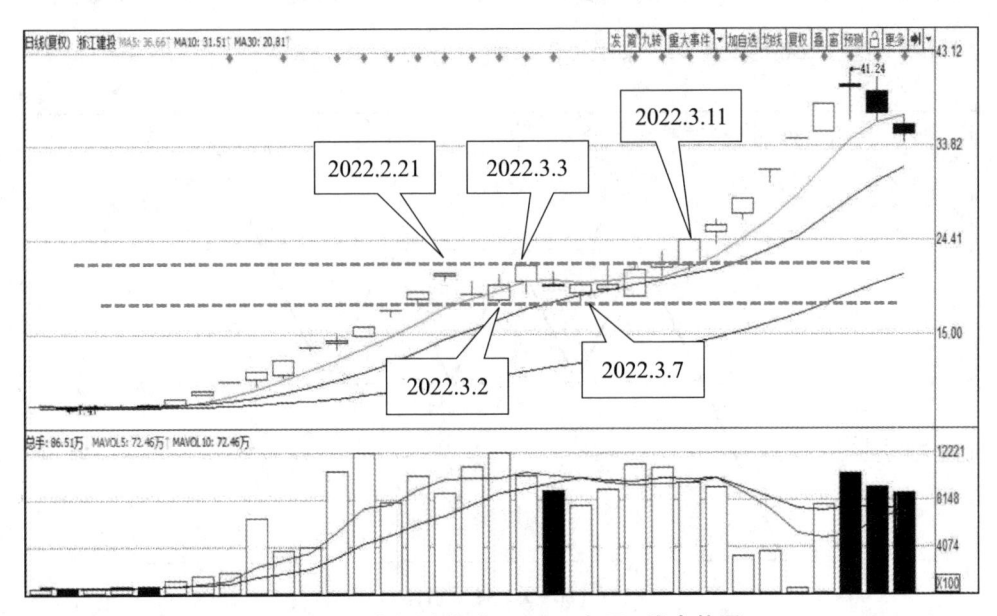

图10-8 浙江建投(002761)日K线走势图

在地产基建行情催动下,浙江建投自2022年2月初启动了一波主升行情。到了2月21日,该股股价又一次拉出T字涨停板。此后,股价开始进入调整区间。

3月2日,该股股价触及回调低点后反弹向上。

3月3日,该股股价在调整过程中出现涨停板,其后再度调整。

3月7日,该股股价又一次触及3月2日低点后反弹向上。这就形成一个高位小双底形态。

3月11日,该股股价强势涨停,并向上突破3月3日颈线位,这也意味着龙头股迎来了新一波快速拉升行情。

三、突破箱体

龙头股经过一波拉升后，在高位出现振荡时，形成了一个箱体区域，即股价横向振荡的高点和低点分别在两条平行线上。股价在两条平行线之间进行波动。若股价波动一段时间后，向上完成了对箱体的突破，则意味着龙头股即将出现二次上攻走势，如图10-9所示。

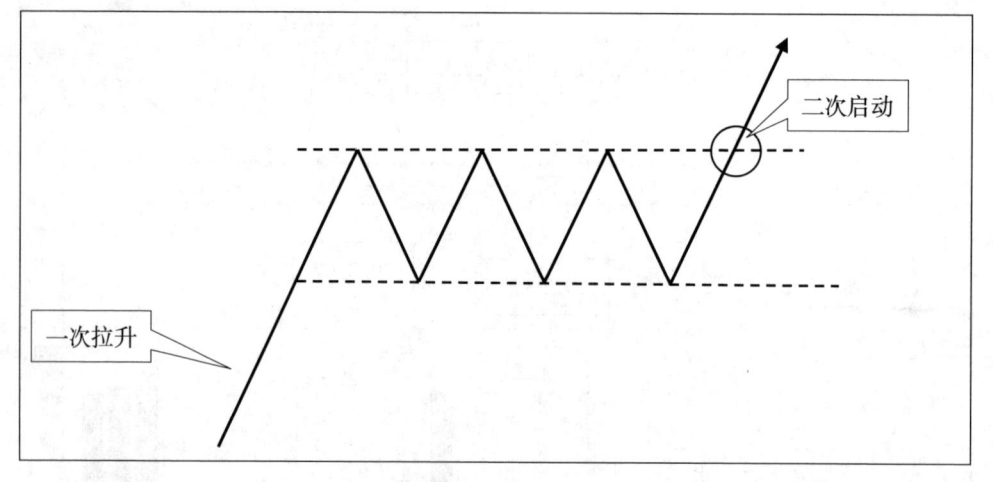

图10-9　突破箱体

箱体区域是一种冲突均衡整理形态，显示多空双方虽然互不相让、你争我夺，但由于双方实力相当，波动幅度基本被控制在这一范围内。不过，从本质上来看，这也体现了多方的强势。毕竟股价已经经历了较大幅度的拉升，此时还能将股价控制在一定波动幅度之内，可以看出多方的态度。

该形态的操作要点如下。

第一，经过一轮上涨之后，获利盘急于兑现，必然会引发股价下行，而此时，场外承接盘进入，缓解了获利盘出逃对股价的打压。

第二，若箱体振荡区域的幅度相对较小，更可说明多方承接盘的强大，未来股价上升的概率更高；反之，若箱体振荡幅度较大，则说明可能有资金通过箱体振荡在出货，可能会限制股价未来的上升幅度，甚至不会有大规模涨幅。

第三，经过一段时间的横向整理后，当股价向上有效突破箱体的上边线时，表示多方开始占据优势。

下面来看一下宸展光电的案例，如图10-10所示。

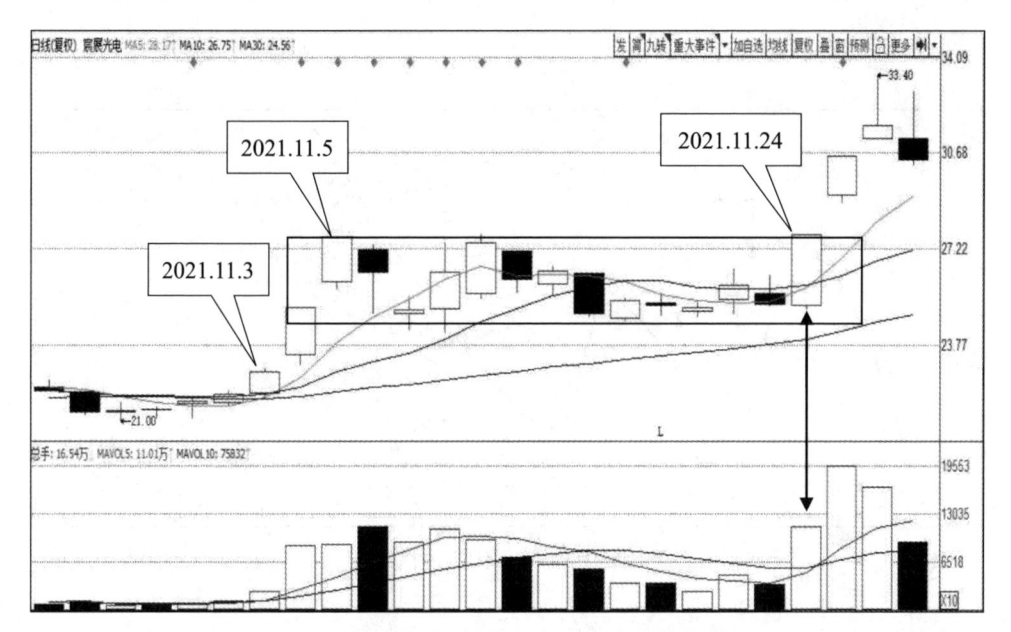

图10-10　宸展光电（003019）日K线走势图

2021年11月5日到11月24日，宸展光电在日K线图上出现了箱体整理形态。

2021年11月3日，处于横向振荡趋势的宸展光电突然加速上攻。此后的两个交易日，该股股价连续涨停，强势尽显。

此后，该股股价正式进入横向调整区域，且股价的调整始终在一个箱体区域内进行，股价没有突破箱体的高点，也没有跌破箱体的低点。

2021年11月24日，该股放量突破箱体的上边线，说明龙头股的调整有结束的可能。

此后，该股正式进入第二波上升通道。

四、突破阻力线

龙头股完成第一波拉升后出现回调走势，股价在振荡过程中形成的高点连线就是一条股价上行的阻力线。该阻力线对后市股价的走势产生较大的阻力作用。其后，若股价能够放量突破该位置，则意味着股价将会迎来一波快速上升行情，如图10-11所示。

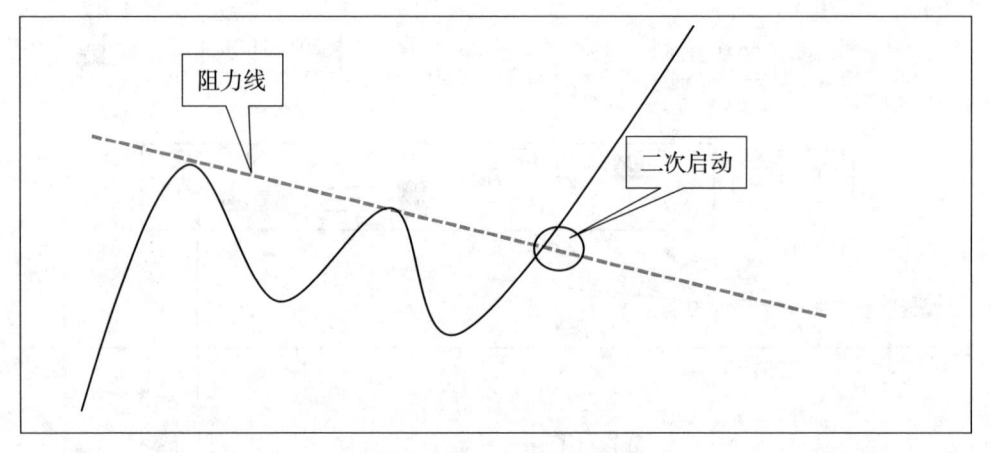

图10-11　突破阻力线

投资者在追涨这类股票时需要注意以下几点。

第一，龙头股的启动往往都是从发力突破前期的某些阻力位开始的。毕竟这些位置对股价运行的阻力较大，而阻力线更是阻力位的强化版。

第二，股价多次来到阻力线附近，且因阻力线阻力而重新下跌，则更可印证阻力线的阻力作用。

第三，股价K线放量向上突破阻力线时，则意味着龙头股二次机会即将到来。

下面来看一下兴化股份的案例，如图10-12所示。

兴化股份的股价从2021年2月中旬开始经历了一波大幅上涨。股价在上涨到阶段高点后，于2月25日出现了大幅下跌走势。此后，该股股价经过一波振荡调整行情。该股股价在振荡过程中，形成了两个明显的高点，投资者可将两点连接，形成一条上升阻力线。

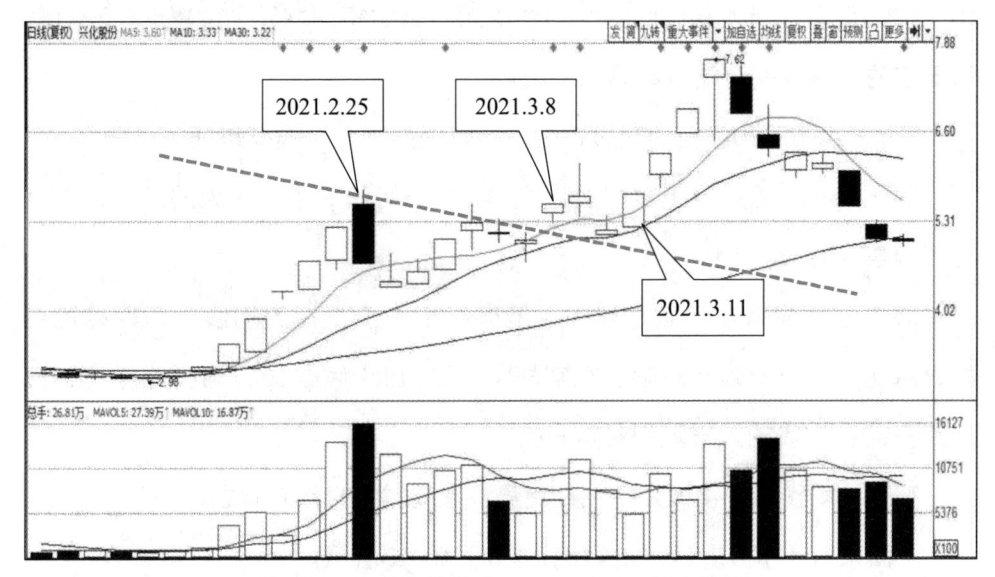

图10-12　兴化股份（002109）日K线走势图

2021年3月8日，该股股价放量向上突破阻力线，说明股价的调整已经宣告结束，龙头股即将启动，投资者可积极入场追涨。

此后，该股股价经过两个交易日的回调后（没有跌破阻力线），于3月11日再度启动上升，标志着该股二次上攻正式开启。

第三节　二次启动技术指标异动形态

龙头股二次启动前必然有一个从高位回撤到重新上攻的过程。而在此过程中，技术指标系统也会呈现一些经典的形态。

一、回踩均线

龙头股股价经过一波拉升后，出现回调走势。股价的调整过程，本质上是一段寻找支撑点的过程。在可能获得支撑的位置上,均线无疑是最大的概率。也就是说,当龙头股回调至均线(尤其是中短期均线)位置时,一旦获得足够的支撑,就可能发动第二波上攻。

股价K线回踩均线再上攻过程中,会呈现如下几个典型特征。

第一,前期的股价上攻已经让股价K线与均线产生了较大的距离,这就有了调整的需求。

第二,龙头股在回撤过程中,能够给予股价支撑的均线,周期越短越好,越能说明股价走势较强。在实战中,以5日均线或10日均线为佳,20日均线和30日均线的效果就相对差一些。

第三,均线系统整体处于上升趋势,呈向右上方倾斜状态。

下面来看一下九安医疗的案例,如图10-13所示。

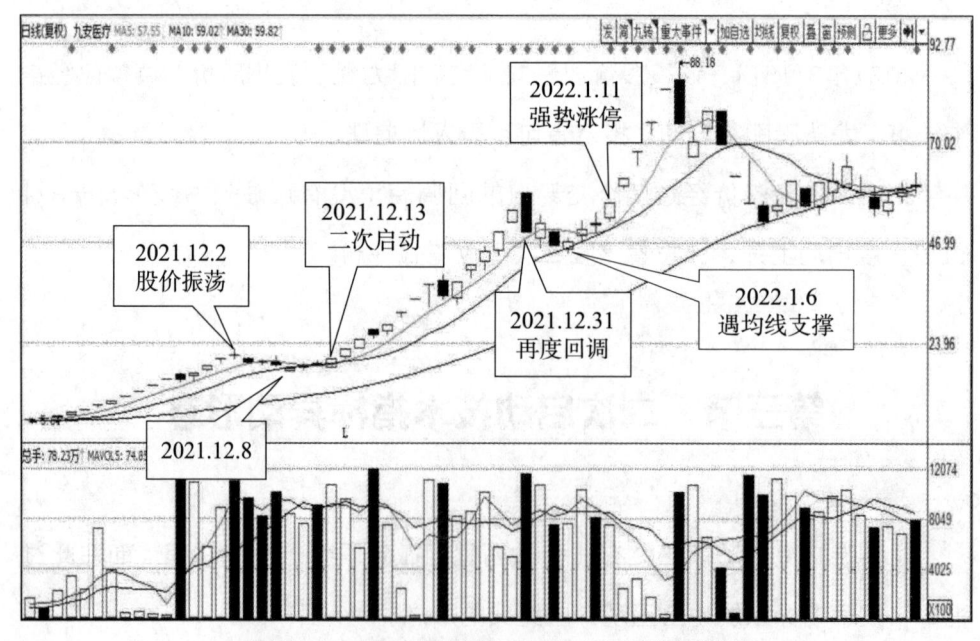

图10-13 九安医疗(002432)日K线走势图

九安医疗是2021年12月到2022年1月市场上的超级大龙头股。该股上攻过程中,也曾出现明显的调整,但后来又形成了二度上攻和三度上攻模式。

受疫情影响，新冠检测概念板块业绩大增。新冠检测概念启动了一波上攻行情。自2021年11月中旬开始，九安医疗的股价进入强势上涨区间。该股股价连续拉出多个涨停板，成为新冠检测概念的绝对龙头。

2021年12月2日，该股股价短线触顶，收出一根十字星线。此后，该股股价进入调整区间。12月8日，该股股价回调至10日均线位置时，因受均线支撑而终结了下行态势。此后，该股经历几个交易日的横向调整后，自12月13日开始进入第二波上攻趋势。

与其他股票不同，九安医疗是真正的大龙头股。2021年12月31日，第二波短线触顶回落，经过几个交易日的调整，又一次于2022年1月6日在10日均线位置获得了足够的支撑。

2022年1月11日，该股股价启动了第三次强攻。

当然，像九安医疗这样能够形成三次启动的龙头，在市场上少之又少。一般的大龙头股能够有二次启动就非常不错了。

从能够启动二次上攻的龙头股走势来看，多数都是在5日均线或10日均线位置获得了支撑。这也是股价强势调整的一个明显特征。

二、MACD指标"将死不死"

相对于均线指标，MACD指标要稳定一些。处于强势上攻周期的龙头股，随着股价的上行，MACD指标也会同步处于上扬态势，此后，在股价大幅调整时，MACD指标中的快线可能会小幅回落，但其在未触及慢线时，就会因为调整结束而重新上扬。有些类似MACD指标形态中的经典形态"将死不死"形态，其基本形态如图10-14所示。

该形态的具体操作要点如下。

第一，股价K线正处于强势上升趋势，MACD指标上攻的势头也比较猛，因而主力暴力洗盘持续的时间就是MACD指标回调的重要影响因素。调整持续时间越长、幅度越大，MACD指标快线回落的程度越大。

第二，随着股价的强势上升，快线和慢线双双突破0轴，此后，随着股价的调整，MACD指标同步回调，在回调时，快线由于灵敏度高于慢线，往往会率先有所反应，并随之下行。此时，由于慢线还处于上升趋势，两者即将相遇，快线被慢线高高托起，此时股价与MACD柱线同步向上。这说明股价的回调已经结束，股价将会重新进入上升通道。至此，MACD指标"将死不死"形态正式成立。

第三，若股价调整幅度较大，MACD指标中的快线可能会触及慢线，甚至一度跌破慢线，但很快就会随着股价的再度上攻而快速上扬。

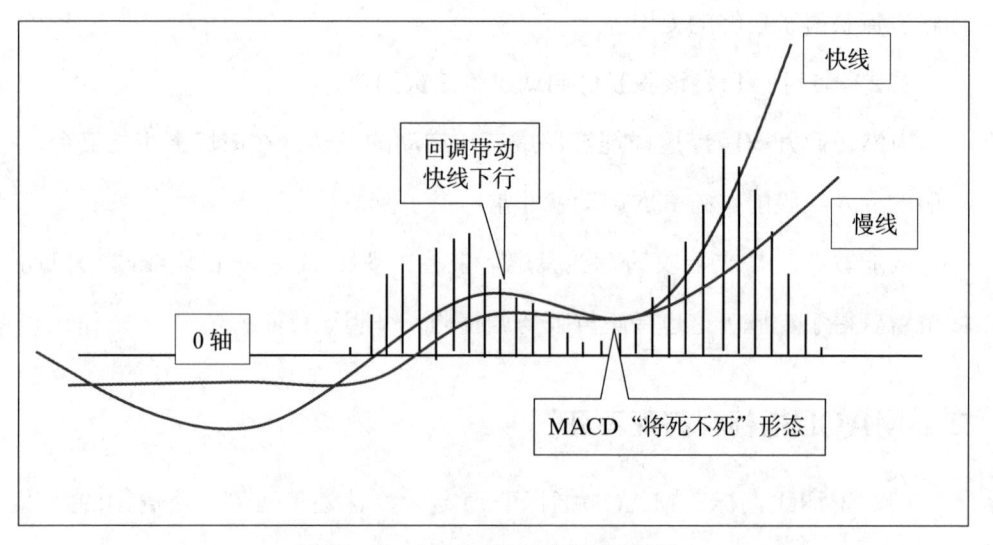

图10-14　MACD指标"将死不死"

下面来看一下浙江建投的案例，如图10-15所示。

在地产基建行情的催动下，浙江建投自2022年2月初启动了一波主升行情。

3月4日，处于强势上升周期的浙江建投出现了一个倒T字跌停板，与此同时，MACD指标开始出现放平迹象，这是典型的股价开始调整的信号。

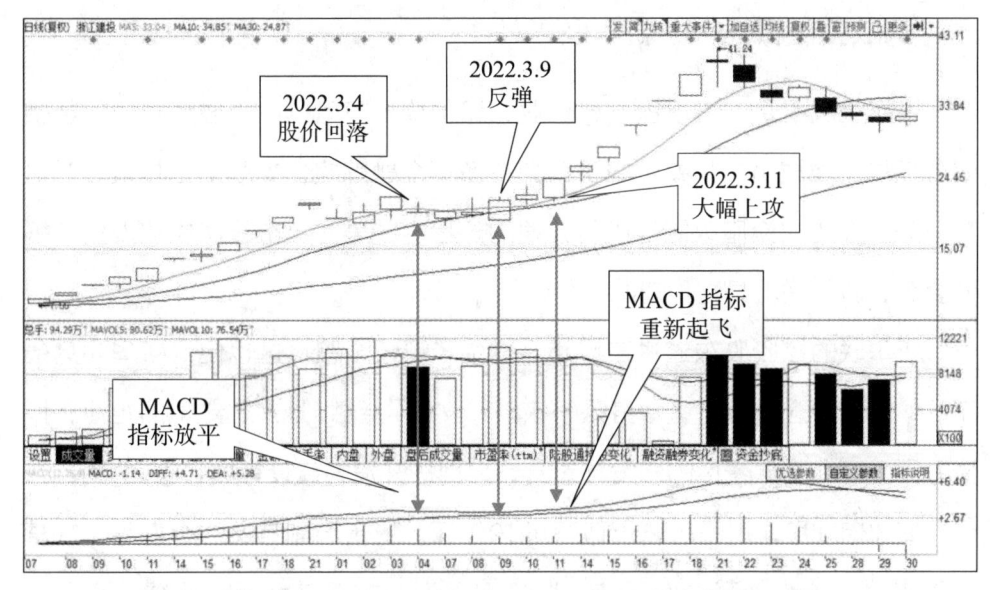

图10-15 浙江建投（002761）日K线走势图

3月9日，该股股价出现低开高走态势。观察此时的MACD指标可知，MACD指标的快线即将向下穿越慢线形成死叉，但由于股价反弹而最终没有相交。

3月11日，该股股价强势涨停，快线大幅上扬，MACD指标重新拐头向上。至此，MACD指标"将死不死"形态正式形成，这也意味着龙头股迎来了新一波快速拉升行情。

第四节 二次启动实战解读

二次启动形态的形成，本质上是市场环境与股票本身质地综合，且在特殊的环境与特殊的时间节点产生的一种龙头股上攻形态。事实上，真正能够实现二次上攻的龙头股并不多见。本节选择了两个案例进行综合解读，以供参考。

一、蚂蚁金服概念——新华联

蚂蚁金服本是阿里巴巴下属企业，属于整个阿里巴巴生态系统中的金融服务板块重要成员。蚂蚁金服目前拥有多种金融牌照，支付宝是其核心及主营业务。在蚂蚁金服改制为股份公司的过程中，一些上市公司参与投资了蚂蚁金服，新华联就是这种情况。

新华联的控股股东通过云峰基金投资了蚂蚁金服，这也使得新华联具备了蚂蚁金服概念。新华联本身是一家以"文旅+金融+地产"定位的企业，投资方向主要在文旅景区的开发与运营、房地产开发与建设等项目上。

2022年1月，该股的总市值不足40亿元，属于名副其实的小盘股。从基本面来看，该股的基本面不佳，股价也不高，相对其亏损的业绩，也不算低。但新华联的盘子小，加上有热门概念的标签，因而常常成为资金热炒的对象。

下面来看一下新华联的案例，如图10-16所示。

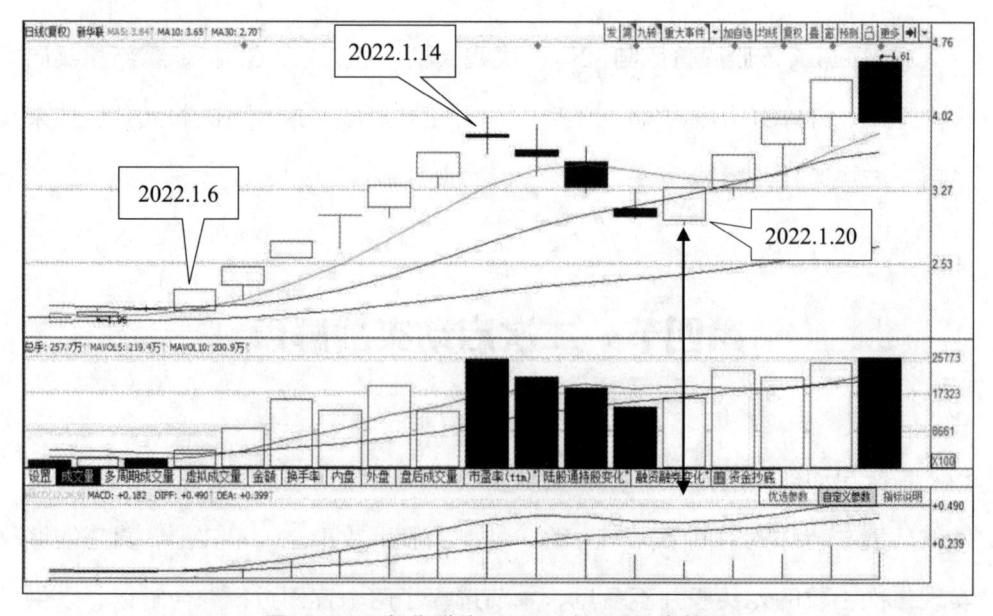

图10-16　新华联（000620）日K线走势图

新华联本身属于典型的基建概念股，自然受到了基建地产炒作风潮的影响，又因其具有阿里巴巴概念从而叠加了炒作行情。一时间，新华联成为市场上的一个热门标的。

该股股价自2022年1月初启动了一波快速上升行情，1月6日拉出一个涨停板。此后，该股股价又连续拉出多个涨停板，MACD指标同步走高。

1月14日，该股股价回调整理，MACD指标也同步出现回落，快线下行速度明显快于慢线。

1月20日，该股股价延续前日调整低开后，经过一波振荡快速向上拉升，直至封上涨停板。观察当日MACD指标可知，此时，MACD指标先是即将形成死叉时，又因股价大幅上攻而重新上扬，这就构成了MACD指标的"将死不死"形态。

此后，该股股价正式开启了二次上攻行情。

二、元宇宙概念——中青宝

"元宇宙"一词由前缀meta（意为超越）和词干verse（宇宙的后缀）组成。该术语通常用于描述互联网未来迭代的概念，由链接到可被感知的虚拟世界的持续共享的三维虚拟空间组成。最近两年，腾讯、字节跳动、脸书等巨头纷纷加码元宇宙，VR、AR、AI等作为元宇宙的技术基础迎来了高速增长期。

中青宝是一家拥有自主研发能力、独立运营能力的专业化网络游戏公司，其主营业务包括网络游戏的开发与运营等。

截至2021年9月，股价大幅启动前，其总市值和流通市值均不足22亿元，属于典型的小盘股。

由于该公司整体盘子较小，还属于市场上比较新的"元宇宙"概念，因而获得了各路资金的青睐。当然，至于企业能否盈利，这些短线游资并不关注,他们也不会持续持股。这些短线游资炒作的目的就是激发市场做多情绪,只要有愿意高位接盘的投资者入场就可以,至于以后的股价他们是不会考虑的。

自2021年9月开始,中青宝掀起了一波又一波炒作行情,如图10-17所示。

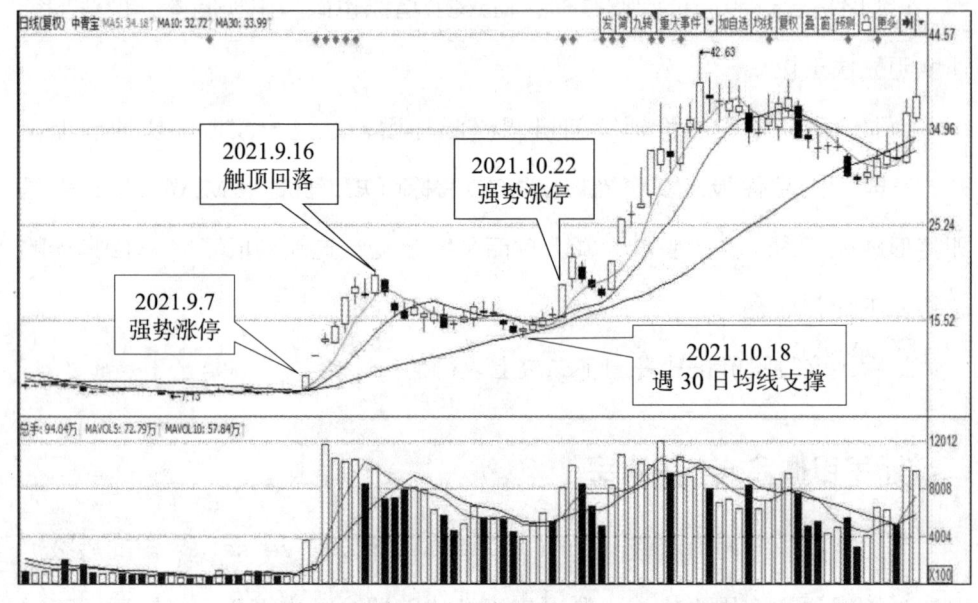

图10-17 中青宝(300052)日K线走势图

2021年9月以前,中青宝受到的关注较少,股价一直呈低位横向振荡态势。

2021年9月7日,元宇宙概念横空出世,中青宝作为元宇宙概念的龙头股,率先启动,封上涨停板。

9月16日,该股股价短线触顶回落,此后该股股价进入调整阶段。

10月18日,股价K线遇30日均线获得了足够的支撑。此后,股价转入小幅振荡上扬阶段。

10月22日,中青宝再度启动上攻,标志着元宇宙概念第二波炒作浪潮启动。这一阶段的涨幅竟然比第一阶段的涨幅还要大。

其实，该股股价的走势也基本符合游资短线炒作的特征。第一波炒作只是一个预热。随着元宇宙概念的逐渐发酵，市场对元宇宙概念的挖掘也越来越多，因而，当第二波炒作启动后，追涨的资金也更多，所涉及的领域也更广泛。这正是龙头股走得更远的基础。